GEOFFREY HODSON

A SABEDORIA OCULTA
NA MITOLOGIA MUNDIAL

GEOFFREY HODSON

A SABEDORIA OCULTA NA MITOLOGIA MUNDIAL

TRADUÇÃO:
BRUNO CARLUCCHI

EDITORA
TEOSÓFICA

The Theosophical Publishing House
Adyar, Chennai, Índia, 1983

EDITORA TEOSÓFICA
SIG Quadra 6, Nº 1235
70610-460-Brasília-DF-Brasil
Tel.: (61) 33227843
E-mail: editorateosofica@editorateosofica.com.br
Site: www.editorateosofica.com.br

H 692 Hodson, Geoffrey

A Sabedoria oculta na mitologia mundial. Geofrey Hodson. Tradução Bruno Carlucchi. Brasília-DF: Editora Teosófica, 2022.
260p.

ISBN: 978-65-88797-57-0

1. Mitologia 2. Teosofia
II Título

CDU 292:141.332

Revisão técnica: Raul Branco
Revisão gramatical, diagramação e capa: Usha Velasco

Esta obra é dedicada a
Fílon Judeu,
o grande Sábio de Alexandria

Por vezes, quando iniciava o meu trabalho sentindo-me vazio, como que de forma invisível, uma chuva de ideias vindas do alto me preenchia. Tamanha era a influência da inspiração divina que me enchia de entusiasmo, que me tornava alheio ao local onde estava, às pessoas ao meu redor, a mim mesmo e até mesmo ao que estava dizendo ou escrevendo. Tornava-me, então, consciente de uma riqueza de interpretação, um deleite na luz, uma visão extremamente perspicaz, uma perspectiva distinta ao tratar dos objetos, do tipo que os olhos percebem com a mais clara das imagens.

Fílon Judeu

AGRADECIMENTOS

Reconheço, com gratidão, o auxílio prestado por minha esposa Sandra na produção desta obra. Ela escreveu o que lhe ditei e, mais tarde, preparou o manuscrito deste livro. Também gostaria de agradecer ao Sr. e à Sra. Braakenseik, de Sidnei, Austrália, que contribuíram bastante, de forma escrita, com informações originais e auxiliares, a partir de autores de obras clássicas, incluindo H.P. Blavatsky. Envio os meus agradecimentos à Sra. Antoinette Bollar de Auckland, Nova Zelândia, que, voluntariamente, com muita habilidade, reproduziu com precisão, a partir de fontes antigas (exceto pelo unicórnio), ilustrações exatas que enriqueceram este livro.

Também sinto uma profunda gratidão por minha colega e valorosa amiga, Sra. Marei Lovejoy, da Califórnia, EUA. Sua generosidade garantiu o considerável apoio financeiro sem o qual este livro provavelmente não teria sido possível, como havia igualmente contribuído para a produção de minha obra ilustrada, *Music Forms*.

SUMÁRIO

OBJETIVO DO AUTOR

O tema deste livro é que certos mitos de tempos antigos são muito mais do que apenas lendas populares. Sábios, videntes, profetas e autores inspirados fizeram, como sugiro aqui, contribuições de grande significado em relação a esse assunto. A sabedoria alcançada por pessoas avançadas em tempos antigos foi deliberadamente velada como num tabernáculo, o repositório de um tesouro valioso, pelos Sábios de outrora. Esses seres de sabedoria embelezaram os mitos para que estes se tornassem veículos de um conhecimento tão sublime, e, ao mesmo tempo, uma perigosa fonte de poder. Por isso a necessidade de resguardá-lo sob véus.

O propósito por trás da concepção e escrita deste livro é o de oferecer, para apreciação, as porções mais construtivas e imediatamente aplicáveis da Sabedoria das Eras, aprendida primeiramente pelas revelações de H.P. Blavatsky. Tais revelações foram disponibilizadas em suas obras verdadeiramente inspiradoras, tais como *Ísis em Véu, A Doutrina Secreta, A Chave para a Teosofia, A Voz do Silêncio* e o *Glossário Teosófico*, cuja leitura fortemente recomendo.

Ofereço, aqui, alguns dos frutos de meus estudos neste campo.

Geoffrey Hodson

PREFÁCIO DA EDIÇÃO BRASILEIRA

> "Não é sempre o simbolismo, para quem o sabe decifrar, uma revelação mais ou menos clara, mais ou menos confusa, do que seja Deus? ... Através de todas as coisas... brilha debilmente algo da Ideia Divina ainda: o próprio emblema ante o qual se reuniram e se congraçaram os homens, a cruz, não possui senão uma significação extrínseca e acidental." Carlyle (Sartor Resartus)*

Helena P. Blavatsky, na sua obra magna, *A Doutrina Secreta*, no tema Simbolismo Arcaico Universal, fala da importância capital de termos a mente aberta para a percepção do abstrato, do simbólico e do mitológico, que são instrumentos importantíssimos utilizados desde as eras mais remotas, por todos os grandes seres, para que possamos acessar o Divino.

Ela deixa claro também a importância de utilizarmos a nossa razão para não nos deixarmos enganar por textos profanos ou adulterados. Mas da mesma forma, não se deixando levar por narrativas que dizem que a maioria desses textos não têm valor, que são fantasiosos ou primitivos – muito pelo contrário.

Ela afirma, em *A Doutrina Secreta*, que "a mitologia é o repositório da ciência mais antiga do homem...",** e os seus estudos e reflexões removem vários véus ocultos. Estes textos são encontrados nas diversas religiões e filosofias; temos diversos mitos presentes na Grécia antiga, mas também no Hinduísmo, da doutrina do *dharma*, cabala, egípcios, nórdicos, etc. Os mesmos são enumerados ao longo de diversos capítulos dessa importante obra teosófica.

Para enfatizar ainda mais a importância desses conteúdos no nosso caminho de despertar interior, lembramos das próprias parábolas do Cristianismo, quando o Senhor Cristo exorta diversas histórias e símbolos com reflexões esotéricas, como, por exemplo, O Reino dos

---

* BLAVATSKY, H, P. *A Doutrina Secreta*. Ed. Pensamento, Vol. II, 2015, p. 9 (Nota Ed. Bras.)

** BLAVATSKY, H, P. *A Doutrina Secreta*. Ed. Pensamento, Vol. II, 2015, p. 10 (Nota Ed. Bras.)

Céus ou O Reino de Deus é semelhante a um grão de mostrada, a uma festa nupcial, a uma pérola preciosa, a uma figueira seca, etc. Todas essas místicas são utilizadas para nos auxiliar; que façamos a nossa parte, ou seja, pratiquemos as virtudes, dentre elas a humildade e perseverança na nossa trajetória, e assim tenhamos, no devido tempo, "olhos para ver e ouvidos para ouvir."***

Como disse um dos maiores especialistas de mitologia dos últimos tempos, Joseph Campbell, "precisamos estar dispostos a nos livrar da vida que planejamos para podermos viver a vida que nos espera. A pele velha tem que cair para que uma nova possa nascer".****

Desejamos que esse inspirado livro de Geoffrey Hodson, que aborda essa temática e diversas das suas correlações, possa auxiliá-lo na sua jornada. Todos nós temos uma jornada a percorrer nessa vida — que ela seja exitosa!

Ígor Mendonça Câmara
Diretor-Presidente da Editora Teosófica

*** Bíblia Sagrada, Mateus, 13, 9-17 (Nota Ed. Bras.)
**** Joseph Campbell OSBON, Diane K. *Reflections on the Art of Living*: A Joseph Campbell Companion, 1991.

INTRODUÇÃO

Por que, pode-se perguntar, considerar com seriedade, principalmente filosófica e esotericamente, as lendas mitológicas dos povos antigos, por vezes sem sentido e até mesmo ofensivas? "Por favor, olhe comigo para além da superfície", é a resposta que este autor se atreve a oferecer aos leitores deste livro; "pois assim estudados, considerando-os parábolas que tanto escondem como revelam as verdades mais importantes, muitos dos mitos, como percebi, podem se mostrar fontes de sabedoria profunda." Ademais, este autor acredita que podemos descobrir verdades de utilidade indubitável, não somente para a vida espiritual, mas também para a conduta diária. De fato, a incredibilidade de certos mitos pode ser um indício surpreendente da possível existência de significados ocultos, deliberadamente velados sob uma variedade de histórias antigas.

Por que ocultos? Porque naqueles tempos, assim como na atualidade, o entendimento completo poderia levar ao conhecimento que concede poderes perigosos, *um hipnotismo irresistível e adverso, além de forças geradoras físicas e suprafísicas, prematuramente despertas*, por exemplo.

Um amigo do autor muito gentilmente forneceu uma lista de poderes extremamente perigosos da Natureza, atualmente disponíveis em nossos tempos por meio da ciência e gravemente mal utilizados. Alguns desses exemplos incluem:

1. A energia atômica — A guerra pode produzir uma devastação imediata e a radiação de longo prazo pode causar doenças e danificar muitas formas de vida no planeta. Num futuro próximo, terroristas e outros grupos, ou mesmo indivíduos irresponsáveis, poderão produzir as suas próprias armas atômicas. Mesmo os usos pacíficos são cercados de riscos consideráveis e de longo prazo, podendo causar danos a muitas pessoas num longo período, devido aos isótopos que permanecem na atmosfera por muito tempo.
2. Os explosivos convencionais — No século em que esses explosivos se tornaram disponíveis, uma ampla variedade de formas de uso ina-

dequado foi testemunhada, desde armas e bombas usadas por criminosos e terroristas até guerras, tanto grandes quanto pequenas, independentemente de suas justificativas.

3. Os lasers – Embora ainda não tenham se convertido em armas, carregam a promessa de armamentos dotados do "raio da morte", aumentando o potencial de destruição seletiva e instantânea de pessoas e alvos menores.
4. As armas biológicas – O conhecimento acerca de micro-organismos e da química corporal tem sido explorado para o desenvolvimento de venenos potentes, tais como gases asfixiantes e bactérias causadoras de doenças fatais. A morte causada por tais agentes é extremamente dolorosa e desagradável.
5. As drogas – Embora certas drogas viciantes, como álcool e maconha, não sejam novas, as técnicas científicas têm acrescentado novas drogas e disponibilizado os seus meios de sintetização a produtores de fundo de quintal. O abuso de drogas mostra até onde as pessoas estão dispostas a ir para adquirir experiências psíquicas estimulantes e excitantes, assim como o absoluto egoísmo de alguns indivíduos ao promover essas substâncias, desconsiderando o dano que causam aos outros.
6. A psicologia – Os resultados de pesquisas motivacionais vêm sendo utilizados há algum tempo por anunciantes para estimular os desejos (existentes e novos) por seus produtos. Os resultados disso não são tão destrutivos quanto os dos itens acima, embora possam, sem dúvida, causar distorções sociais e econômicas. Um aumento significativo do poder de persuadir as pessoas sem o seu conhecimento, ou contra a sua vontade, pode ser extremamente perigoso nas mãos de determinados grupos ou indivíduos egoístas. Um exemplo mais extremo do mal uso do conhecimento psicológico é a tortura sofisticada e outros métodos de coagir, causar colapsos nervosos ou promover "lavagem cerebral".
7. Ferir a outros em busca de conhecimento – A pesquisa em torno de armas, como, por exemplo, o caso de lasers e gás asfixiante, é feita em animais, por vezes com resultados cruéis e extremamente repugnantes. Se a aplicação primária fosse deixada de lado, esses abusos secundários cessariam.

Os animais são, com frequência, submetidos a procedimentos cruéis ou desagradáveis em nome de objetivos fúteis, tais como os testes de cosméticos e produtos de limpeza doméstica. O uso de animais para a pesquisa médica é possivelmente permissível quando realizado de forma compassiva e sem infligir dor, mas deve ser considerado um abuso quando houver outras formas satisfatórias de conseguir qualquer informação, e ainda assim ela seja obtida por meio de métodos dolorosos, tanto em termos psicológicos quanto físicos.

COMENTÁRIOS

> O conhecimento por si só não é danoso nem mau, mas danos e males podem ocorrer devido ao mau uso do conhecimento. A raiz disso é o desejo de indivíduos ou grupos por poder ou benefícios, sem levar em consideração o dano que possam causar a outras pessoas ou formas de vida, ou até a si mesmos.
>
> Fragmentos do conhecimento oculto têm se tornado cada vez mais disponíveis em livros baratos e em revistas. Algumas dessas publicações apelam descaradamente aos instintos mais baixos e vis, e frequentemente sem alertar o leitor quanto aos riscos envolvidos.
>
> Dada a velocidade com que a ciência descobre novos conhecimentos, é certo dizer que haverá ainda mais descobertas no futuro, algumas capazes de conferir um poder ainda maior de causar danos do que qualquer coisa conhecida no presente. (Murray Stentiford Auckland, Nova Zelândia, 1979.)

Durante a conclusão deste livro, sugiram notícias de um exemplo ainda mais perigoso: o risco de uma catástrofe nuclear em Harrisburg, na Usina Atômica da Pensilvânia, EUA, em abril de 1979. Felizmente tal desastre foi evitado.

Embora as descobertas científicas tenham se mostrado danosas, também deve-se admitir o seu valor, principalmente no que tange ao avanço da civilização, quando corretamente aplicadas. Assim como no caso de descobertas e poderes mais psicológicos e sutis, embora perigosos quando mal usados, mostram-se de imenso benefício quando utilizados de forma correta. Portanto, não é o conhecimento que é danoso em si, mas o seu abuso por parte dos seres humanos.

O véu sobre os caminhos que levam a tais capacidades não tem o propósito de escondê-las daqueles que as empregariam de modo favorável, seja em termos pessoais ou para o benefício alheio, mas de protegê-las da descoberta e do abuso pelos despreparados e indignos. Por essa razão, as verdades, os poderes e as faculdades não devem ser tratados como maus, visto que a sua aplicação correta pode ser de imenso benefício. É contra aqueles que são indignos ou insuficientemente evoluídos, podendo incorrer em seu mau uso, que certas verdades superiores são veladas pela linguagem da alegoria e do símbolo.

Se aceitarmos esta abordagem, surge a questão em relação aos meios com que ideias iluminadoras e geralmente benéficas podem ser discernidas e compartilhadas com os outros. Como alguém seria capaz de descobrir quem realmente foram os grandes deuses *Brahmā* (hindu), Amun (egípcio), Zeus (grego) e Odin (nórdico), as suas numerosas associações e o que as suas aventuras e atividades, geralmente inacreditáveis, realmente significam e revelam? Mais importante ainda, pode parecer, é a possibilidade de aprender, por meio da experiência interior direta, se os deuses antigos personificam as potências divinas dentro de nós mesmos, e que sob cooperação eles podem influenciar beneficamente os pensamentos, os sentimentos e, dessa forma, a vida pessoal.

Nos tempos atuais, esse conhecimento não tem sido revelado em termos mais gerais e, quando é fornecido, é apenas de forma parcial. Tal informação pode levar a uma conduta e experiência demasiado danosas, como eu, um conselheiro neste campo por mais de cinquenta anos, continuo a descobrir. Estou convencido de que tanto a informação quanto as salvaguardas podem ser oferecidas de forma muito benéfica. Alguns dos mitos, embora nem todos devam ser prontamente aceitos, são, eu acredito, suscetíveis de interpretação em termos de uma orientação direta e segura na vida normal e no desenvolvimento do leitor, no auxílio que um indivíduo pode prestar aos outros e, principalmente, talvez, no progresso na Senda espiritual.[1]

A história de Dédalo e Ícaro pode ser aqui citada como uma resposta adicional à última questão apresentada. Por que oculto? Pois não só o pai era cauteloso e comedido em relação à altura em que permitia às suas asas de cera aderente o carregarem, garantindo assim a continua-

[1] O caminho acelerado de desenvolvimento espiritual e intelectual a ser deliberadamente acessado a partir da entrada nos Mistérios Menores e Maiores.

ção de sua vida, como também advertiu a seu filho, Ícaro, sobre o perigo. Seu filho, por outro lado, ao se erguer alto na atmosfera, tornou-se cheio de orgulho, permitindo-se a exaltação, como poderíamos dizer. Infelizmente ele ignorou a advertência de seu pai e voou tão perto do Sol que a cera em seus ombros derreteu. As suas asas se foram e ele caiu rumo à morte precoce no mar Icário.

Que tal história não seja levianamente estudada, que se medite sobre ela e a mensagem interior será percebida como uma advertência contra o grande perigo e o caráter nocivo do orgulho indevido quando se começa a ter sucesso em qualquer área da vida, tanto a material quanto, especialmente, a espiritual. Os aspirantes às alturas do Olimpo, o estado de consciência iluminada, podem, por sua vez, tirar muitas lições da tragédia de Ícaro, pois o avanço interior pode despertar o desejo de orgulhosamente exibir poderes e uma consequente superioridade sobre os demais, ou, em termos metafóricos, de voar muito perto do Sol. Como foi dito, "o orgulho antecede a queda",[2] e de fato tal tendência pode ser devidamente considerada um dos calcanhares de Aquiles da raça humana.

Sendo assim, em resposta à questão sobre como interpretar mitos antigos, os Sábios[3] da antiguidade poderiam responder da seguinte maneira: "Experimente as ideias que conferem poder e, por isso, são veladas a fim de prevenir o seu abuso. Isto é, as ideias de que as deidades supremas da Índia, Egito, Grécia, Europa central e Escandinávia são personificações do Princípio Divino que é, ao mesmo tempo, onipresente em todo o Universo, e também se encontra profundamente escondido como um imenso poder dentro de cada ser humano.[4]

No seu devido curso as pessoas descobrirão que os grandes dramas, genuinamente (e somente esses) inspirados e inclusos na mitologia, retratam de forma alegórica eventos de ordem divina que continuamente ocorrem no interior e dos quatro reinos da Natureza;

---

[2] Ver Provérbios 16:18 para a advertência de que o orgulho pode ser seguido pela vergonha e degeneração.

[3] A Escola Grega de Filosofia teve o seu início com os sete pensadores imortalizados sobre os quais se fez a apelação a Sophos, "o Sábio". De acordo com Diógenes Laércio, esses Sábios eram Tales, Sólon, Quilão, Pítaco, Bias, Cleóbulo e Periandro.

[4] Para o presente autor, esta é uma das maiores e mais profundas de todas as verdades e, portanto, é capaz de ser tanto diretamente experienciada quanto gravemente mal utilizada.

no humano, cabe observar em especial, mas também no animal, no vegetal e no mineral, bem como nos quatro elementos: terra, água, ar e fogo. Ademais, será descoberto que as aventuras das deidades supremas e seus parentes divinos, os Olímpicos da Grécia antiga e suas proles numerosas, por exemplo, personificam, cada uma, diferentes processos que ocorreram por toda a criação.

Quando corretamente interpretadas, quase todas as interações entre os deuses e entre estes e os humanos revelam-se descrições de uma variedade de relacionamentos. Apesar dos véus protetores que sugerem o oposto, trata-se de aceleradores da evolução, conectando a divindade interna com os seres normais que nos são familiares, ou seja, todo os habitantes da Terra. Essa abordagem é sustentada por S. de Guaita em *Le Seuil du Mystere*:

> Abranger toda a verdade na língua falada, expressar os mistérios ocultos mais elevados num estilo abstrato, não seria apenas inútil, perigoso e sacrílego, mas também impossível. Há verdades de uma ordem tão sutil, sintética e divina, que as línguas humanas são incapazes de expressá-las em sua completude inviolada. Apenas a música pode, às vezes, possibilitar que a alma as sinta, somente o êxtase pode mostrá-las em sua visão absoluta, e o simbolismo esotérico pode unicamente revelá-las ao espírito numa forma concreta.

Se aceitarmos tal abordagem, principalmente a última mencionada, e aplicá-la, então o deus Zeus, da mitologia grega, não era de fato uma deidade libertina, continuamente a se envolver em relacionamentos extraconjungais com as mulheres por quem se apaixonava. Pelo contrário, pois a contínua relação entre Zeus, os outros Olímpicos e as inúmeras amantes pode ser, sem embargo, interpretada como a descrição de influências inspiradoras, tais como a graça divina, continuamente chamadas a sustentar o fardo mortal pelo Ser Divino dentro dos seres humanos, seja na personificação do cisne com Leda, Zeus e a chuva de ouro sobre a prisioneira Dânae, o touro com Europa ou outras uniões místicas. Tais alegorias são assim registradas de modo que os *inamorata* (amantes) míticos, isto é, os seres mortais dentro de cada ser humano, possam se tornar espiritualmente iluminados e internamente guiados em seus vários caminhos ao longo da vida. De fato, é ensinado que o Divino no homem – a verdadeira Alma – está sempre em busca de relacionamentos o mais próximos possíveis com sua personalidade humana.[5]

Uma resposta que os Sábios[6] possivelmente ofereceriam à questão de como interpretar e efetivamente aplicar em sua própria vida as antigas escrituras e mitologias seria: "Olhe para dentro, aspire ao conhecimento da sua divindade oculta e à união com ela. Torne-se cada vez mais receptivo à sabedoria e ao conhecimento característico, e sempre disponível, do Divino no interior de cada ser humano. Ascenda ao Monte Olimpo, à morada mítica do Divino presente em toda a Natureza e em todo ser humano, onde o Ser espiritual do homem perpetuamente habita. Lá encontre a filha favorita de Zeus, a toda-sábia Atena Prômarcos e Partenos, que o protegerá e o guiará, o 'Perseu' que você é, para a decapitação do poder interior e mais perigoso, personificado pela 'Medusa'[7] e sua cabeça serpentina."

"Assim preparado", os Sábios poderiam dizer, "você será capaz de libertar Andrômeda (o Ser aprisionado) do assustador monstro marinho, a personificação de tudo que é terrível no homem, enquanto ela está 'aprisionada' tão somente ao conhecimento do ser físico e do mundo, a rocha etíope cercada pelo mar. Coloca em teus ombros as asas inventadas, construídas e usadas por Dédalo com sucesso, de onde poderá voar do aprisionamento por Minos no Labirinto, a mente puramente mundana e argumentativa, rumo aos céus acima, a percepção espiritual, a Olímpia interior. Seja advertido, como foi o seu filho Ícaro, contra o orgulho, previamente referido como a ascensão tão perigosamente alta quanto tragicamente desastrosa."

---

[5] Isto é revelado nas escrituras mundiais. No Hinduísmo lemos que o Senhor *Shri* Krishna afirmou: "Aquele que Me vê em todos os lugares e vê tudo em Mim, jamais O perderei de vista e ele jamais Me perderá de vista." *Bhagavad-Gitā*, Sexto Discurso, A. Besant. O Senhor Cristo igualmente afirmou: "...eis que estou convosco todos os dias, até a consumação dos séculos." (Mateus 28:20.)

[6] Perspicazes, de fato, eram os Sábios (iniciados) da antiguidade, pois eles perceberam que as nações vêm e vão, impérios se erguem e caem, e as eras douradas da arte, ciência e idealismo são sucedidas por eras sombrias de superstição. Tendo em mente as necessidades da posteridade, os sábios da antiguidade foram a extremos inconcebíveis para garantir que o seu conhecimento fosse preservado e a humanidade protegida de descobertas prematuras e do consequente abuso dos poderes ocultos normalmente latentes no corpo do ser humano.

[7] Medusa: a única das três górgonas que podia ser morta; as outras eram imortais. Observe a cabeleira serpentina peculiar e bem definida (não por acaso, devo dizer), que se ergue sobre a coroa na cabeça da górgona, podendo ser comparável ao caminho entrelaçado seguido pelo Fogo Serpentino ao subir pela coluna do iogue plenamente focado. Ver Glossário para *Kundalinī;* ver Apêndice.

MEDUSA, A GÓRGONA – *KUNDALINĪ* ALADA

Tal conselho pode, em verdade, ser de grande valor como pessoalmente o concebi e, de fato, descobri, ao me envolver com tentativas de interpretações do Velho e do Novo Testamento e das mitologias do mundo. Quando esses ensinamentos são tidos como revelações de verdades espirituais e filosóficas que nos são apresentadas, e frequentemente veladas, na linguagem da alegoria e dos símbolos, podem se mostrar extremamente esclarecedores, em termos muito práticos.

Posso agora me referir, se for permitido um relato pessoal, a uma experiência extraordinária pela qual passei? Como um estudante de Hinduísmo, do *Yoga* e consequentemente da força criadora e mortal chamada de *Kundalinī Shakti*, ou Fogo Serpentino, já tinha familiaridade com os três caminhos interconectados, ou *nādis*,[8] presentes no corpo humano, por onde segue a ascensão, ao longo da espinha até o cérebro, desse grande Poder Universal.

Esse fogo serpentino era um antigo símbolo da fertilidade, do impulso sexual, e, por conseguinte, um símbolo fálico. Quando mal utili-

[8] *Nādi* (sânscrito): o canal ou nervo para a condução de uma corrente.

zado ou fora de controle, pode-se mostrar mortalmente perigoso, tanto para o corpo quanto para a mente. Ao estudar os mitos gregos percebi que as criaturas serpentinas são utilizadas como símbolos de agências destrutivas e opositoras, tais como a Hidra de Lerna, a serpente guardiã do Velocino de Ouro e do corpo e da cabeça da Medusa górgona. Talvez a minha surpresa tenha vindo à tona quando descobri que a forma do caduceu de Hermes era também a de uma reprodução *exata* tanto da própria *Kundalinī* tripla quanto dos três caminhos ou *nādis* dentro do corpo, conforme a figura mais adiante.

Lembrei-me, então, de um acontecimento extraordinário no Quarto Capítulo do *Livro do Êxodo*, a transformação do cajado de Aarão numa serpente, e propus uma interpretação desse evento em *A Sabedoria Oculta na Bíblia Sagrada.*[9] Outros exemplos de um uso aparentemente idêntico dessa mesma simbologia também são referidos neste livro, junto a ilustrações apropriadas, copiadas com exatidão, principalmente de fontes do Egito e da Grécia antigos. Talvez o exemplo mais perceptível dessas obras de arte consista na Carruagem de Triptólemo, sustentada por serpentes aladas. Pois Triptólemo, como o Iniciado dos Mistérios de Elêusis, fora agraciado com tal poder a fim de viajar pelo mundo e "ensinar a agricultura" para a Alma, mais do que para o solo: "Evidentemente, ele também fora ensinado a usar tal poder com segurança, como todo Iniciado sob a direção da deusa Deméter, que personifica o Hierofante iniciador."[10] Após fazer um estudo mais cuidadoso, descobri, quase que com surpresa, como já afirmado, que o desenho do Caduceu de Hermes exibe com incrível similaridade, ou melhor, reproduz, o padrão dos *nādis* na trajetória por onde a *Kundalinī* ascende do sacro ao cérebro, conforme ensina o Hinduísmo.

As interpretações dos mitos gregos se apresentavam a mim em estrita consonância com a Filosofia hindu, particularmente como ilustrado no livro *The Serpent Power*, de Arthur Avalon. O terceiro aspecto da trindade hindu, o Senhor Shiva, também é pictoricamente representado como um ascético cujos cabelos estão amarrados pela cauda de uma serpente que segura a touca no topo de sua cabeça, ao mesmo tempo em

[9] Excerto incluso no Capítulo 2.
[10] Ver *Mythology (Mitologia)*, Edith Hamilton, p. 53. 60-61.

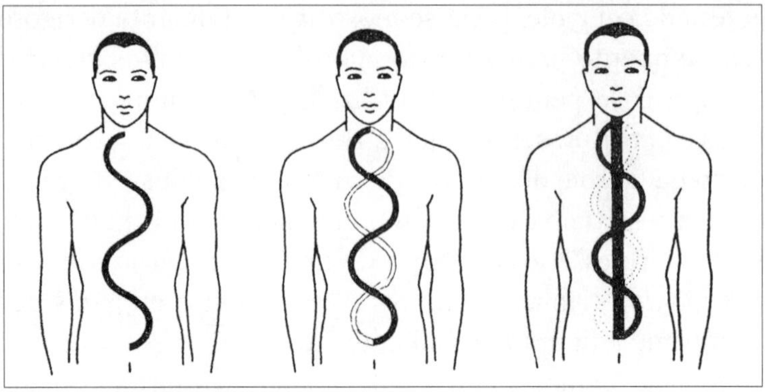

AS TRÊS FASES DO DESPERTAR DA *KUNDALINĪ*

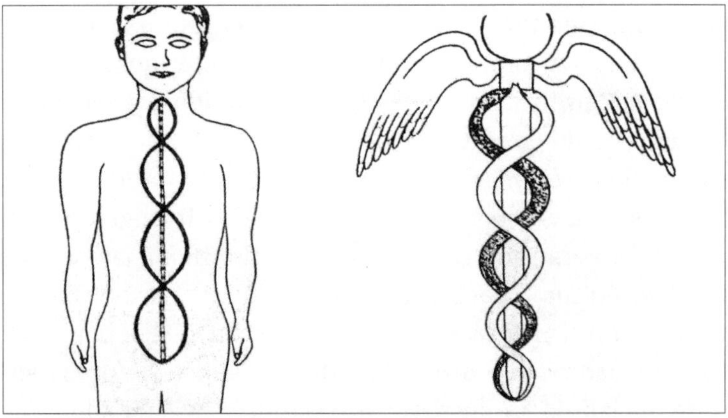

O CADUCEU NO SER HUMANO E O CADUCEU DE HERMES

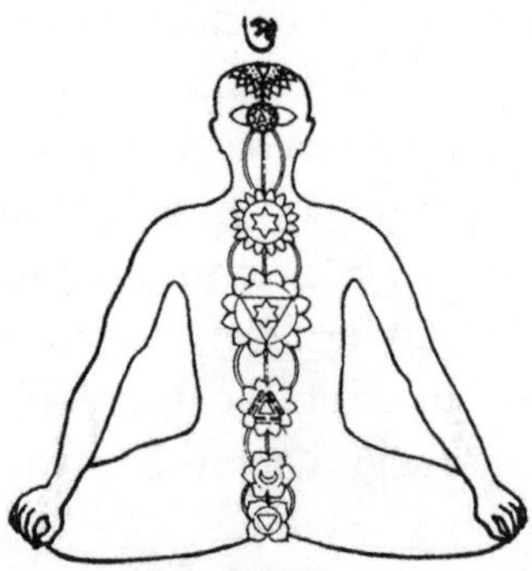

Os *chakras* de acordo com a Filosofia tântrica

que outra serpente adorna o seu pescoço e uma terceira serve como um "Fio Sagrado". A produção, na Índia, de pedras esculpidas de acordo com os três *nādis*, depositadas aos montes perto de árvores sob as quais mulheres desejosas de engravidar circulam, refere-se diretamente ao reconhecimento da serpente como um símbolo, tanto de poder gerador quanto de sabedoria esotérica.

O leitor talvez possa imaginar e até mesmo partilhar de tal surpresa, quando me dei conta de que o sistema de canais se mostrou idêntico na forma do Caduceu do Poder que libertou o grande deus Hermes das limitações espaciais normais! O caduceu em suas mãos lhe permitiu ascender ao Olimpo, rumo aos céus, e a descer ao Hades, nas profundezas abaixo da superfície da Terra.[11]

O símbolo egípcio que, em termos exotéricos, representa a união do Alto Egito com o Baixo Egito, por parte do Faraó Menés, pode ser observado de modo sensato como um retrato do fluxo ascendente e o entrelaçar do Fogo Serpentino, que, quando plenamente desperto e assim aplicado, se revela ao iogue, por meio da experiência, como a verdade da unidade da Vida Divina no Universo (Olimpo ou Alto Egito) e no ser humano (Hades ou Baixo Egito), a culminação do caminho do *Yoga* da unidade percebida e retratada, de forma exotérica, como um símbolo geográfico.

É notório que a representação do símbolo varia na arte egípcia, embora todos apresentem o mesmo desenho geral. A ilustração a seguir é de particular interesse, tanto devido à clara indicação dos ossos da pélvis humana na base da espinha, quando em relação ao modo como a coluna espinhal é apresentada, composta de uma série de componentes vertebrais. Esse e outros mitos serão analisados em todos os aspectos ao longo deste estudo da simbologia, posto que muitas outras personificações e símbolos do Fogo Serpentino similares ou exatamente iguais são, com frequência, encontrados e estão inclusos nos mitos aqui estudados.

Conforme passei a estudá-los com essas e outras interpretações que comecei a perceber em minha mente, todo um novo mundo gradualmente se abriu diante de minha consciência. Sempre me senti atraído

[11] *The Caduceus (O Caduceu)*. Ver frontispício.

por este mundo, e após a porta ter sido aberta, continuei a ser o seu explorador. Este livro é uma oferta de algumas das minhas "descobertas" contínuas, pois uma semelhança próxima, ou, de fato, uma identidade, foi encontrada entre os ensinamentos indianos acerca do Poder Serpentino e as apresentações das mesmas ideias em forma simbólica, alegórica e mítica, principalmente na Grécia e no Egito antigos.

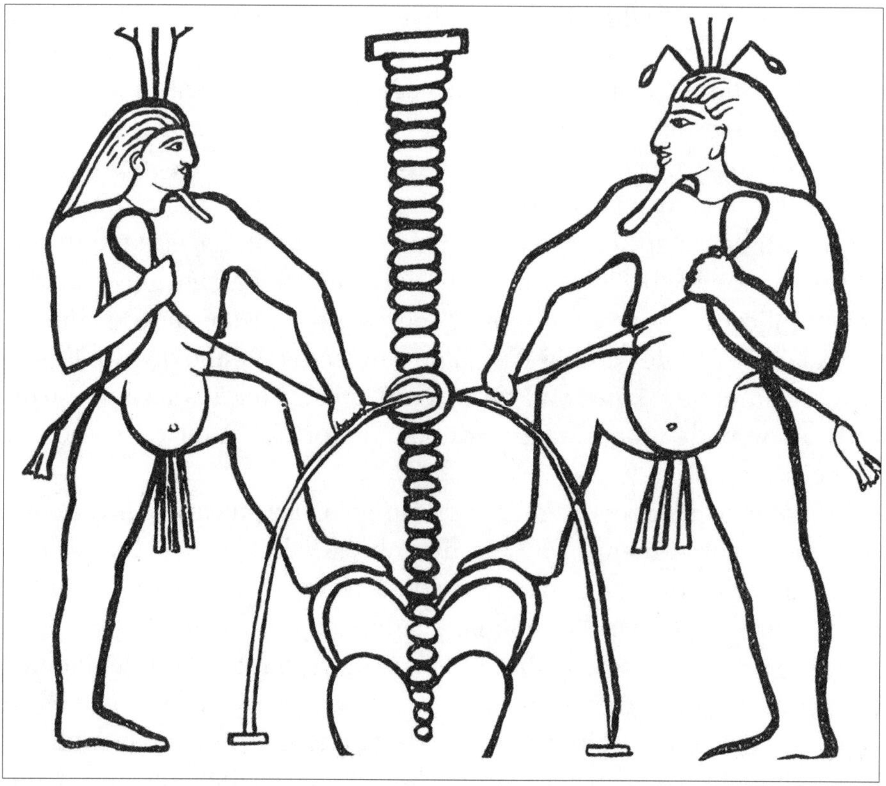

SÍMBOLO EGÍPCIO DA UNIÃO DO ALTO E BAIXO EGITO

A SABEDORIA OCULTA E O MOTIVO DOS VÉUS

O maior grau de poder que a Ciência Oculta pode fornecer é derivado do conhecimento acerca da unidade e interação entre o Macrocosmo e o Microcosmo, o Universo e o ser humano. "Atrás do mistério do homem terreno e mortal está o mistério do Um Divino e imortal", escreveu Eliphas Levi. Lao Tzu também expressa essa verdade em suas palavras: "O Universo é um homem numa escala maior".

A totalidade do Universo, com todas as suas partes, do plano mais elevado até a natureza física, é considerada interligada, entrelaçada, de modo a constituir um todo único, um corpo, um organismo, um poder, uma vida, uma consciência, tudo ciclicamente evoluindo sob uma única lei. Os "órgãos" ou partes do Macrocosmo, embora aparentemente separados no espaço e no plano da manifestação, estão, na verdade, harmoniosamente interrelacionados, em intercomunicação e interatividade constante.

De acordo com esta revelação da Filosofia Oculta, o Zodíaco, as galáxias e os seus sistemas componentes, bem como os planetas com os seus reinos e planos da Natureza, elementos, Hierarquias de Seres, forças irradiadoras, cores e notas, não são apenas partes de um todo coordenado e em correspondência ou ressonância mútua uns com os outros, mas também — o que é de significância profunda — têm as suas representações dentro do próprio ser humano. Este sistema de correspondências está em operação por todo o Microcosmo, da Mônada à carne mortal, incluindo as partes do mecanismo da consciência, ou os veículos e seus *chakras*,[12] por meio dos quais o Espírito do ser humano se manifesta por toda a sua natureza, variando em grau de acordo com o estágio do desenvolvimento evolutivo. O ser humano que descobrir esta verdade pode adentrar o aspecto de poder do Universo e ativar qualquer uma dessas forças. Ele, então, se tornaria dotado de uma influência quase que irresistível tanto sobre a Natureza quanto sobre os demais seres humanos.

A tarefa de revelar de modo seguro uma medida da verdade oculta exige algum conhecimento acerca da Cosmogênese, da emanação do

[12] *Chakra* (sânscrito): um vórtice ou "roda" nos corpos etéricos e suprafísicos do ser humano. Ver Glossário.

Universo a partir do Absoluto, do finito a partir do Infinito e dos ciclos sucessivos, maiores e menores, de involução e evolução. Ademais, tanto o conhecimento da linguagem simbólica, seus propósitos, métodos e símbolos clássicos, quanto a faculdade de analisar e interpretar metáforas históricas, são necessários para abrir a arca de tesouros da Sabedoria Oculta, a própria Bíblia sagrada.

> Quando o Verbo descobriu que as coisas realizadas de acordo com a história poderiam ser adaptadas a esses sentidos místicos, ele fez uso destes, escondendo da multidão o significado mais profundo. Porém, nas partes da narrativa acerca do desenvolvimento das coisas suprassensíveis, não houve a realização de certos eventos, que já tinham sido indicados pelo significado místico; as Escrituras entrelaçaram na história relatos de alguns eventos que não aconteceram, às vezes algo que não poderia ter acontecido, às vezes algo que poderia, mas não aconteceu. (*De Principiis*, Orígenes, filósofo cristão e estudioso da Bíblia, famoso por seus ensinamentos em Alexandria e na Cesareia, c. 185-c.254, d.C.)

> Que homem de bom senso haveria de concordar com a afirmação de que o primeiro, o segundo e o terceiro dias, em que *a noite e a manhã* são nomeadas, não contavam com Sol, Lua e estrelas, e o primeiro dia sem um céu? Que homem haveria de ser tão tolo em supor que Deus plantou árvores no Paraíso, no Éden, como um agricultor, plantando também a Árvore da Vida, perceptível aos olhos e aos sentidos, que daria vida àquele que dela se alimentaria; e uma outra árvore que lhe daria o conhecimento do bem e do mal? Acredito que todo homem deve tomar tais coisas por imagens, sob as quais um sentido oculto está velado. (Orígenes: Huet., *Origeniana*, p. 167, Franck, p. 142.)

> Toda vez que você encontrar uma história em nossos livros cuja realidade pareça impossível, uma história que é repugnante tanto à razão quanto ao bom senso, então esteja certo de que tal história contém uma alegoria profunda a velar uma verdade misteriosa e oculta. Quanto maior o absurdo da letra, tão mais profunda é a sabedoria do espírito. (Moisés Maimônides, teólogo judeu, historiador, talmudista, filósofo e médico (1135-1202 d.C.)

> Ai do homem que vê na *Torah*, isto é, na Lei, apenas meras narrativas e palavras comuns! Pois se em verdade contivesse apenas isto, seríamos hoje capazes de compor uma *Torah* muito mais digna de admiração... As narrativas da *Torah* são as vestimentas da *Torah*. Pobre daquele que toma a vestimenta pela própria *Torah*!... Há algumas pessoas tolas que, ao ver um homem coberto por uma bela vestimenta, não vão além disso em suas observações,

tomando a vestimenta pelo corpo, sendo que existe uma coisa ainda mais preciosa, que é a alma... Os Sábios, os servos do Rei Supremo, aqueles que habitam as alturas do Sinai e se ocupam apenas com a alma, a base de todo o resto, que é a própria *Torah*; num tempo futuro, eles estarão preparados para contemplar a Alma daquela alma [isto é, a Deidade] que respira na *Torah*. (Zohar III, 152b. Soncino Ed., Vol. V, p. 211.)

O Rabino Simeão disse: "Se um homem olha para a *Torah* como se fosse apenas um livro contendo narrativas e assuntos cotidianos, ai deste homem! Uma tal *Torah* acerca de temas do dia a dia, até nós seríamos capazes de compilar também, numa versão ainda melhor. Mais do que isso, em posse dos regentes do mundo, há livros de mérito ainda maior e esses poderíamos imitar se quiséssemos compilar tal *Torah*. Mas a *Torah*, em todas as suas palavras, carrega verdades sobrenaturais e segredos sublimes." (*Ibid*, 152a).

Como uma bela mulher escondida no interior de um palácio, que, quando o seu amigo e amado passa, abre por um momento uma janela secreta, vista somente por ele: então, retira-se novamente e desaparece por um longo período. Assim a doutrina se mostra apenas aos eleitos, mas nem mesmo para eles sempre da mesma maneira. No início, extremamente velada, ela apenas acena com a sua mão para aquele que passa. Cabe a ele notar se, em seu entendimento, percebe tal sinal sutil. Mais tarde, ela se aproxima um pouco mais dele e sussurra em seus ouvidos algumas poucas palavras, mas o seu semblante ainda está escondido por detrás do véu espesso, impenetrável ao olhar de seu amado. Ainda mais tarde, ela conversa com ele, o seu semblante coberto com um véu mais fino. Depois que ele tiver se acostumado com a sua presença, ela finalmente mostra a sua face e confia-lhe os segredos mais íntimos do coração. (*Zohar* II 99a, Soncino Ed., Vol. III, p. 301).

A *TORAH*

Os místicos judeus são unânimes em dar uma interpretação mística à *Torah*. Esta obra é para eles um organismo vivo, animado por uma vida secreta que flui e pulsa abaixo da crosta de seu significado literal. Cada uma das inumeráveis camadas dessa região oculta corresponde a um significado novo e profundo da *Torah*. Em outras palavras, ela não consiste apenas de capítulos, frases e palavras, mas deve ser entendida como a encarnação viva da sabedoria divina que eternamente envia novos raios de luz. Não é meramente lei histórica do Povo Eleito, embora seja isso também; é, na verdade, a lei cósmica do Universo, como concebido pela sabedoria de Deus. Cada configuração de letras, faça ou não sentido na língua falada dos humanos, simboliza algum aspecto do poder criativo de Deus, que é ativo no Universo. (*Major Trends in Jewish Mysticism*, Gershom G. Scholem.)

UM SÍMBOLO

Um símbolo retém a sua forma original e o seu conteúdo original. Ele não se torna, por assim dizer, uma concha vazia sobre a qual outro conteúdo é jogado. Em si mesmo, por meio de sua própria existência, torna outra realidade transparente, a qual não poderia aparecer em nenhuma outra forma. Um símbolo místico é uma representação expressa de algo que está além da esfera de expressão e comunicação, algo que vem de uma esfera cuja face é, por assim dizer, voltada para dentro e para fora de nós. O símbolo 'significa' nada e comunica nada, mas torna transparente algo que está além de toda expressão. Onde o *insight* mais profundo sobre a estrutura da alegoria revela novas camadas de significado, ou o símbolo é entendido intuitivamente por completo, de uma vez, ou não o é de forma alguma. O símbolo em que a vida do Criador e da criação se tornam uma é, nos termos de Creuzer, 'um raio de luz que, da escuridão e das profundezas abismais da existência e da cognição, cai sobre o nosso olho e penetra em todo o nosso ser'. É uma 'totalidade momentânea' percebida intuitivamente num *agora* místico, a dimensão temporal própria do símbolo. (*Ibid.*)

Casca, clara e gema formam o ovo perfeito. A casca protege a clara e a gema; a gema se alimenta da clara. Quando a clara desaparece, a gema, na forma da ave emplumada, quebra a casca e se ergue rumo ao céu. Dessa forma o estático se torna dinâmico, o material se torna espiritual.

Se a casca é o princípio exotérico e a gema o esotérico, o que, então, é a clara? A clara é o alimento do segundo. A sabedoria acumulada do mundo em torno do mistério do crescimento, que cada indivíduo deve absorver antes que possa quebrar a casca. A transmutação da clara pela gema na avezinha é o segredo dos segredos de toda a Filosofia cabalística. (*The Secret Wisdom of the Qabalah*, J.F.C. Fuller.)

Após tomar o *Upanishad* como o arco, como a grande arma, que seja nele colocada a flecha, afiada pela devoção! Então, apontando-a com o pensamento direcionado àquilo que é, acerte o alvo, ó amigo, a saber, aquilo que é indestrutível! *Om*[13] é o arco, o Ser é a flecha, *Brahman*[14] é o alvo. Deve ser atin-

[13] *Om* ou *Aum*: O nome da Deidade Tripla. Uma sílaba de afirmação, invocação e bem-aventurança divina.

[14] *Brahman* (sânscrito): O Princípio impessoal, supremo e incognoscível do Universo. A Essência da qual tudo emana e para a qual tudo retorna.

gido por um homem que não é desatento, e, então, quando a flecha se torna una com o alvo, ele se tornará um com *Brahman*. (*Mundaka Upanishad*, II.)

Conheça o Ser como o Senhor da carruagem e o corpo como, verdadeiramente, a carruagem; conheça o intelecto como o cocheiro e a mente como, verdadeiramente, as suas rédeas.

Os sentidos, dizem, são os cavalos; os objetos dos sentidos os caminhos (que eles percorrem); (o ser) associado ao corpo, os sentidos e a mente é aquele que desfruta, declaram os homens sábios.

Aquele que não tem entendimento, cuja mente está sempre desequilibrada, os seus sentidos estão descontrolados e são para o cocheiro como um bando de cavalos ariscos.

Aquele, entretanto, que tem entendimento, cuja mente é sempre comedida, os seus sentidos sob controle, é para o cocheiro como os bons cavalos.

Aquele, entretanto, que não tem entendimento, não tem controle sobre a sua mente, (e é) sempre impuro, não alcança tal meta e retorna à vida mundana.

Aquele, entretanto, que tem o entendimento e controle sobre sua mente, (que está) sempre pura, alcança o objetivo e, assim, não nasce outra vez.

Aquele que tem o entendimento para conduzir a carruagem e controla as rédeas de sua mente alcança o fim de sua jornada, a suprema morada do onipresente. (*Kathopanishad* 1-3-3 a 1-3-9, tradução do Dr. Radhakrishnan, *The Principal Upanishads*.)

Aproximando-se os discípulos, perguntaram-lhe: por que lhes falas em parábolas? Jesus respondeu: Porque a vós foi dado conhecer os mistérios do Reino dos Céus, mas a eles não.

Mas felizes os vossos olhos, porque veem, e os vossos ouvidos, porque ouvem. (Mateus 13:10, 11 e 16.)

AS QUATRO CHAVES PRINCIPAIS DE INTERPRETAÇÃO

A enunciação anterior do tema principal deste trabalho, a saber, que as partes inspiradas das escrituras e mitos mundiais são de caráter alegórico, pode agora ser seguida por uma afirmação de quatro das sete chaves possíveis de interpretação e sua aplicação macrocósmica e microcósmica[15] a uma variedade de tais passagens.

[15] Macrocosmo e Microcosmo. Todas as alegorias e símbolos são suscetíveis de uma interpretação tríplice — macrocósmica ou aplicadas aos *Logoi* e Universos, e microscópica ou aplicadas às experiências místicas e estágios de desenvolvimento experimentados por aqueles que trilham o caminho do discipulado e da Iniciação (ver Glossário).

TUDO ACONTECE NO INTERIOR

Em relação à *primeira chave*, algumas narrativas de eventos supostamente históricos também são descritivas de experiências subjetivas de raças, nações e indivíduos; nesse sentido, tudo acontece no interior. Quando essa chave é "girada", certas histórias têm pelo menos dois possíveis significados subjacentes. Uma delas se refere às experiências e realizações daqueles que avançam pelo método evolutivo normal, e a outra aos místicos que estão trilhando a Senda da Santidade ou a Senda do Desenvolvimento Acelerado.

A necessidade de ocultar o conhecimento mágico e oculto na alegoria e no símbolo é especialmente importante na última dessas duas aplicações da primeira chave; pois, bem no início da aproximação e da entrada na Senda, um aprimoramento do poder da vontade e das faculdades mentais e psíquicas começa a ser aparente. O despertar prematuro e o desenvolvimento desses poderes sobrenaturais, e seu emprego para propósitos puramente pessoais, e principalmente para objetivos destrutivos, podem se mostrar extremamente prejudiciais para quem incorre em tal mal uso, assim como para os seus semelhantes.

"CRISTO EM VÓS, A ESPERANÇA DA GLÓRIA"[16]

O apóstolo Paulo parece ter aceitado esta primeira chave: a interpretação mística. Para ele, a Natividade de Cristo, por exemplo, não foi apenas um evento específico que ocorreu em um determinado momento em Belém, mas também se refere a uma experiência humana universal. As narrativas da Anunciação, da Imaculada Conceição e da Natividade de Cristo são escritas de modo a também descrever alegoricamente o despertar gradual dos poderes da percepção, do Cristo no interior da Alma[17] do ser humano avançado. Para São Paulo, evidentemente, o nascimento e as atividades do Senhor Cristo foram descritivos do despertar interior

---

[16] Colossenses 1:27.

[17] Alma: quando escrita com "A" maiúsculo, essa palavra se refere ao Ser espiritual, imortal e em desenvolvimento dentro do ser humano, a verdadeira individualidade por detrás do véu do corpo. Quando escrita com "a" minúsculo, refere-se à psiquê, ou às partes mentais, emocionais e vitais do ser humano mortal. Em hebraico, *Nephesh chaiah*, "almas da vida" ou "alma viva". Gênesis 2:7.

e da perfeição do poder e da natureza inerentes e redentores de Cristo no ser humano. Assim, ele escreveu: "Sofro de novas dores do parto, até que Cristo seja formado em vós"[18] e "a quem quis Deus tornar conhecida qual é entre os gentios a riqueza da glória deste mistério; que é Cristo em vós, a esperança da glória."

Quando o estudante da Bíblia lê as grandes narrativas com essa chave em mãos, por assim dizer, ele pode até partilhar das experiências registradas. Ele pode subir o monte com Abraão, Moisés, Elias e Jesus e, por menor que seja a princípio, começar a participar de sua exaltação. Com os dois discípulos desanimados, ele pode percorrer o caminho até Emaús[19] e ouvir as sábias palavras de seu companheiro temporariamente desconhecido. Na descrição da quebra do pão, ele pode então ser iluminado por aquela luz interior que brilhava quando "seus olhos se abriram, e eles o reconheceram". Isso realmente faz parte da intenção dos autores inspirados. Assim, quando se estuda as escrituras do mundo, é preciso ler intuitivamente, com sensibilidade, com a mente aberta e receptiva àquela consciência mais vasta que tantas vezes parece estar à espera para desabrochar. Portanto, a primeira chave é que alguns eventos registrados também ocorrem internamente.

PESSOAS PERSONIFICAM QUALIDADES HUMANAS

A *segunda chave* é que cada *dramatis personae* introduzida nas histórias representa um estado de consciência e uma qualidade do caráter. Todos os atores são personificações dos aspectos da natureza humana, de atributos, princípios, poderes, faculdades, limitações, fraquezas e erros do ser humano. Quando os heróis são puramente humanos, vemos a descrição da vida de uma pessoa evoluindo normalmente. Quando o herói é semidivino, entretanto, a ênfase recai sobre o progresso acelerado do Ser espiritual no homem, principalmente após ter começado a assumir poder preponderante. Quando a figura central é um *Avatāra*[20] ou "descida" de um Aspecto da Deidade, o relato de Suas experiências também descreve

[18] Gálatas, 4:19.
[19] Lucas 24:13-31.
[20] *Avatāra* (sânscrito). A doutrina da encarnação ou "descida" Divina. Ver Glossário.

aqueles que passaram dos últimos estágios da evolução humana à estatura de homens perfeitos. Tal é o propósito geral e tal é o método dos escritores antigos das alegorias, parábolas e mitos imortais do mundo.

A Deidade ou o Pai, quando introduzido na narrativa, geralmente se refere à Essência espiritual mais elevada no homem, a Fagulha Divina, a Mônada,[21] assim como à Super Alma da raça. Aqueles que seguem a Senda Iniciática buscam acelerar tal percepção, primeiro de sua natureza divina e imortal e, então, da unidade inquebrantável com o Senhor Supremo de Tudo. Este reconhecimento pleno da unidade do homem com Deus, da unidade do homem-Espírito com Deus-Espírito é a meta última de toda a humanidade. No Hinduísmo este estado é chamado de *Moksha*, ou Libertação; no Budismo de *Nirvāna*, ou absorção consciente; no Cristianismo de salvação, ascensão, estado de Cristo.

Neste método do estudo bíblico, os personagens (divinos, semidivinos, patriarcas e humanos) são, portanto, considerados personificações dos princípios e poderes da Natureza enquanto Macrocosmo, bem como do homem enquanto Microcosmo. Concessões devem, porém, ser feitas para as diferentes correspondências necessárias às próprias narrativas. Tal leitura é apoiada por São Paulo, que escreve: “Estas coisas lhes aconteceram para servir de exemplo”[22] e “Pois está escrito que Abraão teve dois filhos, um da serva e outro da livre”. “Isto foi dito em alegoria.”[23] Não é exagerado presumir que tal teoria possa ser verdade quanto a muitas outras partes da Bíblia. Pode-se ir ainda mais longe e afirmar que a prática de estudar as escrituras do mundo em seu significado literal e como meros registros de acontecimentos históricos pode levar a graves erros e confusão mental.

Outros erros da cristandade moderna precisam ser corrigidos com urgência. Dentre eles estão: a já mencionada degradação do conceito de Emanador Divino do Universo ao nível de um deus tribal;[24] a confiança

---

[21] Mônada (grego): “o Solitário”. Outros termos são o Gérmen Imortal, o *Logos* da Alma, o Habitante das Profundezas. Ver Glossário.

[22] I Corintos 10:11.

[23] Gálatas 4:22-24.

[24] O hebraísmo exotérico e uma leitura literal de certos livros do Velho Testamento por si só apresentam esta visão de Jeová. A Cabala, a Teosofia dos hebreus, a sua sabedoria esotérica, proclama a Deidade inominada como autoexistente, o Emanador impessoal do Cosmo e de tudo que ele contém.

num poder redentor externo (em vez de interno); e a construção de um vasto, ainda que em mudança, edifício teológico fundado sobre dogmas, alguns dos quais baseados numa leitura literal das escrituras.[25]

Essas dificuldades são todas evitadas e uma profunda inspiração, consistente com a razão, é adquirida por meio do reconhecimento de uma intenção mística e do significado por detrás das muitas partes das escrituras e mitologias dos povos da antiguidade. Assim, a humildade, a devoção e o amor incondicional de Maria, a Mãe de Jesus; a fragilidade humana e a santidade inerente de uma Madalena e de um Pedro; o valoroso esforço de Marta e, evidentemente, aos olhos de Jesus, os aspectos ainda mais valiosos, espirituais e contemplativos da natureza humana e dos modos de vida exibidos por sua irmã Maria[26] — todos esses atributos fazem parte do caráter de todo indivíduo, e são trazidos à tona de acordo com o momento e suas condições de vida. Na superfície, a observação em relação a Marta, que pode ser lida quase como uma repreensão, pode parecer um tanto injusta. Aparentemente, no entanto, Jesus estava se referindo ao fato, descoberto e ensinado por todo místico, de que somente na quietude de corpo e mente a voz do Mestre interior se faz ouvir. Elias parece ter feito tal descoberta, pois após a ventania, o fogo e o terremoto, um silêncio caiu sobre ele e nesse silêncio ele ouviu "a voz suave e delicada".[27] O salmista, por sua vez, recebeu orientações similares do Senhor, que lhe disse: "Tranquilizai-vos e reconhecei: Eu sou Deus."[28]

A aplicação de segunda chave (que é: a *dramatis personae* de muitas escrituras narrativas representa características humanas) nos faz descobrir que os doze discípulos de Jesus personificam potencialidades e atributos do ser humano. Por exemplo, pode ser observada uma classificação em doze partes (doze discípulos) como as manifestações microscópicas das qualidades atribuídas ao zodíaco pelos astrólogos. O discipulado, ou a aproximação do Instrutor divino, indica que a evolução do discípulo alcançou um estágio avançado. Finalmente todos os poderes

[25] Mesmo durante o preparo desta obra, muitos desses dogmas têm sido colocados sob uma revisão crítica por parte do clero e dos leigos de certas denominações cristãs, tais como, por exemplo, a Igreja Católica Romana, notadamente os seus Concílios Ecumênicos de anos recentes.

[26] Lucas 10:38-42.

[27] I Reis 19:12.

[28] Salmos 46:10.

do coração, da mente e do espírito serão plenamente desenvolvidos. Somente quando as doze qualidades zodiacais no ser humano forem "discipuladas" (refinadas e disciplinadas) ele se tornará capaz de responder à sua própria vontade divina interior e compreender a sabedoria pura, ambas personificadas por seu Mestre. O Poder e Presença de Cristo, seja dormente como no barco da Galileia,[29] despertando ou "nascendo" como na Natividade mística,[30] ou plenamente amadurecido na "medida da estatura da plenitude de Cristo",[31] deve, no entanto, ser acrescentado a todos os atributos humanos de modo a apresentar, por meio da personificação, uma descrição do ser humano plenamente "aperfeiçoado".

A interação entre esses diferentes aspectos da experiência humana, os efeitos que produzem sobre as pessoas, o crescimento de um ou mais aspectos e a diminuição de outros em diferentes períodos e em diferentes vidas, e a emergência gradual, triunfante e predominante do Ser espiritual real, o Rei Imortal interno, personificado pelo Salvador e pelo herói de todas as sagas – tudo isso é alegoricamente retratado pelos autores Iniciados de partes inspiradas das escrituras do mundo. Os casamentos em que muitas dessas façanhas culminam podem ser interpretados como referências simbólicas da unificação da consciência do exterior e do interior, do ser mortal e imortal dos seres humanos. Na literatura mística não são referidos sem razão os "casamentos celestes". Portanto, as próprias narrativas descrevem as experiências, principalmente os testes, provações, derrotas e vitórias de um personagem, que é o próprio ser humano. Os feitos bem-sucedidos descrevem conquistas interiores, enquanto fracassos parciais ou completos, derrotas e rendições são alegorias de vitórias temporárias do puramente humano sobre o divino no homem, as conquistas da matéria sobre o Espírito. Sendo assim, a segunda chave é que cada uma das *dramatis personae* representa um estado de consciência e uma qualidade de caráter.

---

[29] Marcos 4:38.
[30] Gálatas 4:19.
[31] Efésios 4:13.

AS HISTÓRIAS DRAMATIZAM FASES DA EVOLUÇÃO HUMANA

A *terceira chave* é que toda história pode ser considerada como uma descrição gráfica das experiências da Alma humana, ao passar pelos diferentes estágios e suas fases intermediárias na jornada evolutiva até a Terra Prometida (consciência cósmica), o cume da realização humana. As alegorias inspiradas são sempre distinguíveis de meros romances e biografias por uma série de características, tais como a intrusão do sobrenatural e a inclusão na história de seres angélicos e divinos, até mesmo da própria Deidade. Quando esses elementos são encontrados, pode-se sempre suspeitar da existência de uma revelação oculta. O leitor que possuir e aplicar as chaves terá a chance de penetrar o véu do simbolismo e encontrar a Sabedoria Oculta por detrás dele.

Em geral, as variadas experiências do Eu imortal de cada homem em seu caminho rumo à perfeição, como afirmado acima, são narradas como as aventuras de inúmeros personagens numa dada história. Os Doze Trabalhos de Hércules (cada um passível de associação com um dos doze signos do zodíaco), a viagem dos Argonautas, as experiências dos israelitas, as vidas do Senhor *Shri* Krishna, do Senhor Buda e do Senhor Cristo, dentre várias outras, são todas descrições, de maneira simbólica, da jornada da Alma e do desenvolvimento psicológico, intelectual e espiritual que ocorrem em tal peregrinação.

Neste terceiro método de interpretação, cada história pode ser estudada a partir de dois pontos de vista. O primeiro se refere ao progresso evolutivo e aos estados mentais e emocionais que o acompanham, enquanto o segundo revela as alegorias mais especificamente como descrições de experiências daqueles que entram pelo portão estreito e buscam o caminho apertado.[32]

Na Parábola do Semeador,[33] as condições diferentes do solo, como Cristo explicou privadamente aos Seus discípulos,[34] representam as várias fases evolutivas e estados de receptividade espiritual da raça e do

---

[32] Mateus 7:13-14.
[33] Mateus 13:1-9.
[34] Mateus 13:18-23.

indivíduo, da completa ausência de receptibilidade (o terreno rochoso e à margem) à plena percepção e ratificação (solo fértil). Na Parábola das Dez Virgens,[35] as donzelas tolas podem ser observadas como aqueles que ainda não evoluíram o suficiente para serem capazes de responder aos impulsos que descem de seu Ser Superior (o noivo) e, portanto, não podem ser culpadas por isso. As virgens sábias, por outro lado, podem ser interpretadas como a personificação de todos aqueles cujo Ser espiritual alcançou um grau considerável de desenvolvimento evolutivo. O exterior, a natureza física se tornou suficientemente desenvolvida para estar ciente deste fato e expressar, na conduta da vida diária, o idealismo elevado e os frutos das experiências espirituais. Este estado é, por sua vez, seguido da iluminação progressiva da mente-cérebro pelo Ego[36] (o noivado), levando à fusão da natureza mortal e imortal (o casamento).

Os acontecimentos das bodas de Canãa[37] podem ser interpretados como referentes à união interior alcançada por aqueles que despertaram o poder da presença de Cristo no interior de todo ser humano, como alegoricamente indicado pela presença do Mestre. Após essa realização, os desejos mais grosseiros da natureza emocional (água) são transmutados na sabedoria e intuição espiritual (vinho). Os casamentos dos heróis e heroínas nas mitologias e escrituras, como vimos, indicam a combinação essencial da personalidade mortal com o Ego imortal, e a fusão da individualidade humana com o Ser divino e a vida do Universo como um todo. A "identidade mística", ou a consciência cósmica, foi, então, alcançada.[38] A presença de Cristo nessa história, como em to-

[35] Mateus 25:1-13.

[36] Ego aqui se refere ao Ego Superior ou Eu Superior. Tríade Superior ou imortal que reencarna e evolui, conquista que caracteriza o estágio evolutivo humano, distinguindo-o dos animais, cuja alma é grupal (ver Leadbeater, *A Gnose Cristã*, Ed. Teosófica). Não se deve confundir com o ego da psicologia moderna, que, em contraposição, refere-se à personalidade mortal, quaternário inferior ou corpo, conforme o denominava São Paulo, que ainda o subdividia em corpo natural (abrangendo o corpo físico e o corpo etérico), às vezes também chamado confusamente de espiritual, mas que abrange o corpo astral ou emocional, e o corpo mental (Coríntios 15:44). Também não confundir com o Espírito ou Mônada, a centelha divina, que é eterna e perfeita, porque está fora da dimensão evolutiva do tempo. (Nota Ed. Bras.)

[37] João 2:1-1.

[38] Os numerosos e escandalosos (se tomados no sentido literal) amores de Zeus, o Pai dos Deuses, são todos suscetíveis de interpretações semelhantes, ou seja, das uniões entre o Divino e o mortal na natureza humana. De fato, cada caso de Zeus, com a sua simbologia específica (nuvem, cisne, chuva de ouro e touro, por exemplo), pode ser interpretado como a descida do Ser espiritual interno para a união com o menos divino, os níveis puramente mortais da consciência humana.

das as narrativas em que Ele aparece, incluindo aquelas que descrevem os "milagres", indica que se entrou numa determinada fase da jornada evolutiva da Alma em que a sabedoria espiritual, a intuição espiritual e um amor e compaixão como a de Cristo já estão bem desenvolvidos e ativos por toda a natureza pessoal. A transformação da água em vinho nesses "casamentos" não é um milagre, mas um processo natural que ocorre quando um aspirante inabalável encontra o caminho estreito e é bem-sucedido ao passar por ele. A uva e o vinho também simbolizam o conhecimento, a sabedoria e a compreensão do espírito das coisas. Como a fermentação dá certa "força" ao vinho, a ação do intelecto sobre o conhecimento esotérico acumulado o transforma em pura sabedoria, *insight* implícito e intuição capaz de penetrar nas profundezas. Portanto, com a terceira chave, muitas histórias das escrituras alegoricamente descrevem fases da jornada evolutiva do ser humano e as experiências místicas que a acompanham.

O SIMBOLISMO DA LINGUAGEM

A *quarta chave* trata do fato de que alguns objetos físicos, assim como certas palavras, têm o seu próprio significado simbólico especial. No código da Bíblia tais palavras são usadas principalmente para denotar níveis da consciência humana. As palavras que se referem a objetos físicos e terrenos descrevem estados da consciência e atributos relacionados ao estado de vigília. A água e as suas associações se referem, em termos macrocósmicos, ao espaço universal, e em termos microcósmicos, às emoções. Com certas exceções, ar e fogo se referem à intuição e à mente, respectivamente. O fogo, deve-se acrescentar, também faz referência à manifestação da força vital e criativa do *Logos*. Também representa essa mesma força como o poder procriador no ser humano. Essa força é representada pelo Fogo Serpentino ou *Kundalinī*[39] e é frequentemente simbolizada por dragões e serpentes. Portanto, a quarta chave consiste no fato de que alguns objetos físicos e certas palavras têm o seu próprio significado simbólico.

---

[39] *Kundalinī* (sânscrito): "O Princípio Vital universal espiralado." Um poder oculto e sétuplo no Universo (*Maha Kundalinī*) e no ser humano (*Kundalinī*).

CAPÍTULO 1

DOS CONTOS DE FADAS E MITOS PARA A TEOSOFIA

As interpretações de alguns mitos gregos

DA MITOLOGIA PARA A TEOSOFIA[40]

Sabe-se que os mitos dos povos antigos podem ter começado como histórias folclóricas, como também alguns dos contos de fadas atuais. Em sua transmissão ao longo dos séculos, alguns desses originais tiveram acréscimos e foram enriquecidos por Sábios, videntes e poetas inspirados. Sua simplicidade e ideias puramente imaginárias tornaram-se, portanto, descrições notavelmente exatas de processos fundamentais da natureza, físicos, suprafísicos e espirituais. Inclusas nessas descrições estavam as leis do Ser, as origens de universos (sóis, planetas e seus habitantes, fisicamente visíveis e invisíveis), os mecanismos da evolução, a interação entre mundos próximos e distantes e a presença de um poder divino incognoscível e incompreensível como base de tudo que existe. Estes foram referidos e revelados em grande parte por sua personificação como deuses e deusas, como homens e mulheres semidivinos, dotados de dons sobrenaturais, ao lado das raças dos humanos na Terra e as inúmeras e altamente complicadas relações entre esses três produtos da criação.

Povos diferentes desenvolveram gradualmente seus próprios grupos de divindades, adotaram os panteões dos vizinhos e dos habitantes das terras conquistadas. Uma mistura de relatos totalmente fictícios foi então formada, como contos de fadas da criação e evolução do Universo, deste planeta e de todos os seres sencientes conhecidos. No centro ou coração estava o Poder paterno, que era a Fonte postulada e Pai de Todos, o conceito mais próximo de Divindade que os criadores da Linguagem

40 Teosofia (G.K.): Sabedoria Divina – uma palavra possivelmente cunhada por Amônio Sacas, da Escola Neoplatônica de Alexandria (em torno dos três primeiros séculos da Era Cristã).

da Alegoria e do Símbolo, e, portanto, dos mitos, consideraram aconselhável e seguro apresentar. Alguns dos costumes e da vida familiar da humanidade foram então atribuídos a este Pai dos deuses, sua esposa e família, embora as leis morais e os princípios éticos nem sempre fossem considerados como inteiramente obrigatórios para as divindades (Zeus com seus muitos amores, por exemplo). Relações sexuais, normais e às vezes incestuosas, dentro e fora do vínculo matrimonial, com todos os seus produtos e resultados, foram incluídas nos relatos originais, como é indicado por um estudo das mitologias do mundo.

Essa linguagem pode muito bem ter sido elaborada por Sábios, principalmente para explicar os fenômenos naturais e, secundariamente, para revelar com segurança,[41] por meio de personificações e ações dramáticas, a interação dos níveis de consciência, suas forças e seus habitantes. Em alguns casos, no entanto, como se pode presumir, um ou outro dos Magos (*Magi*) de nosso planeta, além de historiadores, poetas e dramaturgos inspirados, reformaram e enriqueceram várias histórias mitológicas. Desse modo, relatos imaginários foram adaptados para aproximá-los da realidade, como nas descrições da criação do Universo e da moldagem da matéria por Seres inteligentes. A resistência da substância à vontade e ao plano formativo do Criador foi algumas vezes descrita como uma guerra que eclodiu entre os Ciclopes, os Titãs e os Gigantes ou Deuses Anciões da Grécia — Cronos, por exemplo —, que lutaram contra o seu divino Pai, Zeus, e seus cinco irmãos e irmãs. No Egito, também o deus Set tornou-se a personificação do Princípio do Mal. Ele matou e desmembrou seu irmão Osíris; as partes do corpo foram posteriormente remontadas e Osíris foi reanimado por sua esposa, Ísis, e seu filho, Hórus. Na mitologia hindu exotérica, os Asuras[42] eram considerados agentes maléficos que resistiam (na verdade ajudavam) aos procedimentos formativos da Deidade Suprema.

O poeta irlandês James Stephens sentiu e expressou esse ensinamento profundamente oculto em seu poema A Plenitude do Tempo:[43]

---

[41] Ver Introdução.

[42] *Asuras* (sânscrito): num aspecto somente, demônios ou poderes satânicos.

[43] *Collected Poems (Poemas Coletados)*, James Stephens. Macmillan & Co. Londres, 1931.

Num trono de ferro enferrujado,
além da estrela mais distante do espaço,
vi Satã sentado sozinho.
Velho e abatido era o seu rosto,
pois sua obra estava finda e ele
descansava na eternidade.
E a ele, do Sol,
veio seu pai e amigo,
dizendo-lhe — Agora a obra está finda,
a inimizade está finda.
E Ele guiou Satã aos
paraísos que conhecia.
Gabriel, sem franzir as sobrancelhas;
Uriel, sem uma lança;
Rafael desceu cantando,
com boas-vindas ao velho amigo,
e eles o sentaram ao seu lado,
Aquele que fora crucificado.

Se lida e considerada literalmente ou até mesmo historicamente, tal inimizade dentro de famílias muito próximas, particularmente aquelas que são ditas divinas, é ridícula, até mesmo sem sentido, evocando assim a rejeição ao ridículo ou uma leitura afetuosa de uma história escrita claramente como um conto de fadas. Se, entretanto, certos mitos forem considerados alegorias que ocultam verdades conferidoras de poder, então muitas, senão todas essas lendas antigas podem provar ser fontes de informações muito valiosas. Essa visão se mostra aplicável não apenas aos procedimentos de criação e desenvolvimento dos Universos, mas também aos primórdios e desenvolvimentos da raça humana, que constitui um ramo de seus habitantes. Tal conceito se relaciona principalmente com a compreensão das verdades filosóficas e espirituais, cujo conhecimento, se corretamente aplicado à vida, pode ser de grande benefício prático, tanto para o estudante de filosofia quanto para todos os que se encontram em circunstâncias de estresse ou tensão. Daí este livro.

Quando alguém lê essas histórias literalmente, dificilmente pode deixar de ser atingido por seu "absurdo" ou quase estupidez, como poderíamos dizer. A maneira como surgiu o Cetro de Hermes, a quem os romanos chamavam de Mercúrio, é, por exemplo, difícil, senão impossível, de se acreditar. O bastão entrelaçado de cobras chamado Caduceu, que o deus Apolo deu a Hermes, foi formado quando, a fim de testar seu poder de reconciliar todos os elementos conflitantes, Hermes o empurrou entre duas cobras em disputa (ou polarizadas de forma oposta). Elas se harmonizaram imediatamente e se enrolaram em amizade em torno da Haste. Interpretado esotericamente, o relato da formação do Caduceu prova ser um retrato notavelmente preciso dos caminhos seguidos pelo Triplo Fogo Serpentino, a *Kundalinī Shakti*,[44] o agente iluminador do cérebro, ao subir pela coluna vertebral do ser humano, "o verdadeiro Cetro em si." Quando realizada sob a direção de um Adepto, esta ascensão pode tanto conferir poder oculto[45] quanto aumentar a capacidade de perceber diretamente verdades filosóficas harmonizadoras. Daí em diante, seus semelhantes podem ser guiados ao longo do caminho da autoiluminação, sendo, como Hermes, livre das limitações do espaço tridimensional.

A queda de Ícaro também pode, por sua vez, ser interpretada esotericamente. Seu pai, Dédalo, fez dois pares de asas para permitir que escapassem da prisão dentro do Labirinto na Ilha de Creta. Antes de decolarem, Dédalo avisou a Ícaro para manter um curso intermediário sobre o mar. Se ele voasse muito alto, o Sol poderia derreter a cola e as asas cairiam. No entanto, como as histórias frequentemente mostram, os jovens não dão importância ao que os anciãos dizem. Enquanto pai e filho voavam com leveza e sem esforço para longe de Creta, o deleite desse novo e maravilhoso poder subiu à cabeça do rapaz. Ele voou exultante, cada vez mais alto, sem prestar atenção ao comando angustiado de seu pai, pois se elevara muito acima da terra e de todos os seus semelhantes, nenhum dos quais poderia competir com o aeronauta. O inevitável então ocorreu: a cola emprestada derreteu, as asas que não eram de sua própria fabricação se desprenderam e ele caiu de cabeça no Mar Icário.

Como as asas de Ícaro, nem o cérebro nem o intelecto do ser humano são de sua própria fabricação. Foi o Pai da Raça humana (Dédalo), o Verbo *Logoico*,[46] que os concebeu e mandou membros dos Elohim[47]

---

[44] *Kundalinī Shakti* – ver Glossário.

[45] Oculto – ver Glossário.

[46] Ver Glossário sobre *Logos* e a Doutrina do *Logos*.

[47] *Elohim* – ver Glossário e o livro *A Sabedoria Oculta na Bíblia Sagrada*.

construí-los. O poder de utilizar ambos (mente e cérebro, ou as duas asas) de forma paranormal ou além da capacidade da humanidade pode falsamente excitar um senso de superioridade e, portanto, de separação. Embora, em certa medida, isso possa ser justificável em circunstâncias de realizações muito elevadas, estar cheio de orgulho pessoal é em si um erro profundo e muito perigoso, principalmente na vida espiritual e ocultista — as asas. Estranhamente, quando assim afetada, a mente, ela própria uma fonte de realização, pode ficar embotada. O senso de proporção e de dependência dos outros em relação ao que foi feito diminui. O anseio por uma aclamação ainda maior leva aquela pessoa, até então brilhante, a motivos e condutas que estão muito, muito abaixo do ideal de humildade. Somente pela humildade a grandeza pode ser segura. Caso contrário, de modo semelhante a Alexandre, em busca de um prestígio ainda maior (mais mundos para conquistar), ignorando a orientação dos Sábios em prol da satisfação pessoal, como Ícaro, a pessoa tenta alturas insuperáveis, e, assim, inevitavelmente cai. Personificado por Ícaro, todo egoísta inevitavelmente cai no mar do fracasso humilhante, e as águas se fecham sobre ele. Visto assim, o fracasso de Ícaro pode muito bem ser interpretado e aceito como uma advertência muito prática contra o mal e o perigo do orgulho excessivo.

O poder criativo e gerador da Deidade Suprema, personificado pelo panteão dos deuses e deusas do Olimpo, e o mesmo poder criativo no animal e no ser humano é, por sua vez, muito instrutivo, e apenas por motivos de segurança é referido de forma alegórica. O desejo sexual é frequentemente personificado por aqueles que buscam com segurança, e assim, simbolicamente, buscam revelar fontes de poder dentro da humanidade. Talvez, em termos mais precisos, uma dica sobre essas fontes sejam os membros do reino dos répteis, como hidras, dragões e serpentes, elementos essenciais do Caduceu de Hermes, por exemplo. Outros símbolos do agente procriador são a árvore, mais particularmente o tronco da árvore, a coluna, o mastro do navio, a clava e o tridente de Poseidon e também do Senhor Shiva, o Divino Iogue das Escrituras Hindus. Todas essas representações verticais se referem à coluna espinhal como um todo e às correntes centrais, polarizadas de forma neutra do Fogo criativo tríplice (as pontas do tridente), principalmente quando despertado e ativo no ser humano ocultamente desperto. As duas outras correntes que no Caduceu de Hermes se entrelaçavam em torno da força intermediária (a própria haste) e seu canal dentro da medula espinhal (*Sushumnā nādi*, em sânscrito) eram representadas pelas cobras, tão frequente e emblematicamente associadas a vários personagens (deuses, deusas, heróis e heroínas) nos mitos antigos.

O despertar bem-sucedido dessas forças pelo ser humano e seu completo domínio pela vontade é retratado em alegorias como a do bebê Hércules destruindo as duas serpentes que o atacaram em seu berço, segurando uma em cada mão; a Hidra de Lerna, com suas nove cabeças; e os dragões guardando as árvores das maçãs douradas das Hespérides e do Velocino de Ouro.[48] A infância[49] e o início da juventude eram frequentemente usados para representar as qualidades ideais de simplicidade e pureza pré-púbere reassumida. Essas são características necessárias para o Candidato à Iniciação ser bem-sucedido. Como já indicado, o controle desse poder é muito mais direto e precisamente retratado pelo Cajado de Hermes, conhecido como Caduceu. A natureza potencialmente destrutiva do Fogo Serpentino, particularmente quando despertado prematuramente pelo *Yoga*, na ausência de um instrutor qualificado, ou hiperativo em uma pessoa dominada pela luxúria, é a principal razão para velar as formas dos símbolos e alegorias desse conhecimento nas escrituras mundiais e mitos. O dano pode, entretanto, ser tanto intelectual como físico, simbolizado por monstros como Cérbero, a Hidra de Lerna e a Medusa Górgona, a Medusa com cobras no lugar de cabelo, decapitada por Perseu sob a orientação de Atena.

A capacidade da cabeça maligna da Medusa de petrificar aqueles que lançavam inteiramente seu olhar sobre ela pode ser interpretada como uma representação da condição de todos os que deliberadamente despertam a *Kundalinī* com a intenção de usá-la para qualquer um dos seguintes propósitos: a gratificação do orgulho pessoal; a dominação intelectual de outros (a cabeça coberta de cobras); o aprofundamento ilíci-

[48] Uma interpretação mais completa desse mito é apresentada mais adiante.

[49] O "estado de criança": o estado da evolução e, principalmente, da mente, em que se entra em contato com a condição de pureza completa, ou liberdade das influências da vida humana que atrapalham a espiritualização ou até mesmo levam à degradação. Na mitologia egípcia, o deus Hórus é, às vezes, representado como um jovem com o dedo nos lábios. Não seria essa uma possível referência ao estado "jovial" e à obediência ao voto de silêncio, característico de todo Iniciado dos Mistérios Menores e Maiores?

to em alguns dos segredos da Natureza; e o mau uso do poder da *Kundalinī* na sexualidade excessiva ou em formas sombrias de magia. "Fitar" a cabeça para obter conhecimento apenas para si mesmo (a Doutrina do Olho), em vez de aumentar a capacidade de ajudar e curar (A Doutrina do Coração), é experimentar uma perda completa do idealismo espiritual e se tornar uma pessoa em mera busca de poder restrito à consciência física, apenas perseguindo objetivos materiais. Simbolicamente, envolver-se no ato de fitar, olhar para a cabeça da Medusa, equivale, portanto, a ser transformado em pedra, ou tornar-se espiritualmente petrificado,[50] pois tais pessoas passam a ficar totalmente presas à Terra, em suas naturezas mortais e externas.

O Caduceu, por outro lado, com seu perfeito equilíbrio e harmonia entre as três correntes componentes de energia, *Idā* (negativa), *Pingalā* (positiva) e *Sushumnā* (neutra), e o poder possuído por Hermes, o detentor do cajado, representam inteiramente as capacidades resultantes do Fogo Serpentino quando despertado no ser humano purificado, servindo de forma sacrificial, altruísta, o Iniciado, um deus, um Hermes de fato!

Os tesouros resultantes da percepção intuitiva direta da verdade e do conhecimento intelectualmente apreendido das subjacentes Leis do Ser são representados nos mitos pelo metal precioso, o ouro, simbolizado por objetos como maçãs douradas crescendo em árvores com galhos e folhas igualmente dourados, guardadas pelas Hespérides,[51] filhas de Atlas, e pelo Dragão Ladão. Da mesma forma, o Velocino de Ouro, guardado por um dragão insone dia e noite, em Cólquida, representa a grande busca dos Argonautas.[52] O tesouro, a sabedoria espiritual, da qual as maçãs douradas e o Velocino de ouro são símbolos, pode ser obtido pelos efeitos estimulantes e sensibilizantes produzidos por uma medida suficiente do Fogo criativo sublimado e controlado, a *Kundalinī*, e, por isso, teve que ser apropriadamente guardado por répteis perigosos, tais como cobras ou dragões.

---

[50] Ensina-se que a esposa de Ló se transformou numa estátua de sal quando olhou para atrás, para Sodoma e Gomorra, símbolos da degradação moral. Gênesis 19:26. Ver *A Sabedoria Oculta na Bíblia Sagrada*.

[51] A referência contínua ao ouro ao longo da mitologia grega serve de base, justificativa e motivo para o processo de se aprofundar nela, como numa prospecção de jazidas. É algo que tento fazer em busca da própria Verdade [nota do autor].

[52] Ver o capítulo sobre os Argonautas, mais adiante.

Como é posteriormente sugerido de forma mais completa, os acidentes e tragédias que se abateram sobre a tripulação do navio Argo descrevem alegoricamente os perigos que ameaçam aqueles que imprudentemente (por motivos egoístas, por exemplo), e sem a devida preparação, procuram por meios ocultos obter a sabedoria secreta e o poder pessoal que essa posse confere. A guarda de tais tesouros por terríveis serpentes pode, portanto, ser vista como uma alusão adicional aos perigos, quando o poder da *Kundalinī* é mal utilizado, e às vantagens quando controlado e corretamente usado, como sob a direção de um Adepto, de Atena. Nesses e em muitos outros mitos pode-se perceber um direcionamento contínuo da atenção para essa força oculta, para os perigos associados ao seu despertar dentro do corpo e para as recompensas disponíveis para aqueles que, instruídos com sabedoria e motivados pelo altruísmo, procuram o mais precioso (e dourado) tesouro de todos: A Sabedoria Divina ou Teosofia.

TRIPTÓLEMO EM SUA CARRUAGEM MOVIDA POR SERPENTES

A capacidade de voo rápido da consciência, quando livre do corpo físico e usando as vestimentas suprafísicas do Eu oculto, é indicada pela carruagem alada e movida por serpentes do Triptólemo de Elêusis.[53] Em sua Iniciação[54] nesses mistérios, ele presumivelmente recebeu a ordem de espalhar por todo o mundo o conhecimento, não tanto da ciência física da agricultura, como afirma o mito, mas sim, eu sugiro, a "agricultura espiritual" ou cultura da Sabedoria Divina (trigo) dentro da alma ou substância da mente-cérebro do ser humano.

A imagem no vaso de Triptólemo em sua carruagem alada movida por serpentes pode certamente ser interpretada como referente ao conhecimento secreto e à iluminação intelectual obtidos durante a encenação dos Mistérios de Elêusis; pois então o poder de *Kundalinī*, a força da serpente alada que conduz a carruagem, está sob orientação sábia e segura, após ter sido despertado pela deusa Deméter e Perséfone ou seus representantes Hierofantes dentro do Santo dos Santos, o Anaktoron, a Câmara secreta de Iniciação em Elêusis. "Finalmente apareceu Triptólemo, filho de Celso e aluno de Deméter, partindo em seu carro puxado por serpentes (aladas) para espalhar o conhecimento da agricultura (o conhecimento esotérico ou do Mistério que fala da 'criação' da Alma do homem); pois o Ser espiritual ou 'grão de trigo' é 'plantado' (encarnado) pelo Sábio Criador, o Lavrador do solo ou terra da natureza corporal e mortal no plano físico, onde temporariamente 'morre' (habita sozinho) para a sua natureza espiritual e para o conhecimento espiritual. Mas, com a ajuda das Iniciações dentro dos Mistérios Menores e Maiores, ele é 'salvo' ou se eleva do túmulo da matéria para a iluminação e consciência plena da identidade temporariamente perdida, e assim é auxiliado para ressuscitar a 'semente morta' do ser humano mortal, elevando-a ao *status* e esplendor do Homem perfeito. Em outras palavras, 'ela produz muitos frutos'. Posteriormente, o Adepto Iniciado viaja pelo mundo em sua maravilhosa missão de 'lavrar', a Agricultura da Alma. O texto bíblico (São João 12:24) diz o seguinte: 'Em verdade, em verdade vos digo. A me-

---

[53] A carruagem de Triptólemo. Ver vaso na página ao lado, mostrando a partida rumo à sua missão, após a Iniciação nos Mistérios de Elêusis.

[54] *The Mysteries of Eleusis*, Geroges Meautis, Theosophical Publishing House, Madras, Índia. *Eleusis and the Eleusinian Mysteries*, George E. Milonas (Routledge and Kegan Paul Ltd. Londres, Inglaterra). *A Doutrina Secreta*, H.P. Blavatsky. Vol. V.

nos que um grão de trigo caia na terra e morra, ele habita sozinho; mas se morrer, dará muitos frutos em todo o mundo.'" (*Forerunner and Rivals of Christianity*, de 330 a.C. a 330 D.C. Francis Legge. University Books.)

O Cetro de Hermes com a serpente alada entrelaçada não é indicado de maneira diferente. Por sua vez, ele confere poderes semelhantes de viagem supra e submundana a seu possuidor. Também são alados e entrelaçados por serpentes tanto a Carruagem quanto o Caduceu, que são símbolos da força libertadora das limitações espaciais, isto é, símbolos da *Kundalinī*. A posse do Caduceu por Hermes tornou possível essa viagem pelo mundo, pois deu-lhe acesso às densidades mais profundas da matéria e seus atributos mais cruéis: Hades, a morada de Plutão.[55] E também aos níveis espirituais mais elevados: O Olimpo,[56] a casa de Zeus. Moisés, o legislador dos israelitas, quando em cativeiro no Egito, também possuía um cajado com o qual realizava atos mágicos.[57]

Os muitos e diversos Mistérios dos tempos antigos, Menores e Maiores, foram centros de ensinamentos superiores, de instrução oculta e Ritos Iniciáticos. A capacitação espiritual era concedida com eficácia e segurança, para que fosse possível voluntariamente deixar o corpo físico e direcionar a consciência para outras partes da Terra e para os mundos internos, enquanto totalmente consciente nos veículos suprafísicos astrais, mentais e causais.[58] Nos mitos gregos, a obtenção desses poderes era descrita de forma velada e mitológica como morte, ressurreição, aceitação do herói, heroína ou Iniciado entre os deuses do Olimpo e, em alguns casos, uma posição no céu, tal como uma estrela ou um dos Signos do Zodíaco. O "voo místico da alma"[59] também foi representado

---

[55] Plutão, Rei dos Mortos. Ver o mito do resgate de Perséfone.

[56] Olimpo, a morada dos deuses. Uma região misteriosa, muito acima da Terra.

[57] Por exemplo, Êxodo 17:9. Esse tópico profundo e esses exemplos e suas referências simbólicas são apresentados em mais detalhes no Capítulo 2: A Simbologia da Serpente e do Cajado.

[58] Ver Glossário: Corpo Causal.

[59] Plotino descreveu a sua experiência da seguinte forma: "Com frequência, quando acordo do embotamento do corpo e chego a uma percepção de mim mesmo, e me retiro do mundo exterior, entrego-me à contemplação interior e vejo uma beleza maravilhosa. Acredito, então, que realmente pertenço a um mundo mais elevado e melhor, e me esforço para desenvolver dentro de mim uma vida gloriosa e me tornar um com a Divindade. E assim recebo tal energia de vida que me elevo muito acima de todas as outras coisas, mesmo do mundo inteligível (...). E essa, portanto, é a vida dos Deuses e dos homens divinos e felizes, uma libertação de todas as preocupações terrenas, uma vida desacompanhada do prazer humano, o voo do Solitário para o Solitário." (*Plotinus*, Stephen Mckenna.) Fílon Judeu, por sua vez, escreveu: "Por vezes

por viagens aéreas em cavalos alados, como Pégaso montado por Belerofonte e aqueles conduzidos pelo Deus Sol, Hélio.[60]

Em *A Doutrina Secreta*,[61] H.P. Blavatsky escreve o seguinte: "Deve-se invocar esse divino e grande nome apenas em casos de absoluta necessidade e quando se sente absolutamente puro e irrepreensível. Não é assim na fórmula da magia negra." Reuvens, falando sobre os dois rituais de magia da coleção Anastasi (ressurreição, em grego), observa que estes "constituem inegavelmente o comentário mais instrutivo sobre os *Mistérios Egípcios*, obra atribuída a Jâmblico, e o melhor complemento dessa obra clássica, para compreender a taumaturgia das escolas filosóficas, taumaturgia baseada na antiga religião egípcia. De acordo com Jâmblico, a taumaturgia era exercida pelo ministério dos gênios secundários." Reuvens termina com uma observação que é muito sugestiva e muito importante para os ocultistas que defendem a antiguidade e autenticidade de seus documentos, pois ele diz: "Tudo o que ele [Jâmblico] apresenta como teologia, nós descobrimos tratar-se de história em nossos papiros." Mas, então, como negar a autenticidade, a credibilidade e, acima de tudo, a confiabilidade daqueles escritores clássicos, que escreveram sobre Magia e seus Mistérios com um espírito tão repleto de admiração e reverência? Escute... Cícero: "A Iniciação não só nos ensina a ser felizes nesta vida, mas também a morrer com mais esperança." Platão, Pausânias, Estrabão, Diodoro e dezenas de outros trazem suas evidências quanto ao grande benefício da Iniciação: todos os grandes Adeptos, assim como aqueles parcialmente Iniciados, compartilham o entusiasmo de Cícero. "Plutarco, pensando no que aprendeu em sua Iniciação, não se consola pela perda de sua esposa? Ele não tinha obtido a certeza, nos Mistérios de Baco, de que "a alma [Espírito] permanece incorruptível, e de que existe uma outra vida?" Aristófanes foi ainda mais longe: "Todos aqueles que participaram dos Mistérios conduziram

---

iniciava o meu trabalho sentindo-me vazio, e, como que de forma invisível, uma chuva de ideias vindas do alto me preenchia. Tamanha era a influência da inspiração divina que me enchia de entusiasmo, que me tornava alheio ao local onde estava, às pessoas ao meu redor, a mim mesmo e até mesmo ao que estava dizendo ou escrevendo. Tornei-me, então, consciente de uma riqueza de interpretação, um deleite na luz, uma visão perspicaz, uma perspectiva distinta ao tratar dos objetos, do tipo que os olhos percebem com a mais clara das imagens." (*Philo Judeus*, a partir da tradução em inglês de W.R. Inge.)

[60] Hélio, o Deus Sol. Ver vaso grego.

[61] *The Secret Doctrine (A Doutrina Secreta)*, Vol. 5, pp. 254-255, Adyar Edition.

uma vida inocente, calma e santa; morreram procurando a luz dos Campos Elísios [o *Devachan*], enquanto o resto nunca poderia esperar outra coisa senão escuridão eterna [ignorância?]" E, quando se pensa na importância atribuída pelos Estados ao princípio e à correta celebração dos Mistérios, às estipulações feitas em seus tratados para a segurança de sua celebração, vê-se em que grau aqueles Mistérios ocuparam por tanto tempo seu primeiro e último pensamento. Essa era a maior dentre as preocupações públicas, bem como privadas, e isso é natural, uma vez que, de acordo com Dollinger, "os mistérios de Elêusis eram vistos como a florescência de toda a religião grega, como a essência mais pura de todas as suas concepções". Não apenas os conspiradores tiveram sua admissão recusada, mas também aqueles que não os denunciaram; traidores, perjuros, devassos... De modo que Porfírio pudesse afirmar: "Nossa alma tem que estar no momento da morte como era durante os Mistérios, ou seja, isenta de qualquer mancha, paixão, inveja, ódio ou raiva." Em verdade, "a magia era considerada uma ciência divina que levava a tomar parte dos atributos da própria divindade". Heródoto, Tales, Parmênides, Empédocles, Orfeu, Pitágoras estiveram, cada um em sua época, em busca da sabedoria dos grandes Hierofantes do Egito, na esperança de solucionar os problemas do Universo.

Diz Fílon: "Os Mistérios eram conhecidos por desvendar as operações secretas da Natureza." Esse autor cita os primeiros autores da seguinte forma:

> Píndaro, Poeta Lírico Grego, 522-443, A.C.: "Feliz é aquele que viu os Mistérios antes de ser enterrado sob a terra; ele conhece o fim da vida e conhece o seu início dado por Zeus."
>
> Sófocles, dramaturgo ateniense, 495-406, A.C.: "Três vezes felizes são os mortais que partem para a morada de Hades depois de terem visto os Mistérios."
>
> Inscrição na tumba do Hierofante, Glauco: "Durante nove anos ele iniciou os mortais nas cerimônias de iluminação de Deo (Deméter): no décimo ano ele foi para os imortais. Belo é realmente o segredo misterioso que nos vem dos Bem-aventurados, pois a morte dos mortais não é um mal; é uma bênção."
>
> Plutarco, Biógrafo grego, 46-120 A.C.: "No início, os candidatos à Iniciação se acotovelam com gritos e exclamações; mas no momento da cerimônia, quando os objetos sagrados são mostrados, eles assistem em silêncio e com medo

(...). No momento da morte a alma experimenta as mesmas impressões daqueles que são Iniciados nos grandes Mistérios. Eles percebem uma luz maravilhosa. Regiões mais puras são alcançadas, e campos onde há canto e dança; palavras sagradas e visões divinas inspiram uma reverência sagrada."

Então o homem, aperfeiçoado e Iniciado, livre e capaz de se mover sem constrangimento, celebra os Mistérios com uma coroa na cabeça: ele vive entre homens puros e santos; ele vê na Terra os muitos que não foram Iniciados e purificados, enterrados na lama e nas trevas, com medo da morte e agarrando-se a seus males, por falta de convicção na felicidade do além.[62]

Dionísio, O Aeropagita, *De Eccles, Hierarch.* 1.1-3: "Devemos então demonstrar que nossa é uma Hierarquia de ciência inspirada, divina e divinizante, de eficácia e de consagração para aqueles Iniciados com a Iniciação da revelação derivada dos mistérios hierárquicos."

O chefe desta Hierarquia é a Fonte da Vida, a Essência do Bem, a Tríade única, Causa das coisas que são, (...) assimilação e união com Aquele, o que, na medida que for alcançável , é a deificação.

E este é o objetivo comum de cada Hierarquia – devoção persistente para com Deus e as coisas divinas e ministradas de forma divina e uniformemente; antes do que, deve haver uma remoção completa e inabalável de coisas contrárias; um conhecimento das coisas como são em si mesmas; a visão e ciência da verdade sagrada; a comunicação inspirada da perfeição uniforme do próprio Um, tanto quanto possível; o banquete da contemplação, nutrindo de forma inteligível e divinizando todo homem elevado a ela.

Todas as criaturas quadrúpedes, como o cavalo, sejam selvagens, domesticados ou alados como eram Pégaso[63] e aqueles que puxavam a carruagem de Hélio, o Deus Sol, por exemplo, podem ser considerados símbolos dos quatro corpos mortais do ser humano combinados – mental, emocional, etérico e físico.[64] A obediência do cavalo treinado ou que foi "subjugado" retrata as condições e reações mais normais desses veículos. Animais hostis, especialmente o perigoso leão de Nemeia, o Javali de Erimanto e o cão de três cabeças com cauda de dragão, Cérbero,

---

[62] *The Mysteries of Eleusis (Os Mistérios de Eleusis)*, George Meautis.

[63] Pégaso: um cavalo alado maravilhoso que brotou do sangue da Górgona quando Perseu a matou (ou a eliminou do caráter pessoal, e assim "destruiu" o indesejável aspecto de aprisionamento da Alma).

[64] O Ser imortal consiste em manifestações da Vontade Espiritual, Sabedoria e Inteligência abstrata; já o homem mortal, como dito acima, é composto dos corpos de mente, emoção, vitalidade e carne. Ver *Basic Theosophy (Teosofia Básica)*, cap. 1-5, e *The Pathway to Perfection (A Senda para a Perfeição)*.

guardião do Hades — todos os quais foram vencidos por Hércules — representam o ser humano exterior, ainda sob pouco ou nenhum controle pelo Ser interior. Quando o animal é capturado, treinado ou tornado um servo, isso indica um avanço evolutivo além do padrão usual.

Na Senda do Aperfeiçoamento Acelerado, cada uma dessas vitórias deve ser alcançada na forma de triunfos interiores sobre os desastres ou perigos simbolicamente retratados nos mitos. O Ego, Hércules por exemplo, deve "descer" ao Hades da personalidade e, assim, ganhar domínio sobre o perigoso egocentrismo, o egoísmo de cada um dos três veículos mortais retratados pelo cão guardião de três cabeças chamado Cérbero. Essa visão ganha apoio com a afirmação mítica de que Cérbero tinha uma cauda de dragão, certamente uma referência ao Fogo Serpentino situado na medula espinhal do ser humano e a fonte do impulso sexual e procriador, mas também o provocador da sensualidade. Uma ilustração de um vaso grego no qual muitas serpentes emergem do corpo de Cérbero dá suporte a essa interpretação.

O cavalo alado, Pégaso, é mais um exemplo do retrato mitológico desses avanços evolutivos, pois simboliza um estado totalmente controlado (velado), purificado (branco) e de fato Iniciado, em que a mente está livre das limitações e amarras da matéria e, portanto, pode "subir ao céu", ou seja, aos reinos "superiores" ou suprafísicos da consciência. As próprias asas, sendo duais, representam Vontade e Sabedoria Espiritual desperta e desenvolvida, enquanto o cavaleiro por sua vez personifica a Inteligência espiritual, o Ego imortal, completamente no comando. Quando a história é reconhecida como um mito descritivo dos estágios da evolução do Ser interior, Belerofonte[65] montado sobre Pégaso retrata perfeitamente o ser humano nesta quimera exaltada — ou condição que conquista a ilusão.

Quando uma cor ou a ausência de cor, como o ouro[66] ou o branco, estão inclusos no mito, um cavalo branco ou unicórnio[67] implica uma

---

[65] Belerofonte: suposto filho de Poseidon, uma deidade do mar.

[66] Conhecimento intelectualmente apreendido das Leis subjacentes do Ser.

[67] Unicórnio branco: embora não seja um emblema clássico, uma possível interpretação do unicórnio mitológico é que ele representa um iogue, discípulo ou mesmo Adepto altamente desenvolvido e bem-sucedido. As quatro pernas podem se referir às quatro partes da personalidade humana, e a brancura do corpo à obtenção da pureza completa, incluindo a mais absoluta abnegação. A cauda virada para cima e o chifre estendido

natureza mortal externa completamente purificada e subserviente, uma personalidade que foi "limpa" de todo desejo próprio e da separatividade egoísta, e em quem a *Kundalinī* foi despertada: o chifre em espiral que surge da cabeça do unicórnio.

A suposição de que grande parte da mitologia dos povos antigos, com seus muitos glifos e emblemas, é inspirada pelos Adeptos com o propósito de preservar para a Raça e revelar, ao mesmo tempo em que oculta, o conhecimento que confere poder é apoiada pela notável aptidão da própria simbologia.

O unicórnio ou cavalo com chifres, por exemplo, em um de seus muitos significados possíveis, é um símbolo apropriado da força geradora sublimada no ser humano. O chifre, emergindo do cérebro, indica que a expressão do poder criativo e do desejo ocorre, então, por meio do intelecto inspirado pela vontade e de seu órgão craniano, o cérebro físico, particularmente a glândula pituitária. O chifre é, portanto, ocul-

O PÉGASO ALADO

sugerem a *Kundalinī* totalmente desperta, fluindo para cima, e o chifre que se ergue como um tronco de árvore – em muitas imagens da coroa da cabeça – simbolizava a plena atividade do Fogo Serpentino e a resultante liberdade que a consciência alcançou em relação ao corpo físico. Ver *A Mythological Investigation*, Robert Brown Jr. F.S.A. Londres, 1881; Gould, *Mythological Monsters (Monstros Mitológicos)*, p. 3. Excertos de *The Secret Doctrine (A Doutrina Secreta)*, Adyar Edition, Vol. 3, p. 222. H.P. Blavatsky.

tamente fálico, enquanto o cavalo branco é um símbolo frequentemente usado para o quaternário inferior purificado do homem – mente, emoção, veículo etérico para a vitalidade e a carne.

Na mitologia grega, isso é representado pelo cavalo alado, mas sem chifres – Pégaso, que o herói Belerofonte, o Ego-Iniciado, captura, controla e dirige por meio de uma rédea dourada. Este arreio é um símbolo para o pensamento da vontade desenvolvido e sabiamente usado, por meio do qual a natureza pessoal do ser humano (Pégaso) foi guiada. O cavalo alado foi capturado perto de uma fonte. Montando-o, Belerofonte ergueu-se no ar e matou a Quimera,[68] um monstro cuspidor de fogo. Enquanto cavalgava Pégaso, Belerofonte não precisava se aproximar da criatura, cujo hálito era chama. Ele voou acima dela e a matou com suas flechas, sem risco para si mesmo.

A Quimera era composta por uma cabeça de leão e quatro patas, uma cauda de serpente e uma cabra no meio. É, portanto, uma concepção impossível ou irreal, uma quimera no significado moderno da palavra, uma ilusão, apenas para ser "vista através" (destruída) quando em um estado superior de consciência, montado sobre Pégaso. Depois disso, o Ego Iniciado, personificado por Belerofonte, não está mais limitado à superfície da Terra e ao corpo físico; ele ascende, como se alado, para o empíreo – os estados suprafísicos da consciência. Assim elevado, está além das limitações dos desejos apaixonados (o sopro do fogo), da vontade de dominar (a porção do leão) e dos desejos sensuais (a cauda de serpente).

O unicórnio, lembre-se, é um animal fabuloso cuja medula espinhal se estende além da medula oblongata, através da glândula pituitária, e se ergue entre os olhos, após o que se torna endurecido em um chifre em espiral. Ocultamente interpretado, isso se refere menos à medula espinhal física do que ao canal etérico interno que corre ao longo de seu comprimento, e, como afirmado anteriormente, é chamado de *Sushumnā Nādi*. O fogo criativo igualmente polarizado, o Fogo Serpentino ou *Kundalinī*, flui ao longo deste canal, do sacro para o cérebro, e, em seu progresso no ser humano, é acompanhado pelas correntes

[68] A Quimera (grego) era considerada invencível, formada por um leão na frente, uma serpente atrás e uma cabra no meio, com um sopro constituído de fogo inextinguível.

distintas, positiva e negativa, que seguem cada uma seus próprios caminhos, conhecidos como *Pingalā* e *Idā*, respectivamente, entrelaçando o *Sushumnā* à medida que fluem.

A sublimação do poder criativo – a ascensão do Fogo Criativo Serpentino – ocorre como resultado da transmutação da força sexual por meio da prática continuada do *Yoga*, auxiliada pela passagem por ritos de Iniciação válidos. Tal conhecimento foi por um longo período de tempo parte dos segredos bem guardados dos Mistérios antigos, e mesmo agora a técnica pela qual ele é despertado é mantida em segredo. Essa reserva não visa reter informações valiosas, mas proteger o profano e o despreparado do perigo e da tensão inseparáveis do despertar prematuro da *Kundalinī* e do mau uso do conhecimento oculto.

Na mitologia grega, repete o autor, esse desenvolvimento humano é representado pelo cavalo alado – mas sem chifres –, Pégaso, que o herói Belerofonte, o Ego-Iniciado, capturou na fonte que jorrava do sangue da Górgona, a Medusa, quando sua cabeça foi cortada por Perseu, tipificando a fonte da vida.

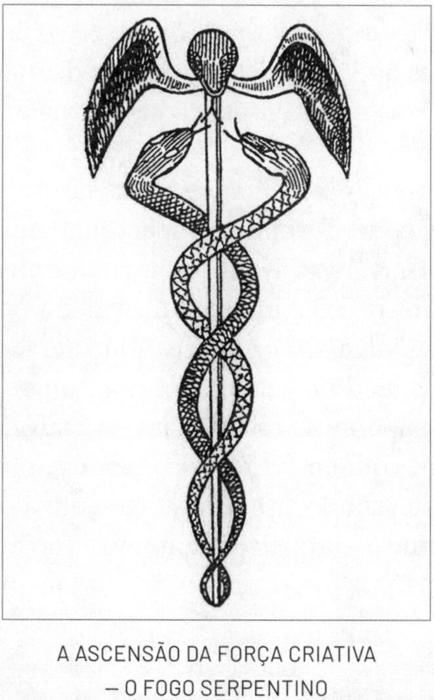

A ASCENSÃO DA FORÇA CRIATIVA
– O FOGO SERPENTINO

UMA PEQUENA MEDUSA COM
SÍMBOLOS DA *KUNDALINĪ*

MEDUSA COM PÉGASO

Pégaso era controlado e dirigido por meio de um freio dourado. Este arreio é um símbolo para a vontade-pensamento desenvolvida e sabiamente usada, por meio da qual a natureza pessoal do ser humano (Pégaso) é guiada. Medusa, uma das Górgonas, e Poseidon tornaram-se pais de duas crianças que emergiram do corpo da mãe depois que ela foi morta por Perseu. Elas eram Pégaso, o cavalo alado, e Crisaor, o herói com a espada de ouro.

O carneiro e as toucas semelhantes a carneiros das divindades egípcias[69] referem-se ao poder formativo superabundante do *Logos* Criativo ou Emanador dos Universos. No ser humano, entretanto, o carneiro, com seus dois chifres curvos, indica um Iniciado no qual as correntes gêmeas positiva e negativa do Fogo Serpentino gerador estão totalmente despertadas e funcionando ocultamente. Isso confere poder sobrenatural para "atacar" e superar as resistências da matéria, mesmo em seus estados mais densos, como o corpo físico, por exemplo.

A força real envolvida no ato de "golpear com a cabeça" indica, ademais, e de forma muito apropriada, a imensa força evocada e sintoni-

[69] Khemu, por exemplo, é retratado como um homem com cabeça de carneiro, "construtor" de Deuses e homens. *The Gods of Egyptians (Os Deuses dos Egípcios)*, E.S. Wallis Budge, Vol. II, cap. 3. Também em *The Secret Doctrine (A Doutrina Secreta)*, Vol. III, p. 217. H.P. Blavatsky, Adyar Edition.

zada no espaço pelo *Logos*, no sentido macrocósmico. No ser humano essa energia é sintonizada contra os efeitos mentais e espiritualmente embotadores da mente e da matéria, e o sucesso é alcançado quando *Kundalinī Shakti* é despertada. O fato de a cabeça ser usada por animais em luta como uma espécie de aríete – especialmente a testa – torna a simbologia ainda mais eficaz, uma vez que, por mais selvagem que pareça ser em um animal, no *Logos* e no ser humano o ataque com a cabeça representa o controle e o direcionamento preciso pelo pensamento *Logoico* e pela mente.

A cor dourada, além de significar grande valor, preciosidade, quando simbolicamente aplicada a animais ou objetos, como sugerido até agora, também indica os maiores e mais elevados poderes da percepção direta e da visão penetrante atingíveis pelo ser humano. Essas faculdades são adquiridas quando as capacidades supramentais e totalmente intuitivas do Ser interior são totalmente desenvolvidas e empregadas pela mente racional. O próprio Velocino de Ouro, buscado e obtido pelos Argonautas, simboliza este enriquecimento interior, que será adquirido

DEUS EGÍPCIO COM CABEÇA DE CARNEIRO

com bastante naturalidade pela raça humana como um todo em eras futuras, e é desenvolvido à frente da raça por aqueles que encontrarem e trilharem o caminho iniciático – a viagem de busca do Argo.

A aplicação de uma cor a um emblema também direciona a atenção para o nível de consciência em que ele pode ser melhor interpretado. A cor natural de um objeto usado como símbolo geralmente chama a atenção para sua condição normal. No caso do ser humano, aspectos da personalidade mortal às vezes são indicados emblematicamente. Branco ou prata referem-se à Vontade espiritual, principalmente quando essas cores são aplicadas a armas, lanças ou espadas, por exemplo. Âmbar, amarelo e dourado sugerem o poder espiritual do *insight* implícito, da compreensão intuitiva que não pode ser enganada ou ajustada à parte do assunto em exame. O vermelho, quando usado nos mitos antigos, fala de uma superabundância de energia, um impulso ou ímpeto anormal, uma paixão ou mesmo a luxúria.

Visto que o peixe, habitante da água, por sua vez, frequentemente aparece na mitologia mundial, um estudo especial deste símbolo é aqui ampliado. A rede de pesca pode ser considerada um símbolo de duplo significado, no que diz respeito às funções do intelecto às quais é aplicável, de acordo com o nível de consciência referido. Quando o uso da rede simboliza o Corpo Causal, então a captura de peixes (e, posteriormente, a sua seleção) representa a assimilação e o emprego inteligente dos frutos da experiência da vida – os peixes. Todas essas circunstâncias que possuem qualidades de espiritualidade e de capacidade de suportar são de fato "capturadas" pelos procedimentos da "rede" do Ser Superior, em que se tornam permanentemente incorporadas como poderes da Alma.

A rede usada para pescar como malha envolvente – a mente –, que proíbe o movimento ou inibe o uso imparcial e impessoal do intelecto, indica certa imaturidade ou limitação mental que impede o uso livre e irrestrito da força do pensamento. Quando, no entanto, a faculdade de intuição torna-se suficientemente desenvolvida para conferir uma visão implícita, o atributo limitador ou envolvente da mente formal não é mais uma prisão. Assim, Jesus – personificando a intuição espiritual – chamou Simão e André de seus irmãos para o discipulado, dizendo "vinde a de mim, e farei de vós pescadores de homens". E imediatamente eles abandonaram [transcenderam as limitações da mente formal] suas redes, e o seguiram.[70] "É certo que essas palavras também poderiam, e muito bem, receber seu significado puramente literal. Não poderia, no entanto, a rendição imediata a uma pessoa até então desconhecida de seus meios de subsistência fazer da narrativa 'uma história que é repugnante tanto para a razão quanto para o bom senso', portanto consistindo em 'uma alegoria profunda velando uma verdade profundamente misteriosa'?"[71]

O SÍMBOLO DO PEIXE

O peixe e o elemento que habita, a água, são tão comumente introduzidos nas escrituras e mitos mundiais que justificam um estudo detalhado e a apresentação de suas interpretações. Sua importância é enfatizada em três descrições de inundações mundiais. Durante sua terceira aparição, O Senhor Vishnu[72] do Hinduísmo, como o *Varāha* ou *Javali Avatāra*,[73] nadou como um peixe para guiar o *Manu Vaivaswata*[74] durante o período do dilúvio para a segurança em terra firme. Da mesma forma, Decaulião, da mitologia grega, com Pirra, a bordo de um baú de madeira, foi guiado para terra seca (Monte Parnasso) por seu pai Prometeu,[75] quando Zeus, com a ajuda de Poseidon, enviou torrentes de chuva para acabar com toda a humanidade por meio de um dilúvio. Noé[76] também foi guiado por Jeová para construir uma arca como refúgio contra o Dilúvio, para ele, sua família "e todos os seres vivos de todo tipo de carne, dois de cada gênero, (...) macho e fêmea". Atena resgatou Hércules de um monstro marinho parecido com um peixe. O profeta Jonas[77] foi absorvido e liberado ileso da barriga de uma baleia após três

[70] Marcos 1:16-18. "Imediatamente" – quando o Mestre "chama", o candidato a Discípulo imediatamente responde.

[71] Moisés Maimônides. Ver citações anteriores.

[72] *Vishnu* (sânscrito). Segundo Aspecto da *Trimurthi* [trindade] hindu.

[73] *Javali Avatāra* (sânscrito). Descrito como um lacustre – um habitante dos lagos. *Vāyu Purāna* e *The Secret Doctrine*, Vol. II. P. 88. H.P. Blavatsky, Adyar Edition.

[74] *Manu* (sânscrito) "Pai da Raça Humana". Ver Glossário.

[75] Prometeu (grego). Filho dos Titãs, "os Deuses anciões", os quais, por eras imemoriais, foram senhores do Universo. Ele foi o salvador da humanidade ao guiar Deucalião no resgate de sua família (todos os outros pereceram no dilúvio). Ver também Homero, *Ilíada*, Asclépio e Ovídio. Ver apêndice.

[76] Noé, Gênesis. 6,7,8.

[77] Jonas 1:15-7.

dias e noites ali. Alguns dos seguidores mais imediatos do Senhor Cristo foram pescadores. Ao serem aceitos como discípulos, eles foram chamados "a se tornarem pescadores de homens".[78] Em seu reaparecimento na Galileia, após sua ressurreição, o Senhor Cristo perguntou a seus discípulos: "Tendes aqui alguma comida? E deram-lhe um pedaço de peixe grelhado e um favo de mel. E ele pegou e comeu diante deles."[79]

Com relação ao versículo 42 (de Lc 24), o estudante de Ciências Ocultas certamente achará difícil acreditar que um Adepto realizado participaria ou buscaria benefícios a partir do massacre ou sacrifício de uma criatura senciente a fim de agradar seu paladar e auxiliar em sua nutrição pessoal. Se, no entanto, o incidente for considerado alegoricamente, então a palavra "peixe" pode muito bem se referir a estados de consciência a serem alcançados pelos discípulos. Isso incluiria compaixão divina, intuição, percepção implícita, sabedoria pura e também graça curativa, das quais o peixe tem sido um símbolo universalmente utilizado.

Como vimos, nas fontes mais comumente citadas, a Divindade assume a função de um peixe, um profeta é absorvido e ejetado do corpo de um peixe, os discípulos devem se tornar pescadores espirituais, e o Cristo ressuscitado pede e partilha de peixes como alimento. Nas vestes sacerdotais cristãs, a mitra do bispo, quando usada, se assemelha a uma cabeça de peixe virada para cima, com a boca aberta. Evidentemente o peixe tem um significado simbólico profundo. Daí a tentativa, dentro das limitações admitidas aqui, de conceder ao assunto uma consideração razoavelmente completa.

A imagem da página ao lado foi parcialmente retirada de uma pintura de H.M. Herget, ilustrando um incidente de cura durante a civilização da Mesopotâmia. Ela aparece em *Everyday Life in Ancient Times*, publicado pela National Geographic Society of America, e retrata dois padres – sem dúvida chamados para ajudar na cura do filho de um pai ansioso – vestidos para se parecerem com peixes. Isso pode ser em reconhecimento do peixe como símbolo de um aspecto da consciência espiritual, do qual a graça curativa é derivada.

---

[78] Mateus 12:40 e Marcos 1:17.

[79] Lucas 24:41-43 e João 21:13.

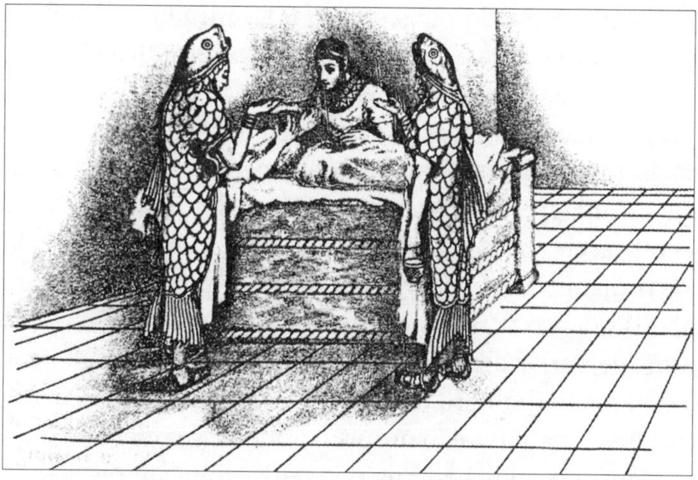

PEIXE – SÍMBOLO DA GRAÇA CURADORA

Um pai ansioso está ao lado do leito de seu filho. Dois sacerdotes vestidos como peixes – por associação simbólica com o deus da água, Ea – buscam expulsar os demônios suspeitos de terem causado a doença. Um dos sacerdotes é visto segurando uma tigela que, sem dúvida, contém algum fluido mágico. As mãos do menino estão abertas, em um gesto de súplica, como também as mãos direitas dos sacerdotes vestidos de peixe; mas a cabeça está escondida por uma das figuras em pé. Esta cena da cama, incidentalmente, é em parte baseada numa seção em relevo de bronze assírio reproduzido com certa frequência e que retrata em vários registros o exorcismo de um demônio feminino.

O peixe é bastante usado nas mitologias e escrituras mundiais como símbolo da Divindade Suprema, presente tanto no Universo quanto no homem. O espaço, como simbolizado pela água, é, portanto, um elemento perfeitamente adequado onde todos os "peixes" (incluindo os seres divinos nos humanos) vivem. Da mesma forma, as substâncias de que são compostos os corpos mental, emocional e físico do ser humano também correspondem ao elemento água, como símbolo da matéria das "águas do espaço",[80] pois dentro desses corpos reside a potencialidade da consciência de Cristo, também retratada pelos peixes. Isso se torna

[80] Gênesis 1:2.

realidade quando o estado de evolução é alcançado, quando o discipulado de um Adepto e a passagem por um rito iniciático são alcançados; pois daí em diante, como no Novo Testamento, os peixes simbólicos, quando "capturados" ou manifestados, são considerados recipientes do "dinheiro do tributo"[81] imperativamente necessário, e são capturados numa seleção milagrosa.[82] Esses dois – dinheiro de tributo e saque milagroso – representam a conquista, pelos pescadores, das faculdades de conhecer e transmitir a sabedoria pura e de administrar o poder de cura e a graça, dos quais o peixe também é um símbolo. O discípulo é, neste sentido, um "pescador de homens".

O fenômeno do dinheiro do tributo é, por sua vez, de profundo significado oculto. Legalmente, o próprio dinheiro se refere ao imposto, tarifas e taxas exigidas dos hebreus por seus subjugadores romanos para a manutenção das autoridades civis, sendo aludido por Jesus no seguinte versículo: "Mas, para que não os escandalizemos, vai ao mar e joga o anzol. O primeiro peixe que subir, segura-o e abre-lhe a boca. Acharás aí um estáter. Pega-o, e entrega-o a eles por mim e por ti."[83]

Lido literalmente, este versículo indica que um poder realmente notável foi demonstrado pelo grande Mestre ao providenciar que o primeiro peixe capturado contivesse a moeda necessária – talvez sua precipitação nele? O décimo versículo do quinto capítulo de São Lucas é de especial interesse, porque Simão recebeu a garantia de que "doravante serás pescador de homens". Isso dá um significado profundamente filosófico ao procedimento de pesca, ou seja, o de procurar, encontrar e atrair, para o discipulado e o modo de vida espiritual, companheiros cuidadosamente selecionados.

Neste contexto e especialmente neste verso, é sugerido que a filosofia e a prática da arte da contemplação são, em termos da Linguagem Sagrada da Alegoria e do Símbolo, muito bem descritos, pois o mar é a substância carregada por Deus dos veículos da consciência no homem. "Lançar um anzol" é meditativamente voltar a atenção para a Presença divina nele. "Pegar o peixe" é se tornar ciente e ser inspirado e ilumi-

[81] Mateus 17:24-27.
[82] Lucas 5:4 a 10.
[83] Mateus 17:27.

nado pela Sabedoria Divina. "Abrir a boca e encontrar uma moeda" é entrar profundamente no coração da Divindade, permanecendo em seu interior, tanto o místico contemplativo quanto o próprio Universo. Receber e dar o dinheiro aos oficiais coletores significa partilhar dos frutos de sua vida meditativa com toda a humanidade.

Podemos, neste ponto, levar nossa investigação um pouco mais adiante? Na linguagem da alegoria e do símbolo, atividades e objetos puramente físicos são usados para representar — realmente implicar — estados de consciência suprafísicos humanos e divinos, bem como sua expressão natural, quando certos estados correspondentes de consciência forem atingidos. Assim como no mundo físico o dinheiro dos impostos era essencial para a manutenção do Estado, o "dinheiro do tributo" — o poder divino pelo qual os Universos e os seres humanos por sua vez são mantidos pelo *Logos* e suas Hostes Angélicas — deve ser obtido, recebido conscientemente e "pago", ou totalmente expresso, pelos "pescadores" ocultos (iogues bem-sucedidos) depois que a "consciência do peixe", ou consciência espiritual, for alcançada. Simbolicamente, um peixe deve ser capturado e aberto, o que significa que a meditação deve ser praticada e a Presença Divina revelada (ou desvelada) à alma do homem mortal.

Todo o incidente ocorreu, note-se, na presença real do Senhor Cristo, ou na consciência de Cristo interiormente realizada.[84] Isso certamente sugere, mais uma vez, que apenas na condição contemplativa inspirada a experiência mística pode ser plenamente adentrada. Tal ponto de vista parece ser apoiado pela declaração textual[85] posterior de que Pedro não estava realmente na presença de seu Mestre quando, como profetizado, ele três vezes O negou. Simbolicamente ele não estava na condição elevada em que a consciência de Cristo, conforme descrito na nota de rodapé 84, foi experimentada.

Na Cosmogênese — sempre necessariamente alegórica — a água é usada como um símbolo do Espaço ou substância virgem,[86] e em seres

[84] Consciência-Cristo, ou, em sânscrito, *Buddhi*. Unidade realizada, ou mesmo identidade, com a Fonte Divina de tudo o que existe e, portanto, com a vida espiritual em todos os seres e coisas, conferindo uma visão intuitiva direta, o preenchimento de toda necessidade intelectual e psicológica, o poder de perceber as necessidades interiores daqueles que estão sofrendo e o poder para curar doenças da mente, do corpo ou de ambos. Supõe-se que tudo isso está implícito no símbolo do peixe.

[85] Mateus 26:69-75.

[86] Substância virgem. Ver Glossário: *Prakriti*.

sencientes que sublimaram com sucesso todos os desejos grosseiros com o controle da vontade, compreenderam intuitivamente a unidade com tudo que vive e, por conseguinte, são a encarnação da compaixão divina. Como sugerido anteriormente, "pescadores", quando o termo é usado na linguagem alegórica, são aqueles seres humanos que, quando tocados, tornam-se inspiradores (colhedores) de seus semelhantes, chamando--os para entrar no caminho da vida espiritual e tornarem-se discípulos de um Mestre. Assim como o peixe nada livremente e com autodomínio na água, o amor impessoal, que o peixe em parte simbolizou, encontra expressão através das emoções superiores — água pura —, sem dano ou limitação para outros seres — com gentileza, de fato.

O símbolo do peixe também é usado para indicar tanto um nutriente espiritual — daí o pedido de Jesus por peixe como alimento[87] — quanto um estado de consciência interior em que se está sob a direção e orientação divinas. Como afirmado, ele retrata com propriedade a função e o valor da emoção purificada e sublimada, especialmente quando expressa como unidade realizada e percepção intuitiva direta. Posso acrescentar aqui, no entanto, que quando qualquer atributo do eu pessoal é despersonalizado — concebido e empregado sem referência a perda ou ganho pelo usuário — então pode ser exercido como um poder verdadeiramente espiritual: sabedoria pura, em verdade. Além disso, quanto maior o grau de liberdade do desejo, mais elevado é o estado de consciência resultante e, portanto, a capacidade aumentada para seu uso.

Como é bem sabido, a obtenção e expressão da sabedoria, simbolizada pelo peixe, é, por sua vez, considerada dependente da habilidade alcançada de tornar relativamente inativos os aspectos orgulhosos, argumentativos e separativos da mente concreta. Isso é alegoricamente retratado em todas as escrituras e mitos do mundo por um procedimento fisicamente cruel (mas, quando corretamente interpretado, intelectualmente benéfico) de cortar a cabeça, decapitar totalmente. Como o mito grego relata na descrição do nascimento da deusa da sabedoria, Atena,[88] que surgiu totalmente armada da cabeça fendida de Zeus, o Pai dos deu-

---

[87] Lucas 24:41-43 e João 21:13. Ver também *A Vida de Cristo do Nascimento à Ascensão*, Editora Teosófica, pp. 433-36.

[88] Ver *Mythology (Mitologia)*, p. 30, Edith Hamilton, Mentor Books, e Apêndice.

ATENA NASCE DA CABEÇA DE ZEUS

ses, a sabedoria só pode nascer da "cabeça" quando as atitudes mentais egocêntricas foram superadas e, portanto, tornaram-se impotentes. Declarado de outra forma, apenas quando a cabeça (o uso do pensamento por motivação pessoal) de Zeus — ou de qualquer outra pessoa, na verdade — tiver sido totalmente "aberta", Atena (a sabedoria) poderia nascer de dentro da mente. A imagem em anexo retrata Zeus sentado, Atena nascendo de sua cabeça e Hefesto armado com seu machado duplo.

A redução ao mínimo da capacidade de pensamento formal, ou concreto, para propiciar a manifestação da intuição é, portanto, alegórica e curiosamente descrita nas escrituras e mitos mundiais como ferimento ou remoção da cabeça. A decapitação de Ganesha (o filho mais velho do Senhor Shiva e sua consorte Parvati), cuja cabeça foi substituída pela de um elefante (outro símbolo da sabedoria inata), é uma alegoria que descreve de forma semelhante a necessidade da subordinação completa do pensamento argumentativo (isto é, separativo) antes que a intuição possa funcionar. Curiosamente, a tromba e as duas presas do elefante podem se referir à tripla *Kundalinī Shakti* desperta. Esta interpretação é apoiada pelo nome alternativo do deus — Ganapati, O Senhor das Forças. Essas duas interpretações estão intimamente relacionadas, porque, uma vez que a *Kundalinī* é despertada *com segurança* e totalmente operativa, o iogue naturalmente se torna sábio.

Da mesma forma, somente depois de ter cortado a cabeça de Golias[89] (mentalidade arrogante e cruel) Davi pôde seguir em direção à realeza, iniciando assim a linhagem[90] da qual nasceu Jesus, o Cristo (a mais pura sabedoria). João Batista, por sua vez, sofre decapitação antes de ser libertado das limitações da existência pessoal e moral ("morrer" para as restrições da vida material). Quando totalmente sublimado, o poder físico procriador (transmutado em criatividade mental e intuitiva) liga a pessoa então iluminada com a potência cosmogerativa da Deidade.[91] Essa transmutação confere um alto grau – chegando ao puro gênio – tanto de poder intelectual quanto de inventividade prática.

A armadura – e na verdade a maior parte dos vários tipos de armas – também tem um significado profundamente oculto. Hermes, por exemplo, deu a Perseu sandálias aladas, uma espada, uma carteira magicamente adaptável, que sempre se tornaria do tamanho certo para o que quer que fosse carregado nela, e um gorro que tornava o usuário invisível, e assim lhe permitia tomar posse do único olho das Górgonas.[92] Assim equipado, e com o escudo reflexivo de Atena, Perseu poderia então "voar" para o Norte e cortar com segurança a cabeça da Górgona. Se esta aventura de Perseu for considerada como uma descrição profundamente velada dos procedimentos do uso pretendido da energia e do impulso criativo corporal, e também dos processos necessários para o controle e a transmutação final da força sexual, as três Górgonas de cabelo de cobra simbolizam muito apropriadamente a tríplice *Kundalinī*, com a Medusa como a corrente central.

Tomando cada símbolo sucessivamente, as sandálias aladas (usadas nos pés, ou seja, na parte mais baixa do corpo) representam o poder de elevar a consciência do físico para a consciência suprafísica, e, a partir daí, viajar nos corpos sutis. O capacete alado, por sua vez usado na ca-

[89] Golias 1, Samuel 17.
[90] Linhagem, Mateus 1:1:17.
[91] Gênesis, 1:1-3.
[92] Ver Apêndice.

beça (o ápice do corpo), é símbolo do poder mental apropriadamente desenvolvido ou do controle do intelecto, para que ele possa se tornar intuitivamente iluminado; o gorro da invisibilidade representa a privacidade ou o caráter velado de todas as instruções ocultas que conferem poder; a carteira mágica, que sempre se tornaria do tamanho certo para o que fosse carregado nela, denota o alto grau de adaptabilidade da natureza pessoal e seus poderes intelectuais, e uma capacidade de preservação de todos os produtos da experiência espiritual, incluindo o gênio. A captura do olho único que as três Górgonas tinham, cegando-as e tornando a própria Medusa indefesa, também indica o domínio completo, particularmente das limitações da mente concreta, pelo Ser espiritual, representado pelo herói, Perseu. A espada de Hermes, que é a personificação do Fogo Serpentino tríplice totalmente transmutado, também simbolizado por seu bastão (o Caduceu), representa o poder alcançado pelo Iniciado para "cortar" completamente da mente e do corpo todos os desejos, e assim eliminar totalmente a luxúria sexual. O próprio escudo, que protege o corpo de lesões, é um símbolo da condição da mente racional, que preserva inteiramente o homem de erros nascidos da falta de razão; o escudo polido pode ser empregado como um espelho que permite ao seu usuário ver ou imaginar indulgências sensuais apenas indiretamente ou por reflexo, evitando assim o olhar mental direto e, portanto, o perigo de depravação sexual física, para assim estar equipado para destruir (decapitar) o mal da luxúria.

Dessa forma, o escudo polido permitiu a Perseu, sabiamente instruído, evitar um olhar direto sobre a Górgona. De costas para ela e segurando o escudo polido diante de seus olhos, ele poderia arrancar sua cabeça sem ser infectado, por assim dizer, por sua influência maligna. Uma instrução valiosa é dada aqui, para a superação do desejo sexual — a saber, que o desejo surge na mente e é a mente, e, portanto, que se deve abster-se de pensamentos lascivos. Também pode ser indicado evitar o aspecto da Medusa potencialmente prejudicial (mau) do Fogo Serpentino, que de outra forma seria benéfico, subindo ao longo da espinha até a cabeça. O escudo de Atena se refere às formas abstratas (polidas) e concretas (mentais) de poder intelectual combinadas. Essa combinação assegura o controle da natureza pessoal pelo Ser espiritual, estando o Ego, a partir de então, sempre em controle.

A deusa da sabedoria, Atena, é uma personificação do *insight* intuitivo e da sagacidade perfeita que a posse desse *insight* confere, enquanto o deus Hermes representa o Adepto que dominou totalmente e transmutou inteiramente o desejo procriador em plena criatividade intelectual e espiritual. Dessa forma, duplamente desenvolvido, todo alto Iniciado é capaz, como Perseu, de tornar inofensivo todos os produtos degradantes e produtores de doenças da sexualidade descontrolada (transformar-se em pedra, como no incidente da petrificação do monstro marinho que atacava Andrômeda). Assim qualificado, Perseu foi capaz de ver com segurança, apenas por reflexo, e, com isso, destruir a Górgona Medusa, cortando sua cabeça com o cabelo serpentino altamente simbólico.

A mente normal e factual do ser humano mortal não é, por si só, suficiente para superar e finalmente transmutar os aspectos destrutivos do poder da *Kundalinī* desperta. Por isso, numa mente indulgente, ela se manifesta como a luxúria, simbolizada pela Medusa antes da decapitação, tornando assim inativa a sabedoria intuitiva, transformando simbolicamente a vítima em pedra ou, emblematicamente, num estado semelhante ao de um mineral insensível. Quando, no entanto, a inteligência divina, Atena, ilumina (lustra) a mente mortal (Perseu), o chamado "escudo"[93] torna-se semelhante a um espelho, reflexivo, permitindo que seu possuidor destrua dentro de si os elementos mortais ou destrutivos e os efeitos do abuso do Fogo Serpentino, a cabeça da Górgona com seu cabelo de serpente. Todos os chamados "dons" de Deidades para o ser humano podem ser interpretados como descritivos das capacidades concedidas aos atributos divinos interiores do tríplice Ser imortal – Vontade Divina, Sabedoria e Inteligência,[94] posteriormente manifestados como poderes corporais externos.[95]

Lanças e espadas, por exemplo, podem ser entendidas como referências à força de vontade mais íntima do ser humano, que, quando

---

[93] O escudo emprestado por Atena a Perseu, permitindo-lhe cortar a cabeça da Górgona ao usar a visão indireta, evitando assim a entrada visual em sua própria mente do mal simbolizado pela Medusa de cabelos trêmulos. A esposa de Ló se transformou em um pilar (coluna vertebral) de sal e cérebro mineralizado; e Prometeu foi acorrentado a uma rocha.

[94] Ver Glossário: Ego.

[95] O mito de Perseu é uma descrição precisa, em forma alegórica, da instrução recebida e aplicada por cada membro Iniciado nos Mistérios Maiores, à medida que ele evolui para o Adeptado.

estimulada e ativa, torna-o invencível contra aqueles inimigos que personificam qualidades indesejáveis – pois, na linguagem da alegoria e do símbolo, todos os poderes favoráveis personificados, bem como todos os inimigos, estão na verdade dentro de cada indivíduo humano. A sabedoria estratégica e o planejamento perfeito são representados por Atena e Hermes, que levam à vitória e retratam atributos do Ser espiritual (Zeus) no ser humano, enquanto a armadura e o escudo podem ser interpretados como a Mente superior ou abstrata, completamente protetora. Quando esses poderes tríplices – Vontade, Sabedoria e Inteligência – do triplo Ser espiritual são suficientemente desenvolvidos e se tornam ativos na condução da vida, os "inimigos" dentro de seu ser inferior, sejam monstruosos, animais ou humanos, são facilmente superados. Se essa visão for aceita, quando aplicada ao Microcosmo (ser humano), *a mitologia dos povos antigos pode ser vista como uma descrição das fases da evolução pelas quais todo indivíduo passa*. As vitórias finais são indicações do triunfo do Ser divino e imortal e de seus poderes sobre o ser humano e mortal. Também na cosmogênese (Macrocosmo) os inimigos das divindades criativas podem personificar tanto a resistência da matéria em geral quanto as formas particulares que essa resistência assume quando as substâncias são moldadas em Universos e tudo o que eles contêm.

Os deuses principais do panteão grego incluem Urano (Céu) e Gaia (Terra). Os dois geram pares de deuses, que também geram suas respectivas proles, como Cronos e Réia, Céos e Febe, Oceano e Tétis. De Cronos e Réia derivam Héstia, Hades (Plutão), Poseidon, Zeus, Hera e Deméter. Céos e Febe sãos os pais de Leto. Oceano e Tétis são os pais de Jápeto. Jápeto é pai de Prometeu, Atlas e Epimeteu. Atlas é o pai de Maia e Epimeteu é o pai de Dione. De Zeus deriva Atena. A união de Zeus e Hera gera Ares, Hebe e Hefesto (geralmente descrito como filho de Hera). De Zeus e Deméter nasce Perséfone. De Zeus e Leto nascem Apolo e Artêmis. Zeus e Maia, por sua vez, são os pais de Hermes. Já Zeus e Dione são os pais de Afrodite (embora geralmente também se diga que ela nasceu da espuma do mar).

A genealogia dos deuses gregos não permite facilmente rastrear a descendência dos Pais divinos originais dos deuses e deusas ativos, os Olímpicos. Se os pais originais forem considerados Urano e Gaia – Espírito e matéria, respectivamente –, então é apenas sua *suposta* prole que veio a ocupar posições de dominação divina sobre os quatro elementos, e, no caso da Terra, seus produtos agrícolas (Ceres ou Deméter). Assim, depois que Cronos destronou seu Pai Urano e tão cruelmente roubou-lhe seu poder e seus órgãos geradores, a próxima geração na Família divina é levada a assumir suas posições elementares de dominação: Zeus, céu ou ar; Hades (Plutão), terra; Hefesto, fogo; e Poseidon, água.

O comportamento de cada um dos deuses, deusas e homens e mulheres semidivinos retrata tanto atividades macrocósmicas como microcósmicas. Até onde a mitologia grega permite – sendo reconhecidamente indefinida quanto às origens – o Pai dos deuses, Urano, pode ser equiparado tanto ao *Logos* do Universo quanto ao Ser-Espírito mais íntimo em cada ser humano, a Mônada.[96] O Olimpo, lar mítico dos deuses, é, portanto, um estado elevado de consciência humana, incluindo a imortalidade realizada, a sabedoria perfeita e a vontade irresistível – em verdade, não se trata de uma montanha. Essas observações, entretanto, não devem ser consideradas tentativas de harmonizar artificialmente o panteão grego com o da Índia e, em certa medida, o do Egito. Na verdade, são ideias apresentadas àqueles que podem estar interessados neste aspecto dos assuntos tanto da mitologia grega quanto da mitologia em geral.

A Sabedoria Eterna, a Teosofia, afirma que cada ser humano é um Cosmo em miniatura. Por conseguinte, em vários estágios de desenvolvimento todos recebem e contêm dentro de si, potencialmente, os efeitos produzidos por todos os Poderes e Presenças *Logoicas* manifestadas (Zeus) sobre a estatura evolucionária Monádica progressiva e a personalidade mortal (Dânae, Leda, Europa, Leto, Sêmele).[97] Essas influências incluíam a irresistível Vontade inerente à toda a natureza de evoluir continuamente para estados cada vez mais desenvolvidos.

As Presenças Interiores (os amores divinos) estão incessantemente em ação sobre todos, mesmo em processos da Natureza, como a gradual porém incessante sensibilização da matéria dos Universos em geral e dos corpos humanos em particular. Se for essa a intenção, a transformação pela deusa Vênus (Afrodite) da estátua até então sem vida de

[96] Mônada (grego, "solitário"). Ver Glossário.

[97] A essas deveríamos acrescentar Dione, Maia, Io, Deméter, Egina.

Galateia, feita por Pigmalião, em um ser humano vivo e amoroso,[98] talvez possa ser interpretada como uma ilustração desse desenvolvimento contínuo. A história é muito apropriada, pois o processo de "aceleração" se relaciona não apenas à matéria física, mas também a todas as substâncias suprafísicas. Cada átomo do Universo está sendo, assim, tornado mais responsivo às agências espiritualizantes e sujeito a um estímulo interior incessante para progredir através de sucessivos graus de desenvolvimento. *Toda intrusão pessoal de Seres divinos nas mentes e vidas humanas, conforme retratada nas mitologias mundiais, pode ser considerada como uma apresentação alegórica desse procedimento acelerado, por mais impessoal que se presuma que seja.*

Cada uma das relações entre Divindades e humanos descritas nas escrituras e mitologias mundiais é, proponho, uma declaração alegórica do surgimento de inter-relações cada vez mais conscientes entre o divino e o humano na espécie humana – os nascimentos a partir de virgens, por exemplo. O resultado, e, se alguém pode presumir dizer, o propósito para esta intervenção Logoica contínua pode ser descrito, como afirmado acima, em uma única palavra: "aceleração", *significando a aceleração de todos os procedimentos evolutivos.* Todo deus, deusa, arcanjo, anjo, semideus – sem excluir nem mesmo aqueles retratados como destrutivos – que se relaciona com o ser humano representa essa atividade, frequentemente com notável precisão e pertinência. *A influência variável e contínua do Espírito sobre a matéria, da vida sobre a forma e da inteligência sobre o ser humano constitui o significado* – e, portanto, a "mensagem" – desses mitos, alegorias e parábolas, que podem ser justamente descritos como assim inspirados.

OS MISTÉRIOS ANTIGOS

Chegará o tempo, ou o período na evolução acelerada de um Ego[99] humano, em particular, em que esses procedimentos serão descobertos, em parte por experiência direta e em parte como resultado da orientação recebida daqueles mais evoluídos. Com isso, o mito e a parábola

[98] Conforme relatado por Ovídio.
[99] Ego: ver Glossário.

tendem gradualmente – embora às vezes de repente – a dar lugar à compreensão das verdades, leis e processos que tanto ocultam quanto revelam. Apressar e, quando em segurança, possivelmente realizar imediatamente a revelação interior era o propósito do treinamento dado e do progresso feito através dos Antigos Mistérios. Isso culminou no Rito de Iniciação, quando a cabeça era tocada por *Tirso*,[100] a fim de trazer iluminação à mente totalmente consciente do candidato.

Imediatamente o princípio mais importante emerge, e o conhecimento da natureza do Universo, do ser humano e do propósito da existência de ambos deve, como se sob impulso onipotente, por meios apropriados para a compreensão dos recipientes, ser continuamente comunicado à humanidade. Este procedimento sempre foi e ainda é realizado por tais métodos, considerados os mais eficazes. Eles incluem a representação na forma de escrituras e mitos mundiais parcialmente históricos – a mitologia total da Terra, de fato – da "Saga" completa, descritiva do significado e do propósito da existência Cósmica, Solar, Planetária, humana e subumana.

A LÍNGUA SAGRADA

O cumprimento desse compromisso exigia *uma linguagem que não fosse afetada pelo tempo e pelas línguas de diferentes povos em períodos sucessivos, uma comunicação universal e imune ao tempo.* Por isso, ao longo das eras os Sábios conceberam e usaram a linguagem da alegoria e do símbolo como o melhor e mais seguro canal para transmitir esta sabedoria divina. Até que uma certa estatura evolutiva tenha sido atingida, este método de apresentar para as mentes dos povos mais primitivos (para os quais, a princípio, os mitos foram parcialmente escritos em formas personificadas e dramáticas) as grandes verdades subjacentes à existência de toda a Natureza mostrou-se eficaz. Além disso, uma vez que a posse do conhecimento oculto inevitavelmente confere o poder de abençoar e curar, ou amaldiçoar e destruir, esta forma de preservação e apresentação, como se pode presumir, é o único sistema *seguro* de comunicação que poderia ser usado pelos Sábios da Antiguidade.

---

[100] O Bastão de Poder na mão do Hierofante.

A SABEDORIA ETERNA É RECEBIDA DE FORMA DIRETA

Quando uma certa fase da evolução humana é alcançada, um evento muito mais dramático ocorre. Ele consiste na aparição visível do Mestre Adepto perante o candidato suficientemente evoluído e disponível para o discipulado.[101] As grandes verdades são então apresentadas de forma cada vez mais direta e não simbolizada. Em última análise, o destinatário vê e conhece dentro de si mesmo essas verdades eternas.[102] Daí em diante, ele ou ela entra mais e mais plenamente em atividades semelhantes, tornando-se finalmente um Sábio Adepto. Eles próprios vão, por sua vez, ensinar tanto por parábolas[103] quanto diretamente. Isso é de imensa importância, não apenas para quem recebe mas também para todos os membros da família humana, pois, quando aceitos, compreendidos e efetivamente aplicados, esses ensinamentos tanto aceleram os processos evolutivos quanto garantem saúde, felicidade e uma contínua paz de coração e mente. *A busca pelo conhecimento direto, a obtenção do discipulado de um Mestre Adepto e o embarque na tarefa de compartilhar esse conhecimento com os semelhantes têm sido seguidos desde o início da grande epopeia da vida humana na Terra.*

Isso culmina com a entrada nos seguintes estados de consciência: na mitologia nórdica, Asgard, a terra dos Aesir (os deuses dos escandinavos), que ficava na constelação de Cassiopeia, o Tribunal de Don ou o Castelo de Goydion, a Via Láctea; a morada dos Tuatha de Danann (o povo da deusa Dana na literatura gaélica); as casas do Panteão Céltico; os Campos Elísios dos gregos antigos; a Bem-Aventurança eterna, o *Nirvāna* dos budistas; o estado de *Samādhi* dos hindus; a Ascensão ao Reino do Céu do cristão devoto; a experiência culminante do Senhor Jesus e o Episódio final na história do Evangelho de Seu aparecimento na Terra.

Um motivo em especial para a escrita deste livro, além de oferecer interpretações dos mitos mundiais, é apresentar a ideia extremamente

---

[101] Ver *A Senda para a Perfeição*, cap. 5. [Brasília: Editora Teosófica, 1994. (Nota Ed. Bras.)]

[102] Clemente de Alexandria: "Aqui todos os ensinamentos terminam. A pessoa vê a Natureza e todas as coisas."

[103] Mateus 13:10 e 11: "Aproximando-se os discípulos, perguntaram-Lhe: Por que lhes falas em parábolas? Jesus respondeu: Porque a vós foi dado conhecer os mistérios do Reino dos Céus, mas a eles não".

importante de que *os Seres divinos do Universo não são, de forma alguma, separados ou diferentes em essência do Princípio divino – a Mônada – em cada homem, mulher e criança.* Relacionamentos entre deuses e humanos, como os de Zeus (o governante supremo) com mulheres mortais, de Plutão com Perséfone (como é presumido) e de Afrodite com homens podem, novamente, ser lidos de forma muito útil como revelações, por meio do mito, de graus de interação e interrelação contínua entre o *Logos* e o Universo, por um lado, e intermitente, em termos místicos, entre o Deus-Ser e o homem mortal, por outro.

Quando considerados literalmente, os "amores" de Zeus e de Afrodite e o desejo sensual pelo qual eles foram presumivelmente motivados são reconhecidamente desagradáveis, até mesmo repugnantes. Eles também podem ser interpretados, no entanto, como descritivos da atividade contínua da natureza divina no ser humano, sempre buscando despertar na personalidade mortal uma "adoração" e a aspiração de se unir à Divindade *interior*. Assim entendido, o objetivo final de todas as "seduções" celestiais é trazer uma união consciente com o Divino e uma liberação da alma pessoal de todos os apegos terrestres. *Essa representação alegórica "limpa" as histórias dos elementos indesejáveis da sensualidade e da sexualidade, pois o desejo de se unir a um membro do sexo oposto é, portanto, eliminado, contribuindo muito para o aprimoramento de uma leitura dos mitos antigos, que de outro modo seria literal ou mesmo vista apenas como um conto de fadas*. Outros exemplos são as numerosas esposas do *Avatāra* hindu (Manifestação Divina), o Senhor *Shri* Krishna, a suposta união sexual da deusa egípcia Nut com Seb, para a criação de um Universo, e entre Adão e Eva, milagrosamente criados por Deus, para se tornarem os pais da raça humana na Terra.

Assim como o Sol físico permeia e penetra no Sistema Solar com as energias eletromagnéticas que irradia, também em todos os níveis acima do gasoso, o *Logos* Solar (Zeus) permeia o Universo e tudo o que ele contém com irradiações espiritualizantes. Esses poderes de "aceleração" afetam separadamente a matéria, os corpos ou vestimentas das Almas imortais e a consciência dentro delas. Os efeitos produzidos consistem em influências inspiradoras e iluminadoras, emocionais, intelectuais, que despertam a intuição e reforçam a força de vontade. Essas energias de recarga e os motivos altruístas resultantes naqueles que respondem

COSMOGÊNESE EGÍPCIA

a elas são ocultamente discerníveis. Reconhecidamente, a meditação é necessária para entrar em contato e compreender completamente a história interior do mundo em vários níveis suprafísicos.

Embora os leitores deste livro possam estar razoavelmente preparados para aceitar as interpretações gerais oferecidas, podem não estar dispostos a prosseguir por meios como a investigação extrassensorial. No entanto, este assunto e a existência dessa faculdade parecem estar cada vez mais em destaque no período atual. A capacidade, exibida corretamente, de lembrar e descrever encarnações passadas,[104] as pesquisas clarividentes de Edgar Cayce e a capacidade de leitura da mente, comprovada com precisão, são alguns exemplos. Existem numerosos exemplos de clarividência, telepatia, psicometria e outras funções paranormais. Esses fenômenos têm sido estudados há vários anos pela Sociedade de Pesquisas Psíquicas (Society for Psychical Research) na Inglaterra e pelo Departamento de Parapsicologia da Universidade de Duke, nos Estados Unidos, sob a liderança do professor Rhine, e em sociedades e outras instituições de nível universitário.

---

[104] Dr. Ian Stephenson, autor de *Twenty Cases Suggestive of Reincarnation (Vinte Casos Sugestivos de Reencarnação).*

O *Logos* do Ser Divino no homem (o Zeus interior) produz efeitos aceleradores de evolução semelhantes sobre a personalidade humana, assim como o *Logos* Solar sobre a matéria e os membros dos reinos sub-humanos. Estes "descem" como influências espiritualizantes, intelectualmente iluminadoras e purificadoras de Zeus, o Espírito humano, para a natureza mortal do homem. Se isso for reconhecido, então os amores de Zeus com os seres humanos – as damas da Grécia antiga – podem ser interpretados como descrições desses mesmos procedimentos.

Visto assim, Zeus não era a personificação de um deus devasso ou de um marido infiel. Em vez disso, ele foi um "impregnador" muito ativo dos produtos da natureza com suas influências divinas e, a princípio, instintivas, espiritualizantes. Na verdade, sua natureza e poderes foram impregnados em seus descendentes Leda, Castor e Pólux, que acabariam por se tornar estrelas no céu e ainda são reconhecidos por esses nomes.

Tanto quanto pode ser descoberto a partir de vários relatos dos mitos gregos, os amores de Zeus com seres divinos e humanos e os descendentes resultantes, considerados mais adiante neste livro, foram:

MÃE	PROLE
Dânae	Perseu
Europa	Radamanto e Minos
Dione	Afrodite (na Ilíada)
Maia	Hermes
Sêmele	Dionísio
Leto	Apolo e Artêmis
Eo	Épafo
Deméter	Perséfone
Egina	Éaco
Leda	Helena, Castor e Pólux

Na melhor das hipóteses, os descendentes eram divinos, semelhantes a deuses; quando menos, eram sempre heroicos, como revelam seus registros míticos.

Perseu, filho de Zeus e Dânae, guiado por Atena e Hermes, decapitou o monstro maligno, a Medusa, e então resgatou Andrômeda da rocha à qual ela estava acorrentada e libertou-a do monstro marinho.

Radamanto e Minos, filhos de Zeus e Europa, foram ambos juízes dos mortos no Hades.

Afrodite, filha de Zeus e Dione, deusa do amor e da beleza, ajudou Enéias a escapar de Tróia.

Hermes, filho de Zeus e Maia, gracioso, rápido de movimentos com suas sandálias aladas, seu chapéu alado e seu bastão mágico, o Caduceu, foi o mensageiro de Zeus, que "voa tão rápido quanto o pensamento para cumprir suas ordens", o guia solene dos mortos e o salvador de Perséfone e Eurídice do Hades.

Dionísio, filho de Zeus e Sêmele, mestre da cultura da videira mística (sabedoria intuitiva) e dos mistérios do culto a Dionísio, desafiou o poder da morte para salvar sua mãe no mundo inferior e levou-a para o Olimpo, onde os deuses a receberam como um deles.

Apolo e Artêmis eram os filhos de Zeus e Leto. Apolo, o mestre da música que encantou o Olimpo enquanto tocava sua lira dourada; curador que primeiro ensinou aos homens a arte da cura; deus da luz e da verdade. Nenhuma palavra falsa jamais saiu de seus lábios. Artêmis, irmã gêmea de Apolo, a "caçadora-líder" dos deuses, "a protetora da juventude orvalhada" em todos os lugares, nunca impura.

Épafo, filho de Zeus e Io, nasceu às margens do rio Nilo. Tornou-se Rei do Egito e construiu Mênfis; segundo diziam, era o "touro sagrado".

Perséfone, a filha de Deméter, era a radiante donzela da primavera e do verão, cujos passos tornavam a encosta fresca e florida.

Castor, Pólux e Helena eram filhos de Zeus e Leda. Castor e Pólux viveram metade do tempo na Terra e metade no Céu; eram os protetores especiais dos marinheiros quando "ventos de tempestade assolam o mar implacável". Helena, a mulher mais bela do mundo.

Assim, quando o divino no homem se tornou unificado com a personalidade, atributos divinos foram exibidos. Quando Deus (Zeus) se unifica com um ser humano, essa pessoa manifesta qualidades divinas, mesmo que alguns atributos indesejáveis ainda possam permanecer.

O CAÇADOR DIVINO

Na verdade, é claro, chega um momento no curso da evolução dos indivíduos em que eles se encontram misticamente cientes de que o Ser Interior os está "caçando", e esta é a razão pela qual a vida mística é adentrada por quaisquer meios, e eventualmente a reclusão no *Asrham* é buscada e estabelecida. Então, estranhamente, a história se inverte. Pois, uma vez que o Caminho interior é adentrado, é o mundo exterior que se torna o inimigo, com todos os seus costumes de materialização e aprisionamento. Destes, o místico protege a si mesmo e busca a reclusão monástica ou conventual – isto é, busca a segurança, neste ponto de vista. Enquanto isso, o divino "Caçador" interno, a Mônada-Ego, aproxima-se cada vez mais do clímax da caça, ou seja, a morte da "personalidade quadrúpede" e a absorção em si do Princípio divino até então animador.

A caça, neste sentido, descreve verdadeiramente uma das atividades do *Logos*, corretamente apresentada na mitologia por um caçador ou caçadora (Artêmis, por exemplo), ou um pássaro ou animal de rapina, como um falcão ou gavião, por exemplo, na simbologia egípcia.[105]

A associação íntima dos reis do Egito com os falcões, como representantes da Deidade, sugere tanto uma função protetora da Divindade quanto uma "caça" do personagem da realeza. De fato, em algumas estátuas de reis egípcios o falcão repousa atrás da cabeça, que está envolvida entre suas asas, conforme apresentado na imagem do Faraó egípcio Khephren. Esta visão da Divindade Suprema ou do Ser Superior no homem "atrás da presa" ou "caçando" a personalidade mortal é, com beleza poética, apresentada por Santa Teresa d'Ávila em seu notável tratado espiritual *O Castelo Interior*:

> Atingida pelo gentil Caçador,
> e conquistada,
> dentro dos braços do amor,
> a minha alma se inclina.
> Erguida enfim para uma nova vida,
> este contrato entre nós se formou.
> Que o Amado seja meu,
> e eu somente dele.

---

[105] Uma medida de proteção pode estar implícita neste relacionamento.

KHEPHREN, FARAÓ EGÍPCIO INSPIRADO PELA DEIDADE

Todas as alegorias inspiradas que emanaram dos Mistérios Maiores ou Menores – muitos mitógrafos, pode-se presumir, eram Iniciados – foram, portanto, projetadas para preservar ensinamentos através de todas as eras, a fim de ocultar e também transmitir verdades que conferem poder para o esclarecimento final de toda a humanidade. Os contos populares, bem como as narrativas épicas, alguns dos quais se referem a eventos históricos, foram recontados e embelezados pelos Sábios da Antiguidade para que pudessem cumprir esses mesmos propósitos.

O poeta inglês Francis Thompson aborda esse assunto em seu poema O Cão do Céu, onde a palavra "cão" não é usada em referência a um canino, mas ao *Logos*, naquele aspecto de caça de suas atividades:

Eu fugi dele, noite e dia;
eu fugi dele, ao longo das arcadas dos anos;
eu fugi dele, por caminhos em labirintos
de minha própria mente;
e nas brumas de lágrimas
eu fugi dele, sob risos correntes.
Às esperanças ergui-me;
e atirei, precipitado,
sob as trevas titânicas
de medos hipnotizantes,
daqueles pés fortes que seguiam, seguiam adiante.
Mas numa perseguição sem pressa,
o passo imperturbável,
velocidade deliberada, instância majestosa,
eles pulsam – e uma Voz pulsa
mais veloz que os pés –
"Todas as coisas te traem, aquele que Me trai."
Agora, na longa perseguição,
vem ao alcance o ruído;
essa Voz ao meu redor como um mar que arrebenta;
"E a tua terra está tão desfigurada,
quebrada, cacos sobre cacos?
Vede, todas as coisas voam de ti, porque voas de Mim!
Coisa estranha, lamentável e fútil!
Por que alguém deveria separar o amor de ti?
Não vendo ninguém além de mim, não fazes muito caso!
E o amor humano precisa de mérito humano;
como tu mereceste –
de toda a argila coagulada do homem, o pedaço mais sujo?
Tu não sabes quão pouco digno de qualquer amor tu és!
Quem encontrarás para amar a ti ignóbil, senão Eu, senão apenas Eu?
Tudo o que tirei de ti, Eu simplesmente tomei,

não para te causar dores,
mas para que pudesses buscá-las em Meus braços.
E o que teu erro infantil
imagina como perdido, guardei para ti em casa.
Levanta-te, segura Minha mão e venha!"
Para ante mim os teus passos;
afinal, será a minha tristeza,
a sombra de Sua mão, estendida carinhosamente?
"Ah, mais querido, mais cego, mais fraco,
Eu sou Aquele que tu procuras!
Tu afastaste o amor de ti,
o que te afastou de Mim."

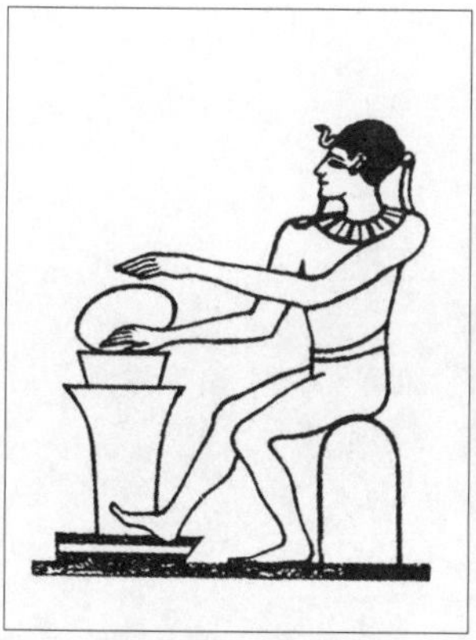

PTAH MOLDANDO O OVO DO MUNDO SOBRE A RODA DE OLEIRO, TRABALHANDO COM SEUS PÉS

SÍMBOLO EGÍPCIO DA *KUNDALINĪ* SOBRE ESTÁTUA DE ÁGUIA

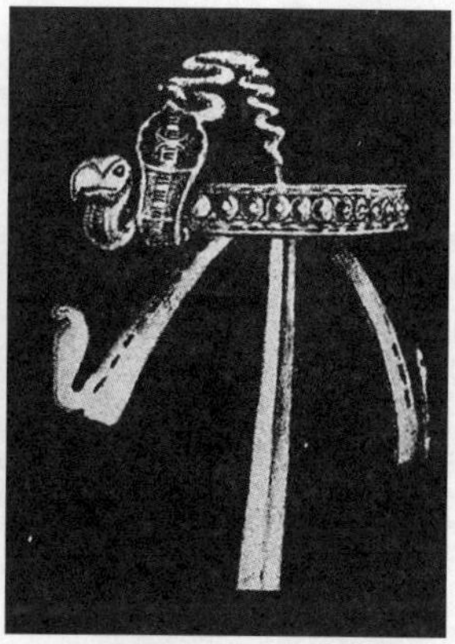

UREU EGÍPCIO, RETRATO DA *KUNDALINĪ* TRIPLA

CAPÍTULO 2

A SIMBOLOGIA DA SERPENTE E DO BASTÃO

(a) O BASTÃO DE HERMES

A história de Hermes, e especialmente seu exercício do poder de livremente realizar viagens físicas e suprafísicas, seja ao Olimpo, no alto, ou ao Hades, abaixo da terra, revela a identidade mencionada anteriormente na forma das duas agências de poder outorgado — a *Kundalinī* e o Caduceu, o bastão de Hermes. Outras semelhanças entre os dois e uma comparação regular deles me levaram a perceber que as mesmas verdades filosóficas foram reveladas em ambos. Quando, no devido tempo, aprendi que o poder triplo delineado por esses dois símbolos está presente em cada ser humano, e poderia ser despertado para a atividade e conceder liberdade de movimento semelhante à consciência e obtenção de faculdades extrassensoriais, meu interesse naturalmente foi aprofundado, pois eu não estava mais preocupado com dois símbolos impressos, mas com as verdadeiras forças que ambos retratavam — o Fogo Serpentino, o Caduceu no ser humano. Quando esta energia é despertada para a atividade, concede-lhe o poder simbolizado pelo capacete alado e pelas sandálias aladas, libertando-o das limitações dos cinco sentidos físicos e do exercício das capacidades suprasensoriais. Não é de se admirar, então, que meu interesse tenha sido agudamente despertado — se é que posso usar tal termo — e, por fim, levado-me à prática do *Yoga* e ao estudo das mitologias mundiais.

Descobri que as sibilas délficas exerciam suas profecias sentadas num tripé, o símbolo da tríplice *Kundalinī*, totalmente desperta. Os heróis Apolo e Hércules, como será lembrado, disputaram a posse do tripé em Delfos. Alguns poderiam perguntar se tratar-se-ia de um acontecimento exclusivamente histórico. Pelo contrário, é algo profundamente alegórico, pois afirma-se que o conflito só cessou depois que uma *ter-*

ceira potência – o deus Zeus – interveio, completando a triplicidade e trazendo o retorno da harmonia entre os dois combatentes.

Certo embasamento para essa visão pode ser obtido no antigo baixo-relevo[106] que ilustra essa disputa, pois ele inclui uma serpente em seu caminho ao longo do tronco vertical de uma árvore adjacente – possível emblema da medula espinhal ereta do ser humano. De fato, como aprendi mais tarde, a atividade oracular efetiva depende da presença harmonizada e ativa das três correntes do Fogo da Serpente, subindo diretamente do sacro para o cérebro, enquanto na postura do iogue.

Podemos lembrar aos leitores que a serpente está associada à Árvore da Vida (a árvore do conhecimento do bem e do mal),[107] que tenta Eva a oferecer o seu fruto a Adão, e, após sua aceitação, "os olhos de ambos foram abertos e eles sabiam que estavam nus, e costuraram folhas de figueira, e fizeram vestimentas para si".[108] "Mais tarde, eles se tornaram os pais de Caim e, depois, de Abel."[109]

Não poderia ser verdade que, embora os mitos de contos de fadas tenham sido inventados por pessoas, os grandes Sábios inspiraram a introdução de elementos, ações e experiências, retratando alegoricamente verdades espirituais filosóficas e ocultas?

É dito que a Escola Grega de Filosofia teve seu início com os sete pensadores imortalizados, a partir da apelação de Sophos, "O Sábio". De acordo com Diógenes Laerte, esses foram Tales, Sólon, Quilão, Pítaco, Bias, Cleóbulo e Periandro.

Os videntes eram os Iniciados da Antiguidade. Eles perceberam que as nações vêm e vão, que os impérios surgem e caem, e que as idades de ouro da arte, da ciência e do idealismo são sucedidas pelas idades das trevas, da ignorância e da superstição. Com as necessidades da posteridade

---

[106] Agora no Louvre.

[107] Gênesis 2:9. Nota do revisor: Na verdade, trata-se da Árvore do Conhecimento do Bem e do Mal, referida juntamente com a Árvore da Vida em Ge 2:9 e claramente em Ge 3:22: "Depois disse Iahweh Deus: 'Se o homem já é como um de nós, versado no bem e no mal, que agora ele não estenda a mão e colha também da Árvore da Vida, e coma e viva para sempre.'" Essa interpretação, de que se trata da Árvore do Conhecimento do Bem e do Mal, ou seja, da mente concreta dualista, também é dada pelo próprio autor, Geoffrey Hodson, em seu livro *A Sabedoria Oculta na Bíblia Sagrada*, p. 177 (publicado muitos anos antes desta obra). O autor também indica na p. 92 deste livro que a árvore em pauta é a "Árvore do Conhecimento do Bem e do Mal".

[108] Gênesis 3:7.

[109] Gênesis 4:1,2.

em primeiro lugar, os Sábios da Antiguidade foram a extremos inconcebíveis para garantir que seu conhecimento fosse preservado (quando aconselhável), utilizando a linguagem da alegoria e do símbolo.[110]

Na verdade, estou completamente convencido de que foi realmente assim. Essas ideias não só foram incluídas na literatura da Índia e da Grécia antigas, mas também podem ser encontradas nas escrituras e mitologias mundiais. Isso provou ser especialmente verdadeiro no Antigo Testamento, a respeito do qual minhas exposições foram publicadas sob o título *A Sabedoria Oculta na Bíblia Sagrada* (no original em inglês, em quatro volumes, e na tradução em português, publicada pela Editora Teosófica em um só volume).

Muitos anos se passaram desde que essa descoberta foi feita pela primeira vez, mas somente nestes últimos anos de minha vida, em busca do Segundo Objetivo da Sociedade Teosófica,[111] eu me encontrei livre para apresentar alguns dos frutos de meus estudos das mitologias grega e outras, para quem possa estar interessado.

A antiga lenda grega conta como o deus Hermes encontrou duas serpentes em combate mortal. Colocando sua varinha mágica alada (um presente de seu irmão Apolo em troca de uma lira de sete cordas) entre as duas antagonistas, ele as encantou de tal forma que elas voltaram à harmonia, entrelaçando igualmente o bastão e uma à outra. Esta, diz-se, foi a origem do bastão hermético, o Caduceu, símbolo hoje da ciência médica e da arte da cura.

Detendo o seu famoso bastão, Hermes tornou-se livre do Universo, desde o mais alto céu até o mais profundo Hades, e portanto, pode-se supor, da lei das correspondências, da Mônada[112] ao corpo físico do homem. Aqui está o segredo de grande parte do conhecimento doador de poder oculto e revelado tanto pelo mito de Hermes quanto por muitos dos símbolos e alegorias da Franco-Maçonaria, pois o Caduceu apresenta simbolicamente, mas com exatidão, o poder triplo interativo por meio do qual o ser humano pode desenvolver faculdades supranormais e obter a liberdade dos efeitos confinantes da encarnação em um corpo.

---

[110] Ver o livro *A Sabedoria Oculta na Bíblia Sagrada*, capítulo 8, p. 65. [Brasília: Editora Teosófica, 2ª ed., 2018. (Nota Ed. Teosófica).]

[111] Para encorajar o estudo da Religião Comparada, Filosofia e Ciência.

[112] O Espírito divino no ser humano.

HERMES E O PODER DO CADUCEU

O Caduceu em si é um retrato dos três caminhos seguidos pela tripla força criadora no ser humano, que quando despertada ocultamente e forçada a fluir para cima, ao longo da espinha do sacro ao crânio, confere a percepção extrassensorial. Obtida esta sublimação, o homem deixou de ser um prisioneiro na carne e tornou-se um Hermes de verdade.

Alegoricamente, ele é libertado do Hades, assim como Perséfone por Hermes, com o cajado na mão. O Caduceu não é, portanto, uma varinha sólida, mas um símbolo dos poderes criativos inter-harmonizados e interativos na Natureza e no ser humano.

Antigos Sábios hindus deram a esta forma de manifestação da energia tripla divina o nome de *Kundalinī*, que significa "o princípio serpentino da vida universal". Eles o descreveram como um poder oculto sétuplo, suprafísico, funcionando no ser humano desenvolvido por meio de uma espiral, dentro e ao redor da medula espinhal, mas também em todo o sistema nervoso. Quando desperto de forma supranormal, como pelas práticas dos iogues, esta força ígnea sobe para dentro e através do cérebro por um caminho serpentino; daí seu outro nome, "Fogo Serpentino". Alcança-se então a habilidade de deixar o corpo à vontade e exercer outros poderes sobrenaturais.

Muito mais pode ser aprendido por um estudo da antiga lenda grega. Hermes é conhecido, por exemplo, como arauto e mensageiro de Zeus, a serviço de quem atravessa sem obstruções as regiões do ar, da terra e do reino subterrâneo governado pelo deus Plutão.

Ele, portanto, personifica o Iniciado amadurecido, o Adepto totalmente capacitado. O gorro ou chapéu alado, também possuído por Hermes, pode ser interpretado como um símbolo de sua completa liberdade das limitações terrestres e sua unidade realizada com a Inteligência Universal que tudo permeia e tudo direciona, o princípio divino no coração do Cosmo, da vida planetária e do homem. As sandálias aladas apoiam esta interpretação e adicionam o elemento de rapidez de locomoção à serviço da Divindade. Nisto também Hermes representa o ser humano perfeito, livre de todas as limitações de tempo e espaço, ativamente engajado em auxiliar os procedimentos evolutivos e até mesmo, em certos momentos, apressando sua conclusão.

O deus é, portanto, visto não apenas como um mensageiro da Divindade Suprema, mas como Hierofante dos Mistérios, protótipo daqueles Professores iluminados que, era após era, visitam a humanidade.

Hermes pode, portanto, ser considerado um modelo para todos os que aspiram à estatura desse deus e seus poderes sobrenaturais. Muito apropriadamente os mitógrafos de outrora, desejando assim inspirar e informar a humanidade, fizeram de Hermes um favorito dos deuses e dos homens, apesar de seus vários pecadilhos,[113] pois ele roubou o gado do irmão Apolo, o cinto de Afrodite, as flechas de Artêmis e a lança de Ares. Entretanto, ele sempre foi perdoado, sendo amado por todos os deuses e deusas do Panteão Grego.

O HOMEM MODERNO PROCURA AS VERDADES ETERNAS

A visão ampliada, os órgãos do cérebro por meio dos quais ela opera e as forças sutis que ela supostamente aciona estão se tornando cada vez mais interessantes para o homem moderno. Livros e artigos na imprensa, nos mais sérios periódicos e revistas científicas, e os desenvolvimentos em medicina e psicologia indicam que parece ocorrer uma mudança na atitude em relação às faculdades supranormais. Clarividência, clariaudiência, consciência de eventos que acontecem à distância, premonições de coisas por vir que se provam verdadeiras, advertências intuitivas contra cursos de conduta que ameaçam a vida (não pegar um trem, barco ou avião específico, por exemplo) e *flashs* diretos de percepções mentais e inventivas que resolvem problemas mecânicos, químicos e outras questões científicas têm sido relatados pelas pessoas que os vivenciaram. Crianças que se mostram hipersensíveis em algumas dessas aptidões apresentam problemas para pais e professores. Um estudo desses fenômenos e a aplicação do ensino teosófico a eles são, portanto, não apenas de grande interesse, mas estão em harmonia com o Terceiro Objetivo da Sociedade Teosófica e podem ser de muito valor prático.

Essas experiências supranormais são, em parte, explicadas pelos ensinamentos teosóficos relativos à evolução e às mudanças resultantes que continuam a ocorrer no cérebro humano e no sistema nervoso. É dito que cada um dos cinco sentidos foi desenvolvido por cada uma das sucessivas raças principais dos homens, cinco já tendo surgido, de modo que o homem agora possui esses cinco sentidos. Uma sexta raça está nascendo neste momento e, em consequência, um sexto sentido (PES) parece estar mais evidente agora do que em tempos anteriores.

---

[113] Cada um, sem dúvida, com seu grupo de significados recônditos.

Alguns (não todos) os cientistas atuais parecem estar pensando dessa maneira, pois as faculdades supranormais do ser humano têm, há algum tempo, sido submetidas a uma investigação cuidadosa. Pode-se considerar que a fase moderna do trabalho experimental em telepatia e outras faculdades começou com o trabalho de H.J.F.W. Brugmans em Groningen (1920), Jephson (1924) na Inglaterra e J.B. Rhine na Universidade de Duke, Carolina do Norte, EUA (1930 em diante). O Dr. Rhine, professor de psicologia na Duke, cuja contribuição ao assunto foi realmente considerável, publicou em 1934 um livro intitulado *Extra-Sensory Perpection*, que descreveu experimentos em telepatia e telestesia e despertou considerável controvérsia.

G.N.M. Tyrrell, na Inglaterra (1934 a 1936) desenvolveu um aparato elétrico no qual a pessoa perceptiva tinha que reconhecer em qual das cinco caixas fechadas o agente fez com que uma lâmpada fosse acesa. Um engenhoso dispositivo antifraude, que misturava os dados, garantiu que o próprio agente não soubesse qual lâmpada acendeu, girando sua chave seletora, de modo que qualquer código de sinalização, consciente ou inconsciente, teria sido estultificado. As condições eram virtualmente mais semelhantes às da telestesia do que da telepatia, uma vez que nenhuma mente sabia qual lâmpada estava acesa até depois de feita a escolha. Resultados altamente significativos foram relatados com um sujeito que foi testado. Ao mesmo tempo, o Dr. S.G. Soal, professor de matemática na Universidade de Londres, começou a realizar uma extensa repetição da experiência de Rhine com os cartões Zener, e durante os cinco anos seguintes realizou testes individuais com 160 pessoas, registrando 128.350 suposições. Os resultados pareciam estar de acordo com as expectativas do acaso e foram deixados de lado.

UM ESTRANHO FENÔMENO

No entanto, no outono de 1939, Whately Carington, como resultado de observações que fez enquanto realizava alguns experimentos de telepatia com desenhos, persuadiu Soal a reexaminar seus registros a fim de verificar se algum dos percipientes tinha obtido acertos, não nos cartões focalizados pelo agente, mas nos cartões imediatamente anteriores ou posteriores. A pesquisa revelou que duas pessoas apresentaram pontuações altamente significativas nas cartas anteriores (pré-cognitivas) e seguintes (pós-cognitivas), enquanto sua pontuação no alvo real era insignificante, sugerindo um tipo de efeito de deslocamento. Isso, é claro, teve que ser confirmado, e esses dois percipientes foram testados novamente. O primeiro deles, Basil Shackleton, um conhecido fotógrafo de Londres, foi testado por Soal e Goldney durante um período de dois anos e meio, e o efeito de deslocamento foi confirmado. As precauções mais elaboradas foram tomadas para proteger os testes contra fraude e vazamento sensorial, como um sussurro inconsciente. Além disso, uma outra descoberta curiosa foi feita. Se a taxa de chamadas fosse acelerada (de uma a cada três segundos para uma a cada um segundo e meio), Shackleton anotava insignificantemente na carta alvo e na carta à frente, mas passava a marcar significativamente na carta dois à frente. O artigo original de Soal e Goldney, que descreve em detalhes a infinidade de medidas de precaução tomadas para proteção contra vazamento sensorial e fraude, deve ser estudado por todos os interessados em telepatia.

UM CHAMADO PARA A HUMANIDADE

Em uma declaração sobre o propósito e a filosofia da Organização das Nações Unidas para a Educação, a Ciência e a Cultura (Unesco), o Professor Julian Huxley, então seu Diretor-Geral, escreveu:

> Em geral, a educação deve prestar especial atenção para que os campos limítrofes, especialmente aqueles negligenciados pela ciência ortodoxa ou organizada, sejam devidamente explorados. Por exemplo, podemos tomar o que agora é geralmente parapsicologia, o estudo de propriedades incomuns e no momento cientificamente inexplicáveis da mente, como percepção extrassensorial de vários tipos. As pesquisas meticulosas de um ou dois trabalhadores recentes neste campo impopular parecem ter estabelecido a realidade de algum grau não só do conhecimento extrassensorial, mas também da pré-cognição. É urgente que esses fenômenos sejam profundamente investigados, para que um novo e mais abrangente quadro científico de conhecimento possa ser estabelecido.
>
> Tomemos um exemplo um pouco diferente: o controle surpreendente que, em virtude de técnicas e exercícios elaborados, os iogues hindus e outros místicos são capazes de exercer tanto sobre suas funções corporais quanto

sobre seus estados mentais. Os fatos gerais são indubitáveis, mas nem os mecanismos fisiológicos e psicológicos envolvidos nem as implicações científicas gerais são compreendidas.

Pareceria desejável que fossem feitos estudos cuidadosos dos fenômenos por fisiologistas e psicólogos treinados, incluindo alguns dispostos a se submeter ao treinamento eles próprios. Nem todos seriam adequados para esta longa provação; mas os resultados devem ser da maior importância, não apenas para ampliar nosso conhecimento científico, mas também para tornar a obtenção da satisfação espiritual da chamada experiência mística mais amplamente disponível para homens e mulheres de todos os países.

PERCEPÇÃO INTUITIVA – A NOVA FACULDADE

A experiência mística a que o professor Huxley se refere é menos objetiva em termos de percepção extrassensorial e muito mais subjetiva do que a clarividência e a clariaudiência. A intuição é definida como a cognição imediata e completa, a compreensão tácita de qualquer objeto ou verdade, a percepção sem raciocínio, o elo entre o conhecimento filosófico antigo e moderno. Outras formas de intuição se manifestarão à medida que a evolução avançar. Elas consistirão em extensões de experiências bastante comuns, como o surgimento espontâneo de ideias esclarecedoras na mente e a descoberta da soluções para problemas específicos com os quais nos preocupamos. Embora a intuição até agora tenha sido considerada como não passível de se adquirir por meio de treinamento, essa visão parece poder mudar, pois escolas norte-americanas (e sem dúvida em outros lugares) já estão planejando métodos para promover essa faculdade, da qual alguns estudantes têm demonstrado ser naturalmente dotados.

Uma visão teosófica é que a intuição surge no sexto princípio ou Natureza-Cristo no ser humano, a sede de sua sabedoria espiritual e sua consciência da unidade com a vida inerente e intrínseca a todos os seres e formas. Neste momento, esse veículo parece estar passando por um desenvolvimento que provavelmente o tornará cada vez mais eficaz como instrumento de cognição e pesquisa. Os lentos processos de observação física e classificação, análise mental, dedução e indução se tornarão cada vez menos necessários para a obtenção do conhecimento, pois aqueles que possuírem uma intuição suficientemente desenvolvida serão dotados de uma visão implícita instantânea de cada primeira verdade. Em raças posteriores, essas faculdades clarividentes e intuitivas serão usadas de forma tão consciente e totalmente controlada como são agora os cinco sentidos da mente.

O NOVO PODER – O FOGO SERPENTINO

A força até então relativamente latente no corpo físico do ser humano, intimamente associada a esse desenvolvimento, parece também estar despertando para a atividade neste momento. Como vimos, ela é referida na literatura hindu pelo nome de *Kundalinī*, o poder que se move em um caminho serpentino, também conhecido como O Fogo Serpentino.

A evolução do ser humano está, assim, intimamente associada ao despertar e à atividade desse poder oculto em seu interior, pois, à medida que a sexta e a sétima raças humanas aparecem na Terra, a *Kundalinī* irá, de forma natural e gradual, despertar, vitalizar e tornar hipersensíveis órgãos cranianos apropriados, principalmente as glândulas pituitária e pineal, mas também todo o cérebro. O sexto e o sétimo sentidos, a clarividência e a clariaudiência, serão então adicionados aos cinco sentidos atuais. Algumas das faculdades resultantes serão: clarividência positiva no tempo, distância e magnitude; visão geométrica, ou perspectiva geral de "todos os lados"; clariaudiência; e viagens superfísicas. A estes será adicionado o poder de perceber intuitivamente e, então, passar pelo "portal da quietude" para a unidade com a vida oculta em todas as formas da Natureza, para compreender suas atividades misteriosas. Isso trará serenidade, felicidade e bem-aventurança suprema. A união de tempo e espaço será experimentada como implícita e tudo será conhecido como aqui e agora, no "momento sempre presente". A ilusão básica que o ser humano tem de si mesmo como "outro" que não o Universo será dissipada, uma vez que cada pessoa abraçará o Cosmo em sua totalidade. O motivo mais importante para viver será viver para os outros, para todos. O Universo será experimentado como realidade absoluta e indiferenciada, um todo interdependente.

UMA ADVERTÊNCIA E ALGUMAS ORIENTAÇÕES SOBRE A MOTIVAÇÃO

Todos os alunos estão aqui seriamente alertados contra as tentativas de despertar o Fogo Serpentino na ausência de um Mestre espiritual. Eles são, entretanto, lembrados da máxima oculta: "Quando o aluno está pronto, o Mestre aparece." Outras condições sob as quais tal desenvolvimento oculto pode ser realizado com segurança são: um motivo altruísta – saber mais a fim de servir com mais eficácia; sinais de um dom natural; orientação de um professor; um corpo forte e saudável, com emoções controladas; uma mente estável e circunstâncias, especialmente obrigações, que permitem e indicam o caminho. Sem essas salvaguardas, tais perigos podem ser encontrados como autoengano, orgulho, desejo de lugar e poder (talvez o perigo mais grave), sensualidade acentuada, falta de discrição, colapsos nervosos e distração do verdadeiro objetivo mais elevado da vida espiritual, que é experiência direta da unidade da vida em todos os seres e em todas as coisas.

Evitados esses perigos, o desenvolvimento dos poderes suprasensoriais pode ser realizado com segurança pela meditação regular e pelo refinamento do corpo (particularmente com uma dieta vegetariana e a abstenção de álcool e narcóticos). Todas as experiências e descobertas ocultas devem, entretanto, ser severamente testadas com as demandas da lógica e dos fatos estabelecidos, de acordo com o método científico de observações e experimentos revisados, objetivamente registrados, com absoluta honestidade e sem medo de favorecimento.

A VERDADEIRA VISÃO

A obtenção de poderes suprasensoriais por si só não deve, em hipótese alguma, ser um fim em si mesma, pois a vidência é apenas incidental à espiritualidade. A visão mais elevada é a unidade, o motivo mais elevado é servir e o maior poder que o ser humano pode obter é efetivamente elevar, iluminar, ensinar, curar e servir ao próximo. No entanto, o caminho do conhecimento direto existe. A *Kundalinī* pode ser despertada e pode conceder poderes sobrenaturais, os quais poderão então ser usados de forma valiosa em busca de experiência direta. Existe uma maneira de escapar da rede do transitório para a liberdade da vida eterna. Há uma vida em que as flutuações dos assuntos terrenos são de menor importância que uma brisa passageira. Há uma luz pela qual todas as coisas podem ser percebidas de acordo com os verdadeiros valores e em perspectiva perfeita, conferindo paz e felicidade inabaláveis, que nenhuma adversidade pode destruir.

Realização, autodesenvolvimento, iluminação, poder para elevar e curar e, acima de tudo, um propósito magnífico na vida – tudo isso aguarda a pessoa de mente determinada e sem preconceitos, de coração altruísta, que busca a verdade e aspira a servir. É verdade que grandes poderes estão latentes no ser humano e que eles continuamente, embora gradualmente, despertam da latência para a potência; as possibilidades evolutivas e o futuro da humanidade são inteiramente ilimitados, como disse Wordsworth, falando muito teosoficamente:

> Nosso destino, o coração e lar de nosso ser
> Está na infinitude e somente aí.

Harold Begbie escreveu: "O avanço da humanidade não é para o mistério dos mecanismos e dos elementos, mas para o autodomínio. O campo de investigação é a consciência, o destino da raça é espiritual e a única felicidade possível aos filhos dos homens é a felicidade do coração."

A compaixão é de fato a característica marcante do ser humano avançado, e essa ideia é belamente expressa no seguinte poema:

> O verdadeiro cidadão da Nova Era,
> deixará a compaixão controlar até
> os detalhes de sua vida diária.
> Ele se esquivará de prejudicar
> qualquer coisa que respire,
> porque aceitará a Lei do
> Parentesco de tudo que vive.

(b) O CAJADO DE MOISÉS SE TRANSFORMOU NUMA SERPENTE[114]

Êxodo 4:1. Respondeu Moisés: Mas eis que não acreditarão em mim, nem ouvirão a minha voz, pois dirão: Iahweh não te apareceu.

2. Iahweh perguntou-lhe: Que é isso que tens na mão? Respondeu-lhe: Uma vara.
3. Então lhe disse: Lança-a na terra. E ele a lançou na terra, e ela se tornou em cobra; e Moisés fugiu dela.
4. Disse Iahweh a Moisés: Estende a mão e pega-a pela cauda. Ele estendeu a mão, pegou-a pela cauda, e ela se converteu em vara.

Neste capítulo, o símbolo da serpente é mais uma vez introduzido na narrativa para desempenhar um papel inteiramente "sobrenatural". Um cajado nas mãos de Moisés é usado pelo Senhor para se transformar em uma serpente e, de volta, novamente em um cajado. Uma revelação muito profundamente oculta, naquela época completamente confinada aos Santuários, é feita neste capítulo; o meio real é revelado, o meio pelo qual a alma (ou o númeno) tanto do Universo quanto do ser humano é liberada do enredamento na matéria.

O símbolo da serpente é passível de muitas interpretações, exotéricas, esotéricas e ocultas. Em geral, é o símbolo da sabedoria e dos Sábios, que na Linguagem Sagrada são frequentemente chamados de serpentes. Os *Nāgas* da literatura hindu não são outros senão os antigos *Rishis*, iogues liberados ou Adeptos. A serpente é escolhida como símbolo da sabedoria por vários motivos. Ela desliza secretamente e geralmente não é vista, assim como a sabedoria (seja revelada do Alto ou inata) é um Poder Oculto potente, tanto para iluminar, se corretamente empregada, quanto para destruir, se mal utilizada. A suave sinuosidade da cobra e de seus movimentos retrata de maneira adequada a autoexpressão harmoniosa e rítmica da sabedoria tanto no Universo quanto no ser humano em que está desperta e se movendo. Ele é iluminado do interior, ou secretamente.

---

[114] HODSON, Geoffrey. Brasília: Ed. Teosófica, 2018. (Nota Ed. Bras.)

A serpente troca regularmente sua pele. Apesar dessa mudança sazonal, o réptil permanece o mesmo, mas aparece num envoltório novo e reluzente. Assim também a sabedoria, embora permaneça sempre a mesma em essência, manifesta-se em formas sempre novas, nenhuma sendo capaz de se manter permanentemente. A língua da serpente é bifurcada ou bipolar; assim também é a sabedoria, sendo passível de degradação, como a baixa astúcia empregada para motivos mesquinhos, ou de elevação, como a intuição elevada de acordo com ideais altruístas. O veneno da cobra pode destruir ou curar, de acordo com o seu uso e dosagem. Assim também é a sabedoria, que quando degradada envenena a alma, mas que, quando usada corretamente, é um antídoto para muitos males.

Os olhos da serpente são constrangedores, até mesmo hipnóticos. A sabedoria, uma vez desperta em um indivíduo, não tolera nenhuma resistência, rompe todos os laços, e finalmente governa com um poder impulsionador. Os Sábios também são irresistíveis em seu poder, embora pareçam humildes e não reivindiquem alta consideração. No entanto, eles vivem perto da Fonte da Vida, assim como a serpente vive perto das raízes e sementes dos seres vivos.

Quando a cauda da serpente está em sua boca um círculo sem fim é formado, denotando a eternidade da sabedoria, até mesmo na própria Eternidade. Esotericamente, porém, os processos da cosmogênese são indicados pela união de um positivo e um negativo simbolizados, ou seja, pela entrada da cauda na boca. Todos os processos geradores são, de fato, indicados nessa forma, o que leva ao significado profundamente oculto da serpente — a saber, como um símbolo da força vital universal, divina, criativa e sempre ativa. Este é *Fohat* em sua polaridade dupla, às vezes simbolizado não como uma serpente com a cauda na boca, mas como duas mutuamente entrelaçadas. Aqui as leis da eletricidade, sob as quais todos os processos formativos ocorrem, são indicadas.

A força motriz do interior, que leva à atividade inicial nas formas orgânicas e à afinidade química nas formas inorgânicas, é de fato bipolar. A adequação da escolha da serpente como símbolo desse poder parece ser sustentada pelo fato de sua língua ser bifurcada. Assim é feita uma referência às correntes positivas e negativas da Grande Respiração, continuamente exaladas como *Fohat* em cada átomo de cada mundo, para se tornar onipresente e perpetuamente ativa em todo o Universo. Este fato foi oculto e revelado em alegorias antigas, nas quais Júpiter e outras divindades criativas masculinas se transformaram em cobras com o propósito de seduzir deusas; sua progênie foram os semideuses, muitos dos quais mais tarde alcançaram a deificação completa.

Uma serpente com a cauda na boca, duas serpentes entrelaçadas ou uma serpente envolvendo uma vara, bastão ou coluna — todas simbolizam a energia elétrica de *Fohat* em ação no Universo material e, portanto, no ser humano, o templo microcósmico do Universo.

No ser humano, o cajado se refere tanto à medula espinhal como a um canal etérico e suprafísico em seu centro, passando da raiz da medula no sacro, ao longo de todo o seu comprimento, e na *medula oblongata* e no cérebro. Este canal é o veículo para a força vital primordial, uma medida da qual atua de cima para baixo no ato gerador. A corrente é unipolar, ou mesmo de polaridade neutra, uma vez que produz os seus efeitos tanto no organismo masculino quanto no feminino. O nome oculto e histórico para este canal é *Sushumnā*, mas geralmente o nome só é usado quando, por meios ocultos, a força neutra é feita para atuar não para baixo, mas para cima ao longo da medula espinhal. Antes que tal reversão do fluxo de energia originadora possa ser alcançada, as correntes positiva e negativa devem ser despertadas; elas mesmas, como serpentes gêmeas, fluem para cima, entrelaçando-se enquanto induzem uma ascenção da energia neutra que as acompanha. Entrando no cérebro, este poder tríplice ilumina de tal forma a mente do ser humano que ele se torna, figurativamente, um deus possuidor de poderes teúrgicos. Este fato é revelado no Gênesis, Capítulo Dois e Três, onde um homem e uma mulher, Adão e Eva, representam as correntes opostamente polarizadas; a árvore do conhecimento do bem e do mal (especialmente o tronco) corresponde ao bastão ou cajado, e a serpente tentadora à *Sushumnā*. Assim, Adão e Eva são proibidos de comer do fruto desta árvore, uma vez que ao fazê-lo eles se tornariam como que deuses. As vibrações intensamente aumentadas do cérebro, das glândulas, das células e da substância aérea nos ventrículos fazem com que o cérebro e o crânio se tornem responsivos à vida e à consciência Egoica e monádica. O espírito então predomina no indivíduo; a matéria perde seu poder. Simbolicamente, por meio de uma serpente e um cajado intercambiáveis, os israelitas são libertados da escravidão no Egito.

No versículo três do Quarto Capítulo do Livro do Êxodo foi dada a ordem de lançar o cajado no chão, e após isso ele se tornou uma serpente. O eixo de fogo Átmico, que forma o núcleo da força que atua ao longo de *Sushumnā*, é trazido para o nível físico mais denso, ou simbolicamente é lançado ao solo. Quando isso ocorre, a força vital positiva-negativa residente no sacro é despertada para a atividade. Cada polaridade segue um caminho sinuoso e mutuamente entrelaçado ao redor do canal *Sushumnā*. Declarado simbolicamente, o cajado se torna a serpente.

Este processo não deixa de produzir um certo choque e alguma dor. O Iniciado se encolhe momentaneamente, mas ainda persiste. Portanto, Moisés primeiro foge da serpente. Quando, entretanto, ele une sua vontade com a do próprio Hierofante e sublima a força criadora, forçando-a a fluir para cima a partir da pélvis, ela se torna, em suas mãos, o cajado de poder do mago. Simbolicamente, como no versículo quatro, Moisés pega a serpente pela cauda e ela se torna um cajado em sua mão.

Como retratado na arte egípcia, onde as serpentes estão entrelaçadas em torno de bastões ou cajados, a cauda está embaixo, ou seja, no sacro. A cabeça da serpente está na extremidade superior, onde frequentemente uma flor de lótus está florescendo. Este também é um símbolo usado universalmente. A abertura dos centros de força nos corpos suprafísicos, consequência do despertar e do fluxo ascendente do Poder Serpentino, é representada por tais emblemas. Os nomes ocultos históricos para as correntes positivas e negativas são *Pingalā e Idā, e o triplo fluxo ascendente é mais perfeitamente revelado pelo símbolo grego do Caduceu.*

O *ureu* egípcio (como na ilustração a seguir), usado na cabeça das divindades e faraós, e as duas deusas Uatchit e Nekhebit aqui retratadas são exemplos significativos da revelação egípcia e da ocultação do Fogo Serpentino ascendente da medula espinhal.

Em *The Secret Wisdom of the Qabbalah*, pp. 72-73, J.F.C. Fuller escreve: "Para o estudante de Ocultismo, será evidente que essas duas árvores (a Árvore do Conhecimento do Bem e do Mal e a Árvore da Vida) se assemelham muito à letra Shin, e também o Caduceu de Hermes com sua haste central e suas duas serpentes entrelaçadas, e, ainda, o *Idā*, *Pin-*

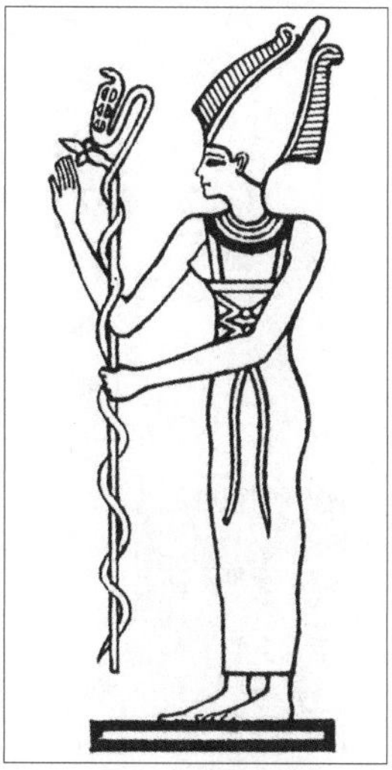

A DEUSA NEKHBET

A DEUSA SEKHET

A DEUSA UATCHIT

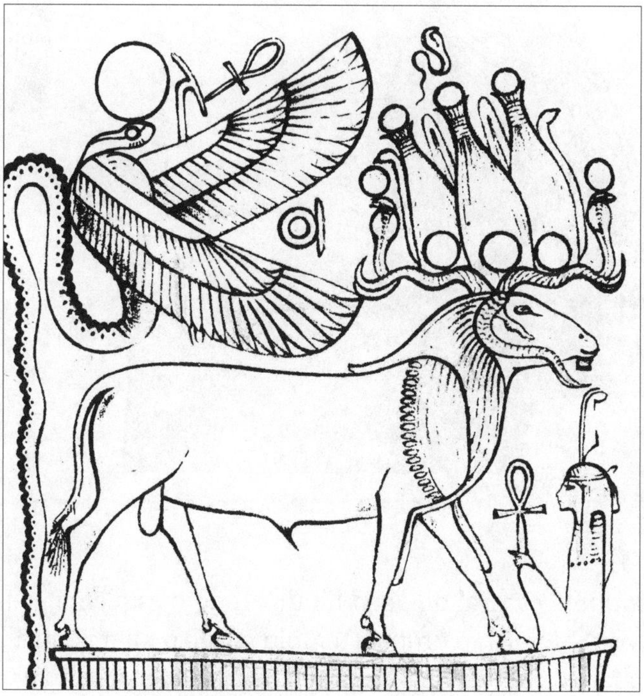

SÍMBOLOS EGÍPCIOS DO CARNEIRO CHIFRUDO E A SERPENTE COROADA COM O SOL, A *KUNDALINĪ*

A DEUSA EGÍPCIA ÍSIS

galā e *Sushumnā* central do *Yoga* hindu. Todo o esquema é simbolizado no Templo de Salomão, o próprio templo sendo o pilar central, enquanto seus dois pilares, *Yakin* e *Boaz*, o branco e o preto, o direito e o esquerdo, representam a Árvore do Conhecimento do Bem e Mal, as forças complementares e eternas na vida, sem as quais nada pode existir. Esse simbolismo é demasiado antigo; assim, na mitologia nórdica, encontramos a árvore mística *Yggdrasil*, cujas raízes estão no mundo material e os ramos alcançam *Asgard*, a feliz morada dos deuses. Mais uma vez, entre os acádios, caldeus e babilônios, encontramos a Árvore do Mundo, ou a Árvore da Vida, que 'se encontra a meio caminho entre a Profundidade e *Zikum*', o céu primordial acima. Na mitologia hindu também existe a Árvore da Vida (o *Ashvatta*), e no Budismo a Árvore *Bodhi*, ou Árvore da Sabedoria, sob a qual o Buda sentou-se em meditação."

Hermes é o Moisés dos gregos, no sentido de que ele é tanto o mensageiro de Deus ao homem, em virtude de segurar em suas mãos o Caduceu (assim como Moisés segurava em sua mão o cajado) quanto o libertador de Perséfone do Hades, da mesma forma que Moisés libertou Israel da escravidão no Egito. Segurar o Caduceu (ou bastão, ou serpente) na mão é, em si, um símbolo que implica o domínio de um poder, bem como a posse do conhecimento e da habilidade em seu emprego.

A transmutação do cajado em serpente, note-se, só poderia ocorrer sob o comando da Divindade e por Seu poder mágico. Na verdade, a descida do *Ātmā* Monádico por todos os veículos, descendo pela medula espinhal até o sacro, é essencial para o despertar prematuro[115] e pleno do Triplo Fogo criativo, sua sublimação bem-sucedida e seu uso como ferramenta mágica. Trazer esse poder de *Ātmā* para baixo é uma parte do ofício do Hierofante dos Mistérios Maiores. Como logo após uma nova vida é iniciada, o ato sempre foi corretamente denominado Iniciação. O Iniciado é aquele em quem foi despertado o poder de se libertar das limitações da matéria, do desejo e da separatividade do eu para a liberdade da consciência, da vida e poder universais. Isso é parte do significado interno da estranha história do poder mágico com o qual Moisés superou a resistência do Faraó à partida dos israelitas.

Nas primeiras três fases e meia de todos os ciclos, esse poder leva a vida e a consciência para baixo, na matéria, na geração e na vida orgânica, para gerar atividade. Portanto, é apresentado como o mal, ou contrário ao bem supremo. Temporariamente é assim, visto que o espírito puro, a vida imaculada e a consciência inocente se tornam "manchadas" e conscientes da paixão, como resultado da descida inspirada pela ser-

[115] Em comparação com o tempo da evolução normal.

pente. Em última análise, no entanto, a mesma força libera o espírito, a vida e a consciência, individualizados como ser humano, das garras e manchas da vida material e dos processos físicos geradores.

No jardim do Éden, representando o período do arco descendente, a serpente é o diabo e suas tentações levam ao ato gerador, à perda da inocência e ao banimento do Éden. No Iniciado e no Adepto (tipificado por Moisés e Cristo), a força da serpente, transmutada e espiritualmente empregada, torna-se o poder redentor. Esta, em parte, é a revelação do símbolo da serpente no Livro do Êxodo; representa os agentes criadores e redentores (as serpentes escuras e claras do Caduceu) na Natureza e no ser humano.

Uma incursão na fisiologia oculta é necessária para uma exposição deste assunto, como simbolizado pela serpente e o cajado mutuamente intercambiáveis, pois o cajado, por sua vez, tem seu significado específico na Língua Sagrada. No Universo, é o pilar *fohático* ou o poder formativo atual pelo qual o Universo é criado e sustentado. É um pilar menos em sua forma do que em sua função de suporte de um bastão ou cajado quebrando em uma folha ou flor, como retratado nas Cartas de Tarô e na alegoria de Tannhauser. Quando esse processo for totalmente realizado, a natureza inferior estará sujeita à superior; os veículos da consciência reconhecem o domínio do Ser Superior. Isto é afirmado simbolicamente em Êxodo 7:5, em que é prometido o reconhecimento, pelos israelitas, de que Moisés é divinamente inspirado.

> Êxodo 7:10 Moisés e Arão foram ao Faraó, e fizeram como ordenara: lançou Arão a sua vara diante do Faraó e diante de seus servos, e ela se transformou em cobra.

Como sempre, o domínio da força criadora e o cumprimento totalmente fiel e isento de dúvidas dos mandamentos do Deus interno constituem o teste e a marca da humanidade verdadeiramente iluminada. A sublimação da energia geradora na medula espinhal ou “cajado”, e o cumprimento fiel do dever, são os dois pilares do portal pelo qual todo Iniciado deve passar, antes que ele receba e seja capaz de ratificar seus poderes de Iniciado. Quando esses dois são conjugados em qualquer pessoa, então, de fato, ela é estável ante cada tempestade e é como uma rocha em sua forte e inabalável adesão à lei espiritual.

Êxodo 7:11 O Faraó, porém, convocou os Sábios e os encantadores de cobras. Ora, também eles, os magos do Egito, também eles, com suas Ciências Ocultas, fizeram o mesmo.

Assim como o diabo cita as Escrituras para seus próprios objetivos,[116] o mundo e a carne, representados pelo Faraó, produzem um *māyā* para resistir e prender o embaixador da Verdade com sua mensagem de libertação.

Êxodo 7:12 Pois lançou cada um a sua vara, e elas se tornaram cobras. Mas a vara de Arão engoliu a vara deles.

O próprio corpo realiza um ato mágico sempre que o poder criativo é exercido. A medula espinhal é o veículo para esse poder e, portanto, pode-se dizer que ela se torna temporariamente uma serpente. Sublimada, no entanto, como por Moisés-Aarão, representando a personalidade-Ego Iniciada, a expressão procriadora do poder é renunciada e a própria força voltada para cima, para propósitos espirituais, principalmente o de autolibertação da ilusão da separatividade do eu e dos apetites da carne. O desejo morre quando ocorre a transmutação. A procriação cessa para o mago que emprega a mesma força criadora, e seu veículo cérebro-espinhal, como seu agente para fins ocultos e espirituais.

"*Daemon Deus inversus est*".[117] A energia una é suscetível tanto ao mau uso quanto ao uso correto, mas no último a primeira é renunciada ou "engolida". Os mundos inferiores e o homem inferior refletem respectivamente os mundos superiores e o Ego do homem, com bastante fidelidade no que diz respeito à sua constituição geral. Quando, entretanto, a mente humana está ativa, a distorção se torna possível e pode constituir um verdadeiro perigo para a alma. É esta distorção e degradação do Divino na Natureza e no ser humano que é o erroneamente chamado de "pecado imperdoável", particularmente no que diz respeito à força vital – o Fogo Serpentino cósmico e criativo. Esta é a verdadeira e única "queda" do ser humano, não a descida natural e inevitável do espírito na matéria. Tampouco o é o avanço da humanidade infantil para

[116] Mateus 4:6.

[117] O diabo é Deus invertido.

o conhecimento adulto dos chamados bem e mal, que são termos relativos, especialmente quando aplicados a processos evolutivos e experiências no caminho para a sabedoria. A verdadeira queda é a degradação deliberada e contínua, para propósitos grosseiramente animalescos e satânicos daquilo que é divino e sagrado. Como declarado, isso se aplica especialmente à força vital, e é um erro no qual a humanidade caiu gravemente, com grande prejuízo.

CAPÍTULO 3

A VIDA, OS TRABALHOS E A ASCENSÃO DE HÉRCULES

(a) Introdução aos Doze Trabalhos
(b) O "estado de berço"
(c) Os Doze Trabalhos de Hércules:
  A execução do Leão de Nemeia
  O abate da hidra de Lerna
  A captura da corça de Cerineia
  A captura do javali de Erimanto
  A limpeza dos estábulos de Áugias
  A destruição das aves do Estínfale
  A captura do touro de Creta
  As éguas do Rei Diomedes
  O cinturão dourado de Hipólita
  Os bois de Gerião
  As maçãs douradas das Hespérides
  O transporte de Cérbero do Hades para Euristeu
(d) O resgate de Teseu
(e) Alegorias na vida de Hércules
(f) A morte flamejante e a ascensão ao Olimpo

INTRODUÇÃO AOS DOZE TRABALHOS

As narrativas de cada um dos Trabalhos de Hércules aqui interpretadas são um tanto simplificadas, uma vez que diversas fontes contêm versões diferentes. Os principais eventos, particularmente aqueles que têm referências veladas à Sabedoria Oculta, são registrados com a maior precisão possível.

A invencibilidade, invulnerabilidade e força muscular extrema de Hércules, e especialmente seu controle e estrangulamento das serpentes que o atacaram em seu berço, juntamente com os seus outros atributos heroicos – a humildade, por exemplo – indicam que ele representa um ser humano em alguns aspectos, mas não em todos, e que já está consideravelmente avançado ao longo da Senda Acelerada de Aperfeiçoamento. As suas fraquezas, por sua vez, demonstram que o grande "objetivo" da masculinidade perfeita ainda não havia sido alcançado.

Se esta abordagem for aceitável, então seus Trabalhos, outras ações e experiências heroicas pelas quais ele deve passar conforme ascende ainda mais na escada do desenvolvimento humano, do homem rumo ao Adepto, podem muito bem ser abordados como contendo e transmitindo orientação valiosa para cada indivíduo que jurou alcançar as alturas ocultas espirituais o mais rápido possível, e que, como Hércules, está preparado para pagar qualquer preço exigido em consequência. Hércules, aplicando este ponto de vista, passará, então, a ser considerado um membro Iniciado dos Antigos Mistérios, fundados por Adeptos, com o propósito de fornecer a cada aspirante sincero o apoio e a orientação que o ajudará no cumprimento de seu elevado ideal.

Conforme ensinado, a primeira e mais potente necessidade para a aceitação em um Templo dos Mistérios e para o sucesso nele é, *acima de todas as outras qualidades, o motivo pelo qual o aspirante é movido. Sem exceção, este deve ser sempre o bem-estar da raça humana, em nome da qual o Iniciado está abnegadamente comprometido.*

É interessante, portanto, descobrir que cada um dos Trabalhos de Hércules foi realizado não apenas como um ato de penitência com seu significado místico, *mas em cada caso para o bem-estar de outros, sob risco, muito alto em cada um dos casos, de perda de sua própria vida*, salvo talvez no quinto trabalho, A Limpeza dos Estábulos de Áugias.

Cada um dos doze Trabalhos, ou pelo menos quase todos eles, podem assim ser considerados como uma descrição alegórica das experiências – em grande parte de âmbito interior – pelas quais cada Iniciado deve passar ao trilhar a antiga Senda para a Perfeição ou, em termos budistas, para buscar "entrar na corrente e alcançar a outra margem".

Euristeu, então, pode muito bem ser considerado como retratando o Hierofante que guia o aspirante em cada fase de desenvolvimento ou

"Grau" e concede a ele as Iniciações sucessivas que conduzem da humanidade à super-humanidade. No âmbito interno, porém, o Rei representa o Ser Superior no aspirante.

A ação aparentemente cruel e viciosamente ciumenta de Hera, em sua tentativa de levá-lo à loucura, pode talvez ser parcialmente interpretada como a personificação da lei de causa e efeito ou *karma*, assim como sua operação sobre o aspirante, que também desejou "pagar todas as dívidas" o mais rápido possível, de modo que a grande consumação pudesse ser alcançada.

Devemos lembrar que a insanidade imposta, ou a condição de "enfeitiçado", embora conduzisse aos crimes mais graves, foi, no entanto, a única condição que levou Hércules a decidir – sob a orientação da Sacerdotisa de Delfos – render-se a qualquer serviço que o Rei Euristeu pudesse lhe exigir. Assim, embora a princípio a loucura tenha sido de fato uma tragédia, na verdade ela levou a atos de grande heroísmo e ao bem-estar para as populações daquelas regiões. Não pode ser verdade, além disso, que, com um remorso profundamente sentido, uma determinação de não pecar mais e de ascender a alturas onde o pecado fosse impossível, a suposta loucura (ou feitiço), com seus trágicos resultados imediatos, se tornasse uma bênção final disfarçada? Sem ela, os Trabalhos não teriam sido Iniciados.

Mesmo considerada de outra forma, poderia a "loucura", com a extrema barbárie a que levou, também ser lida como um aviso contra levar até mesmo o idealismo a extremos além do nível da razão, como ainda ocorre com os seres humanos (como, por exemplo, a negligência de responsabilidades existentes, inclusive para com a sua casa e sua família)?

O "ESTADO DE BERÇO"

A história de vida de Hércules pode ser interpretada como uma descrição das experiências de cada neófito que trilha com sucesso a Senda Acelerada para o Adeptado. Essa conquista é alegoricamente retratada como uma "morte flamejante", que para o herói levou à transmutação de todas as limitações mortais da personalidade humana e a consequente ascensão ao Olimpo, o lar dos deuses, o estado do Adeptado. Muita inspiração e muitos avisos são disponibilizados no mito clássico para todos os que, como Hércules, embarcam na grande busca ou empreendem emblematicamente os Doze Trabalhos. A perseverança para isso é indicada pela notável "experiência do berço", pois a criança no berço simboliza a pureza completa, ou um estado de consciência infantil.[118] A história, portanto, de forma apropriada e correta, começa com Hércules em seu berço.

Outros sinais são incluídos, sugerindo que o conhecimento oculto está prestes a ser revelado, pois, quando usados na linguagem da alegoria e do símbolo, serpentes, seres serpentinos, dragões e criaturas semelhantes a dragões representam a força mais profundamente escondida e potencialmente poderosa – uma força que é muito perigosa (daí sua ocultação) tanto na própria Natureza quanto em todos os seres conscientes, humanos e sub-humanos. Como sugerido ao longo deste trabalho – particularmente nas observações pessoais do autor – esta força é o poder cósmico gerador por meio do qual o próprio Universo, bem como tudo o que ele contém, é trazido à existência objetiva, ou "criado". Em animais e seres humanos, ele se manifesta em uma forma semelhante à do desejo sexual, e é denominado em sânscrito *Kundalinī Shakti*.[119]

O domínio completo dessa força é indicado ao estudante de simbologia pela afirmação de que, quando um bebê em seu berço, Hércules foi atacado por duas serpentes e facilmente exerceu controle sobre elas, agarrando uma em cada mão e depois destruindo-as.

O Fogo Serpentino ou *Kundalinī* é composto de três correntes de energia, duas das quais se "enroscam" em torno da terceira, esta última em uma relação vertical com as duas, como no Caduceu de Hermes, os tridentes do Senhor Shiva, Poseidon e outras deidades, e o coração do símbolo moderno da profissão médica. Hércules segurou uma serpente em cada mão, com sua coluna vertebral completando a simbologia tripla. Por conseguinte, nenhum perigo ameaçava a criança enquanto ela entrava em uma vida que a levaria, através de muitas experiências dramáticas, à ascensão ao Olimpo, ao "céu" ou ao estado de Adepto imortal.

---

[118] Mateus 18:3: "Se não vos tornardes como as crianças (...) de modo algum entrareis no Reino dos Céus."

[119] Ver Capítulo 2.

O mito de Hércules, como se pode supor, é um exemplo da interferência de Sábios Iniciados[120] da Sabedoria Oculta numa coleção de imagens populares, retratadas numa narrativa mitológica que narra as façanhas de uma figura heroica fabulosa. As características puramente humanas (principalmente as fraquezas graves, sempre seguidas de arrependimento), os poderes heroicos sobre-humanos, que alegoricamente descrevem as fases de desenvolvimento e as conquistas, as fantásticas aventuras em que esses poderes encontraram expressão – tudo isso constitui um típico conto de fadas, por meio do qual pessoas não treinadas criaram e relataram as histórias que formaram, em grande parte, a mitologia mundial.

Como sugerido anteriormente, evidências do uso dessa imaginação criativa como veículo para a transmissão de conhecimento oculto são com frequência indicadas principalmente em façanhas em que, por exemplo, criaturas semelhantes a dragões ou em forma de serpente aparecem. Quando, *apesar de possíveis mudanças ao longo do curso do tempo, nota-se com precisão que tais elementos revelam*, por meio de símbolos, referências bastante *exatas* a certos poderes específicos da Natureza e da humanidade avançada, a hipótese de que tais histórias servem para a transmissão de conhecimentos que concedem poder deixa de ser uma sugestão, tornando-se um fato estabelecido e até mesmo comprovado.

O infante, a criança e o jovem são, arrisco a repetir, com frequência usados como descrições simbólicas da condição de consciência e do grau de avanço evolutivo daqueles que são considerados dignos de serem receber um conhecimento que os dota de poder; pois a pureza, o altruísmo e a ausência de intenção voltada para benefício próprio devem ser características de alguém digno de receber um conhecimento superior e o poder sobre-humano que sua posse confere. Assim, o bebê Hércules, quando atacado por duas serpentes perigosas, facilmente e sem medo as agarra e destrói.

Aqui o perigoso (mas também benéfico) poder oculto da *Kundalinī* parece ser retratado, especialmente quando alguém no estado de criança é abordado por duas serpentes, indicando a corrente dupla que se enrola em um caminho central – a coluna vertebral. A compreensão

---

[120] Sábios Iniciados: sete instrutores extremamente sábios, que de acordo com Diógenes Laércio, foram Tales, Sólon, Quilão, Pítaco, Bias, Cléobulo e Periandro.

destemida e o domínio de Hércules indica o controle da força interior, de outra forma perigosa. Esse ponto de vista é apoiado pela habilidade de Hércules, à vontade e ileso, descer ao submundo (Hades) e retornar de lá, trazendo à superfície e ao seu mestre da realeza o cão guardião com crina e cauda de serpente (Cérbero). Este desenvolvimento oculto e outros atributos incomuns levaram-me a interpretar os Trabalhos de Hércules como alegoricamente descritivos de fases de desenvolvimento espiritual e dos poderes supranormais resultantes.

O PRIMEIRO TRABALHO
A execução do Leão de Nemeia

O primeiro monstro que Hércules teve que exterminar foi o Leão da Nemeia, que despovoou a vizinhança – uma besta que nenhuma arma podia ferir, cuja pele o Rei Euristeu ordenou que ele trouxesse de volta. Hércules tentou em vão perfurar a besta com suas flechas. Ele então segurou-o com as mãos e finalmente o estrangulou com seu poderoso aperto. Também removeu a pele do leão e dela fez uma vestimenta que o tornou invulnerável. Voltou então para Micenas (Tirinto, em algumas histórias) com seu troféu.

Cerca de três anos depois de seu casamento com sua amada esposa, a princesa Mégara, com quem teve três filhos, Hércules perdeu a razão, enlouquecido por ação da deusa Hera. Depois de se recuperar, ele soube de seus atos terríveis por meio de Anfitrião: o assassinato da esposa e dos três filhos. Então disse: "Eu mesmo sou o assassino de meus entes queridos. Hei de me vingar de mim mesmo por essas mortes." Antes que ele pudesse fazer isso, porém, seu propósito mudou milagrosamente.

Depois de muito sofrimento, Hércules consultou o Oráculo em Delfos, onde a Sacerdotisa lhe disse que somente uma terrível penitência poderia purificá-lo totalmente. Ela o aconselhou a visitar seu primo, o Rei Euristeu de Micenas,[121] e se submeter a tudo o que fosse exigido dele. O Rei então aconselhou uma série de penitências, as tare-

[121] A própria Micenas é passível de pelo menos duas, senão mais interpretações. Uma delas é o Templo dos

fas conhecidas como os Trabalhos de Hércules. Eram doze, e cada uma era considerada quase impossível de realizar.

O leão há muito é considerado o maior (o rei) de todos os animais da Terra. Interpretado como um aspecto da natureza humana, representa o leão interior, sendo o próprio Trabalho um conflito interno – os elementos leoninos de ferocidade extrema e normalmente irresistível, os desejos animais e a completa posse e governo da sua terra de origem e da sua vida. Essas são as características que podem se tornar embutidas na personalidade, conforme a Mônada evolui ao longo do reino animal para o humano.

No ser humano esses atributos se mostram os menos desejáveis, e um dos trabalhos mais difíceis é conquistá-los por completo, erradicá-los e transformá-los nas qualidades espirituais opostas, como o domínio de si mesmo e o reconhecimento dos direitos dos outros. Este conceito indica o cerne da mensagem central de todos os mitos verdadeiramente inspirados: *os eventos míticos realmente ocorrem dentro de cada indivíduo*. Assim visto, cada um dos doze Trabalhos de Hércules descreve alegoricamente uma tarefa interior, que visa acelerar a evolução espiritual, levando à vitória e à transmutação em poder cada qualidade indesejável. Assim, o Hércules *interior* transmuta em virtudes positivas as tendências adversas que foram eliminadas de sua natureza pessoal. Passo a passo, *a meta da masculinidade e feminilidade perfeitas, a admissão no Olimpo se torna mais próxima*. Os Doze Trabalhos de Hércules, a Viagem dos Argonautas, as missões de Perseu, Teseu, Hermes, Belerofonte e de outros heróis e heroínas inspirados são então iniciadas alegoricamente e cumpridas com sucesso.

Aplicado ao Primeiro Trabalho de Hércules, isso leva a concluir que não apenas o próprio herói, mas o povoado de Nemeia ao redor foi, graças à sua vitória, libertado da ameaça leonina de tais propensões animais às quais seus habitantes estavam sujeitos. A tarefa de autoaperfeiçoamento nunca é empreendida pelo aspirante para ganho

---

Mistérios, Euristeu representando o Hierofante. O desabrochar do Ser Espiritual do aspirante, no qual todas as qualidades alcançadas devem ser construídas, é uma outra interpretação possível. Ao longo de todo este estudo de Hércules, o autor, embora frequentemente referindo-se às características elevadas do herói, não está de forma alguma inconsciente das falhas deste, pois Hércules pode ser considerado um aspirante próximo ao Adeptado, mas ainda não o Adepto.

próprio, mas unicamente para a obtenção de maior eficácia no serviço aos outros – o povoado e seus habitantes.

Astronomicamente observado, o leão físico e seu representante zodiacal, o signo de Leão, há muito são associados intimamente ao Sol físico, bem como, mitologicamente, ao Divino Senhor do Sol em Sua Majestade da Realeza Solar. Assim vista, a simples história de um ato de bravura bem-sucedido se mostra passível de interpretação como uma revelação da libertação necessária da natureza humana das qualidades leoninas ameaçadoras. A Presença divina e radiante pode depois brilhar de dentro do Ser Monádico ou leonino de cada ser humano, cada um integralmente em unidade com o *Logos* Solar, o "rei" do Sistema Solar; pois, quando as qualidades indesejáveis do leão são superadas, a Alma do herói se torna consciente e responsiva à sua verdadeira realeza, sua íntima relação com nosso Senhor, o Sol.

A realização da unidade com o Divino concede especialmente dois entre outros atributos valiosos. Um deles é o grande poder pessoal, e o outro a invulnerabilidade a todos os ataques externos. Tais qualidades foram exibidas pelo herói, que também era considerado o homem mais forte da Terra e usava, ao longo de seus Doze Trabalhos, a pele de leão impenetrável e a cabeça desse animal como um capacete – símbolo do cérebro, mente e personalidade agora iluminados e fortalecidos. Quando alguém aprende sobre a grande aventura (o Primeiro Trabalho de Hércules), e assim motivado aceita a interpretação interior aqui sugerida, as instruções dadas não poderiam ser deliberadamente aplicadas à aceleração do próprio progresso evolutivo, e portanto o desenvolvimento das capacidades hercúleas a serviço do próximo?

O primeiro trabalho indica a tendência subjacente a todos os mitos verdadeiramente inspirados, ou seja, que cada episódio ocorre *internamente* e pode ser aplicado pessoalmente pelo indivíduo que assim o desejar. Na verdade, visto dessa forma, cada um dos Doze Trabalhos de Hércules é alegoricamente descritivo de um trabalho interior, *aceito sob a ordem* dada pelo Rei Euristeu, a personificação (apenas em suas qualidades mais elevadas) de um Hierofante dos Mistérios; pois este Oficial concede orientação a todo herói, aspirante e futuro iniciado em seu embarque na Senda do Aperfeiçoamento Acelerado. Ao longo dessa jornada, a conquista da vitória sobre qualidades questionáveis e sua transmutação em poder espiritual é de primeira importância.

Uma visão interior parece ser apoiada pelas afirmações de que o leão de Nemeia era imune a ataques externos; nenhuma flecha era capaz de penetrar sua pele. Da mesma forma, pode-se presumir que a purificação de atributos desagradáveis da natureza humana não possa ser realizada externamente ou por outra pessoa. Ao contrário, *a arena está dentro do aspirante* e somente nela podem ser alcançadas a vitória e a sublimação em poder interior. Assim, Hércules matou o leão de Nemeia com suas próprias mãos,[122] já que nenhuma flecha penetrava em sua pele. Tendo feito isso, o herói removeu a pele do corpo, extirpou todas as qualidades animalescas e depois a usou como manto, fazendo ainda, da cabeça do leão, uma espécie de capacete para sua própria cabeça. Por conseguinte, em termos espirituais, ele passou a ser invulnerável a ataques externos, característica até então do leão de Nemeia. Da mesma forma, o aspirante a Hércules — o bem-sucedido Iniciado no Templo dos Mistérios[123] — preserva e transmuta em virtudes positivas as tendências indesejáveis que ainda não tenham sido eliminadas de seu caráter.

O SEGUNDO TRABALHO

O abate da Hidra de Lerna

Esta Hidra, filha de Tifão e Equidna, era uma enorme serpente com nove cabeças, uma delas imortal. Seu covil se encontrava num pântano perto de Lerna, no Peloponeso, de onde partia para devastar os rebanhos e colheitas. Além disso, seu hálito era tão venenoso que matava quem o sentia. Acompanhado por Iolau, filho de Íficles, Hércules chegou a Lerna, encontrou o monstro perto da fonte de Amimone e forçou a Hidra a emergir dos pântanos por meio de flechas flamejantes. Ele então tentou subjugá-la com sua poderosa clava, mas em vão, pois cada vez que cortava uma das nove cabeças da Hidra, duas cresciam em seu lugar. Então Iolau incendiou a floresta vizinha, e, com a ajuda de marcas incandescentes, Hércules queimou o pescoço da Hidra enquanto cortava cada cabeça,

---

[122] Sansão também matou um leão — "e não tinha nada em suas mãos". Juízes: 14:6.
[123] Ver Epílogo.

para que não brotasse novamente. Quando todas foram cortadas, ele se livrou daquela que era imortal, enterrando-a sob uma grande rocha.

Lerna era, e ainda é, um distrito do Peloponeso. Ao interpretar a história, no entanto, a região pode ser entendida como uma forma de simbolizar a própria Natureza e certas condições da vida humana na Terra. Desnecessário dizer que nenhuma Hidra de nove cabeças realmente existiu lá, ou em qualquer outro lugar do mundo. Por que, então, a criatura foi imaginada dessa forma, e quais são os possíveis significados de sua natureza e da atuação heroica de Hércules? O simbolismo dos números pode nos ajudar. Nove pode expressar numericamente tanto a morte quanto o renascimento, a aproximação do fim de uma época e o início de seu sucessora. Daí a estranha capacidade da criatura de reproduzir uma cabeça decapitada (neste caso, criando imediatamente duas novas) para preservar assim a sua imortalidade.

O aparecimento de duas cabeças onde antes havia apenas uma pode ser uma referência ao fato de que a energia criativa (a *Kundalinī* ou o Fogo Serpentino, o tema central do mito)[124] só pode ser plenamente expressa por duas correntes opostas e polarizadas (*Idā* e *Pingalā*), ou, na mitologia, por duas pessoas de polaridades ou sexo opostos. O próprio pescoço representaria, então, a corrente central, ígnea e neutra, o *Sushumnā* da *Kundalinī* e do cetro do Caduceu.[125] Portanto, somente com a aplicação do fogo ao pescoço cortado, selado assim por um mestre da *Kundalinī* eficaz e totalmente desenvolvido (no caso, o próprio Hércules), o aparecimento de mais cabeças poderia ser evitado. Assim como a Hidra foi, ela própria, uma personificação da *Kundalinī* mal utilizada, a *Kundalinī* é indestrutível e invencível até que o iogue (Hércules) a tenha controlado. Daí sua qualidade de periculosidade em mãos erradas. Isso foi mostrado no mito pelas terríveis devastações da Hidra.

Aplicada à solução do problema da *Kundalinī Shakti* despertada prematuramente, e assim tão perigosa, dentro de um estudante ou iogue praticante, a vitória sobre a Hidra com o método empregado indica que a interrupção da contínua renovação das cabeças destruídas não é possível

---

[124] A Hidra era uma serpente.

[125] Ver Capítulo 2.

até que tenha ocorrido a aplicação da clava ardente (a vontade ígnea) no pescoço da Hidra. Isso é verdade, pois a *Kundalinī* totalmente desperta, fluindo ao longo da coluna vertebral e cientificamente direcionada, é o único meio pelo qual os seus efeitos perigosos (quando prematuramente desperta) podem ser completamente neutralizados. Somente pela aplicação alegórica do fogo, as marcas flamejantes (elas próprias símbolos do fogo da *Kundalinī* sob controle) no pescoço decepado (a medula espinhal) da Hidra, por aquele que dominou a *Kundalinī* ativa (o herói) é que esse poder do fogo pode ser devolvido em segurança à sua origem, na base da coluna. Depois disso, a renovação da atividade prejudicial da energia perigosa torna-se impossível — ou, simbolicamente, a serpente de nove cabeças é morta. Em outras palavras, a *Kundalinī* fora de controle (e tão perigosa)[126] que é a Hidra só pode ser dominada com a aplicação da vontade igualmente empoderada (a clava) sobre a medula espinhal. O fogo, até então não controlado, é assim forçado para baixo ao longo da coluna até o sacro, onde normalmente, com segurança e controle, é armazenado.

Reafirmando propositalmente esta interpretação sugerida, o herói é, pelo exercício da força de vontade (o bastão de fogo) e de seu próprio Fogo Serpentino usado conscientemente, habilitado a produzir os seguintes resultados:

1. Evitar, em uma pessoa maligna com poder oculto (a Hidra), o deliberado e prejudicial mau uso dessa força desperta (a devastação), simbolicamente por meio da decapitação.
2. Conduzir, pela força de vontade altamente desenvolvida (a clava), a *Kundalinī* de volta à sua fonte corporal (o sacro), onde é inofensiva.
3. Por decapitação, tornar impossível o ressurgimento e a desorientação mental do poder ígneo.
4. Desse modo, destruir o devorador e acabar com sua devastação, obliterando sua capacidade de evocar e dirigir mentalmente a *Kundalinī Shakti* para qualquer propósito.

Por mais estranho que possa parecer para quem não estudou as Ciências Ocultas, pode-se dizer que, privado de sua interpretação mi-

[126] E por isso este ensinamento é velado pela alegoria ou mito.

tológica, esse procedimento completo foi e continua a ser necessário e efetivamente realizado? Isso só é possível por ocultistas da Ordem Branca, que foram suficientemente instruídos por um Adepto a respeito da *Kundalinī Shakti* e treinados em seu despertar seguro e em seu uso construtivo.

Este mito notável tem também um significado mais profundo e oculto, que narra o conflito de um estudante Iniciado da Ordem Branca (Hércules) com um mago negro encarnado (um ser humano da Ordem das Trevas), no qual ele deve lutar por uma causa, por sua própria razão e até mesmo por sua própria vida. Esses conflitos ocorrem de várias formas. Hércules consegue conquistar e matar a terrível Hidra ou "Inimiga da Luz" com o poder de sua clava e seu fogo. Esta clava ardente é, como afirmado, símbolo da vontade firme, evocada e aplicada por um mestre realizado no domínio de *Kundalinī Shakti*. Quando colocado em oposição à vontade destrutiva do mago negro, ele conquista e impede a *continuação* da magia maligna, ou, simbolicamente, o aparecimento de novas cabeças – mentes humanas usando forças ocultas – o Fogo Serpentino com fins destrutivos.

O fato de Hércules facilmente, embora com conhecimento inerente, dominar as duas serpentes que o atacaram quando estava em seu berço (uma em cada lado, como os artistas antigos retrataram) indica que ele nasceu com a habilidade de controlar o Fogo Serpentino (pois havia se desenvolvido em uma encarnação anterior),[127] e portanto, quando crescido, pôde controlar o símbolo serpentino, a Hidra de Lerna. As duas serpentes que o atacam em seu berço representam os canais *Idā* e *Pingalā*, relacionados à *Kundalinī*, e *Sushumnā* é indicado pela medula espinhal do bebê (e, como já dito, *neste* mito pelo pescoço da Hidra). Benéfica quando compreendida e aplicada corretamente, esta energia procriadora pode ser perigosa ao extremo, particularmente quando possuída por uma besta destrutiva, o réptil do mito. Quando mal interpretada e mal utilizada, torna-se muito perigosa, conforme alegoricamente indicado pela devastação da Hidra de Lerna.

[127] Ver *Reincarnation, Fact or Fallacy (Reencarnação, Fato ou Falácia).*

A HIDRA DE LERNA INTERIOR

O que implicaria o sepultamento da cabeça até então imortal da Hidra sob uma grande rocha? Isso pode ser interpretado como a conquista, no Caminho para a Perfeição, de tornar inerte (e portanto ineficaz) a energia pela qual o desejo sexual, o Fogo Serpentino, é despertado. Daí em diante, essa força até então controladora, que faz com que o desejo de procriar seja uma influência continuamente ativa na vida humana, é simbolicamente morta, ou convertida num estado semelhante ao de uma rocha. Uma vez que esse poder tenha sido enterrado numa uma tumba de pedra, ele nunca mais pode ser ativado como um estimulante do desejo sexual, não mais como um impulso "imortal" e insistente, pois foi cortado e transformado "como uma rocha",[128] totalmente controlado, como a cabeça da Hidra havia sido. Este é um dos mais difíceis de todos os Trabalhos. Uma vez que o resultado seja alcançado, no entanto, a águia que consumia o fígado de Prometeu no mito é permanentemente dominada por meio da transmutação. Assim, Hércules foi capaz de libertar Prometeu da rocha no Monte Cáucaso, onde por tanto tempo sofrera com a persistente ação da "águia".[129]

Cada personagem em um mito inspirado, portanto, deve ser considerado como a personificação do aspecto de *uma pessoa*; toda a performance é encenada por essa pessoa em seu interior. Todos os indivíduos são personificações de atributos, poderes e experiências de uma mesma pessoa, o próprio Hércules em seus Doze Trabalhos, por exemplo. Além disso, é verdade que cada personagem de um mito oculto representa um aspecto do ser humano sétuplo – físico, etérico, emocional, analiticamente mental, inteligência abstrata, intuitiva e espiritual. Portanto, todos os personagens estão *dentro* da figura central, e todos os eventos, por sua vez, também ocorrem *no interior da própria pessoa*.

A consequência de tornar inerte, ou "enterrar sob uma rocha", o estimulante do desejo procriador, a energia em que ele se torna fisica-

---

[128] Gênesis 19:26. A Esposa de Ló olhou para trás para Sodoma e Gomorra, de onde eles estavam indo embora (a sexualidade excessiva), e foi transformada numa pilha de sal, símbolo da condição totalmente materializada.

[129] Ver Capítulo 9.

mente ativo, *é que essa energia pode ser transmutada em criatividade intelectual e espiritual.* O sucesso nesta conquista tão importante exige que, o desejo sexual seja de fato total e finalmente conquistado, renunciado com absoluta firmeza (como uma rocha), "queimado" para sempre. Caso contrário, o aspirante ao progresso espiritual, ao Olimpo, pode "cair" pelo resto da vida ou experimentar um atraso. Daí o potente simbolismo desse caráter definitivo, a tumba de pedra na qual a até então imortal, mas agora falecida cabeça da Hidra foi enterrada.

Os Trabalhos de Hércules podem, portanto, ser interpretados como descrições dos passos que devem ser realizados por todo aspirante para progredir na Senda do Aperfeiçoamento Acelerado rumo ao Adeptado, a perfeição sobre-humana, o Olimpo. O autor fica tentado a acrescentar "ou mesmo ir além", pois mitologicamente diz-se que Zeus levou Calisto ao céu para se tornar a Ursa Maior, e Arcas se tornou a Ursa Menor (mãe e filho). Zeus coloca entre as estrelas a imagem de Quíron, o mais sábio dos centauros, como Sagitário. Ganimedes, levado por Zeus para se tornar seu copeiro, foi colocado por ele entre as estrelas com o nome de Aquário. Zeus recompensou o apego dos dois irmãos, Castor e Pólux, colocando-os entre as estrelas como Gêmeos. Os Sábios sabiam disso, mas os autores de menor estatura não conseguiram perceber, ficando assim presos ao fascínio dos contos de fadas evocados pelo próprio mito.

Em um ser humano espiritualmente desperto (ou "heroico"), o Fogo Serpentino ascende, por meio do direcionamento consciente, ao longo da espinha até a cabeça. Essa força representa o princípio continuamente criativo na Natureza, que, portanto, não pode ser levado à cessação de sua função natural nem mesmo com morte física da pessoa na qual foi despertada. Isso parece estar implícito e, portanto, revelado pela imortalidade da Hidra, mesmo depois de sua cabeça ser decepada.

Quando usado conscientemente, o Fogo Serpentino é direcionado "para cima" ao longo da coluna vertebral, e do pescoço até a cabeça, assim envolvendo, inspirando e iluminando o cérebro-mente do *autotransmissor* bem-sucedido da função até então descontrolada, e mesmo destrutiva, do elemento criativo. A própria Hidra representa apropriadamente, portanto, o aspecto perigoso desta força na Natureza e no ser humano, como indicado pela relação com o ambiente e com seus habitantes humanos e sub-humanos.

O iogue-herói (ou Iniciado auxiliado por um Mestre) personificado por Iolau, na verdade o cocheiro e portador de armadura, aprende a respeito do agente destrutivo por meios revelados no famoso mito. Estes eram dois, como vimos: a decapitação, ocasionando o cessar da evocação *consciente* do poder, e a aplicação do fogo no pescoço, no local onde a decapitação ocorrera. Como já foi dito, isso força a descida da *Kundalinī* de volta ao sacro, seu centro natural no corpo, de onde pode ser despertada à vontade pelo ocultista treinado da Ordem Branca, para seu emprego são e sábio: a clarividência, a clariaudiência e a capacidade intuitiva, por exemplo. O veneno mortal do hálito da Hidra retrata os efeitos destrutivos e entorpecentes na mente, produzidos em indivíduos que despertam a *Kundalinī* imprudentemente ou se entregam indevidamente à indulgência excessiva na expressão procriadora e sexual do Fogo Criativo no homem.[130]

As flechas flamejantes por meio das quais Hércules forçou a Hidra a emergir do pântano podem representar a vontade ígnea do Iniciado (ou herói) direcionada para a fonte do poder criativo no corpo humano. Isso é realizado com a intenção determinada de sua "morte" como um inimigo da espiritualidade e sua transmutação para o Ser interior e imortal no homem, onde se torna um acréscimo às faculdades de inspiração criativa intuitiva e abstrata. A realização plena desse procedimento exige, de fato, uma força de vontade altamente intensa para seu cumprimento, conforme retratado apropriadamente pela clava aquecida pelas chamas e pelas flechas flamejantes. O procedimento de transmutação ainda não está completo, porém; embora imediatamente ferida, a Hidra ainda estava viva, com todo o significado perigoso de suas nove cabeças inteiramente intacto.

Assim como os sofrimentos de Prometeu eram retomados diariamente pelo ataque da águia a seu fígado, a indulgência sexual não apenas falha em provocar o desaparecimento final do desejo como, infelizmente, estabelece um hábito ou uma dependência sexual possivelmente incontrolável. Esta aflição contínua e inescapável parece ser simbolizada pelo fato de que, quando Zeus se vingou de Prometeu,

[130] O autor aqui se aventura pessoalmente, e muito seriamente, a alertar contra esses erros potencialmente prejudiciais.

acorrentou-o a uma rocha no Monte Cáucaso, onde simbolicamente uma águia consumia o seu fígado todos os dias. Trata-se de uma alegoria para o desejo sexual perpétuo. *Esse órgão era restaurado sucessivamente, toda noite.* Assim também a indulgência sexual, em vez de curar a sensualidade, apenas leva a uma continuação da tendência estabelecida. Curiosamente, foi o próprio Hércules, Iniciado desde o berço, que matou a águia (não como um de seus Doze Trabalhos) e libertou o sofredor, com o consentimento de Zeus, que punira Prometeu, significativamente, *por este ter roubado o fogo, o Fogo Criativo,* vindo do céu num tubo oco![131] Da mesma forma, quando eliminada pela clava de Hércules, a cabeça central da Hidra se renovava. Somente quando o pescoço da cabeça decapitada foi queimado pela clava ardente (a vontade) é que a vitória foi finalmente alcançada, e a Hidra então morreu. De interesse aqui é a afirmação de que as marcas que queimaram os pescoços da Hidra derivaram de fontes naturais: as árvores que cresciam na floresta circundante.

A solução para o problema da sexualidade indevida (e da escravidão a ela, muito prejudicial) evidentemente não deve ser encontrada apenas na tentativa de controle do corpo físico, onde os impulsos e prazeres sensuais são experimentados. Essas tentativas por si só sempre falharam, como no início falharam as tentativas de Hércules. No entanto, na "queima" ou exaustão final das repetições mentais de pensamentos e memórias, naturais em todos que possuem o poder de procriação, a reexcitação de desejos torna-se finalmente superada.

A dificuldade de fato reside na *cabeça* do indulgente. O próprio pensamento deve, portanto, ser purificado e *fortemente dotado* de vontade — queimado, de fato —para pôr fim aos atributos e expressões indesejáveis dos excessos sexuais. Depois disso, deve-se transmutar a energia ígnea (da qual eles são o produto) acima da mentalidade puramente física, em poderes de inteligência criativa e *insight* implícito, as qualidades inerentes do Ser Espiritual no homem. Conseguido isso, a escravidão externa cessa, pois o herói vitorioso "massacrou" os aspectos indesejáveis pelos quais o Fogo Criativo ou serpente encontra expressão na humanidade não heroica.

[131] Ver Capítulo 9.

É verdade que a expressão normal do desejo sexual é útil para a continuação da raça humana. Infelizmente, todo o procedimento pode se degradar e levar a indulgências, excessos ou, infelizmente, a doenças, como simbolizado pela Hidra de Lerna e sua influência na vizinhança. Isso pode, e ocorre em alguns casos, levar ao declínio de tudo o que é criativamente nobre na humanidade. Portanto, o processo de transmutação, relatado como uma aventura mítica, é visto necessariamente como algo que ocorre *no interior* do ser humano ou herói, que transmuta o Fogo Serpentino interior em criatividade intelectual e espiritual.

Os sábios conselhos revelados na própria história e no sucesso alcançado por Hércules não poderiam ser transformados em uso prático por aqueles que se acham com necessidade de ter controle sobre o impulso sexual? Se assim for, o relato pode ser interpretado de acordo com a abordagem do indivíduo, e usado para provocar a morte da hidra de nove cabeças *no interior* – em grande parte, lembremos, pelo controle e aplicação bem-sucedidos do poder da vontade-pensamento humano. Daí, sem dúvida, a referência à cabeça central da Hidra.

Pode-se perguntar por que, então, essa solução não é apresentada diretamente. Por que está envolvida em um fabuloso conto de fadas? Porque, na falta das informações oferecidas nesta interpretação do mito, a posse de tal conhecimento confere poder, e isso pode ser perigoso – como a Hidra, *quando revela os meios pelos quais o Fogo Criativo na Natureza e no ser humano pode ser despertado de forma sobrenatural para fins ocultos.* Na verdade, tal perigo existe durante o procedimento de transmutação da força sexual, a menos que um Iolau (o Instrutor Adepto) esteja presente para garantir que o poder mental anormal adquirido por aquele que tem sucesso não seja usado de forma grave e prejudicial contra outros, ou de forma destrutiva, semelhante à Hidra. O mesmo ocorre com a Sabedoria Oculta em cada mito inspirado nos Sábios.

Esta é a razão do uso da linguagem da alegoria e do símbolo: "Encerrar toda a verdade em uma linguagem falada, expressar os mais elevados mistérios ocultos em um estilo abstrato, seria não apenas inútil, perigoso e sacrílego, mas também impossível. Existem verdades de uma ordem sutil, sintética e divina, que a linguagem humana é incapaz expressar em toda a sua integridade inviolável. Só a música, às vezes, pode fazer com que a alma as sinta, só o êxtase pode mostrá-las em visão absoluta e só o simbolismo esotérico pode revelá-las ao espírito de maneira concreta."[132]

Mesmo nessas interpretações que até agora apresentamos, apenas a teoria dos caminhos para o poder, a sabedoria e a inteligência superiores é abordada. Não obstante, após ter embarcado no empreendimento, o aspirante verdadeiramente altruísta e heroico, que almeja tanto a realização interior quanto a máxima eficácia no serviço ao próximo, com certeza encontrará o seu próprio Iolau. "Pois quando o discípulo está pronto, o Mestre também está pronto."[133]

Resumindo, o mito está sujeito a interpretações como revelação dos seguintes pontos:

- O grave perigo da *Kundalinī Shakti* ser prematuramente desperta, sem seu devido controle e com seu exercício prejudicial contínuo (a Hidra), no caso de um iogue ainda não purificado.
- As localizações físicas da força desperta no corpo do ser humano: o sacro, a coluna vertebral e o cérebro (os pescoços e cabeças da Hidra).
- Uma advertência séria a todos acerca do despertar prematuro e do mau uso do Fogo Serpentino devastador (a devastação nos campos de Lerna).
- O único remédio consiste na aplicação da mesma força ígnea por um indivíduo *que é puro em sua motivação*, e também mais poderoso que a vítima (o Trabalho bem-sucedido e os métodos mitologicamente empregados).
- A relativa onipotência e imortalidade de alguém em quem o despertar controlado da *Kundalinī* foi alcançado em plena consciência: (a invulnerabilidade física e a virtual onipotência de Hércules).
- Um Sênior oculto (o herói) é capaz de conduzir o poder de volta à sua fonte, no sacro, e assim torná-lo inerte ou "semelhante a uma rocha". Uma consequência disso é a cessação de sua demanda contínua por expressão (simbolicamente, a perda da imortalidade da Hidra).

---

[132] *Le Seuil du Mystère (O Limiar do Mistério)*, S. de Guaita.

[133] *Luz no Caminho* [COLLINS, Mabel, Brasília: Editora Teosófica, 7ª ed., 2020 (Nota Ed. Bras.)], obra que toda pessoa realmente interessada deve estudar seriamente. Assim como *A Voz do Silêncio* [BLAVATSKY, H.P., Brasília: Editora Teosófica, 4ª ed., 2020. (Nota Ed. Bras.)]. Ver também *A Senda para a Perfeição*, Geoffrey Hodson.

Pode-se perguntar (e de fato o autor se perguntou) por que símbolos exatamente apropriados foram incluídos de forma aparente em um conto de fadas. Sua interpretação, de acordo com a linguagem da alegoria e do símbolo, apoia uma resposta: os próprios Sábios escreveram os mitos contendo sabedoria, ou, em outras ocasiões, introduziram os símbolos em contos de fadas existentes, a fim de adicionar e, dessa forma, transmitir profundas verdades espirituais, filosóficas, ocultas e extremamente valiosas.

Se indagarmos, além disso, a razão do uso do método alegórico, a resposta sugerida é que algumas dessas verdades avançadas, principalmente sobre o Fogo Serpentino, revelam informações que concedem poder e que, portanto, são muito perigosas.

O TERCEIRO TRABALHO

A captura da corça de Cerineia

Em uma de duas versões um tanto diferentes, o Terceiro Trabalho consiste na captura da Corça de Cerineia, levada viva de Oinoe para Micenas. A corça tinha cascos de bronze e chifres de ouro, vivia nas florestas e devastava os campos. Não querendo matar ou ferir o animal, Hércules o perseguiu incansavelmente por um ano inteiro. Por fim a corça se refugiou no Monte Artemísio, e Hércules imobilizou suas patas dianteiras com uma flecha que passou entre o osso e o tendão, sem tirar-lhe sangue. Ele, então, deitou-a sobre os seus ombros e carregou-a para Micenas.

Nesse Trabalho Hércules não apenas obedeceu às ordens do Rei Euristeu, mas também prestou um serviço ao povo de uma determinada região. A famosa história revela, assim, um dos fundamentos, realmente inescapável, para o sucesso em trilhar a Senda do Aperfeiçoamento Acelerado,[134] a realização da unidade com a Divindade ou, simbolicamente, a admissão no Olimpo, a morada dos deuses (na verdade não se trata de uma montanha física, mas de um elevado estado de consciência).

Os quatro cascos metálicos e os chifres de ouro que distinguiam a corça de todas as outras de sua espécie são passíveis de interpretação

[134] Ver *A Senda para A Perfeição.*

como um sinal de que, durante todo o grande esforço, os pés do aspirante devem estar firmemente estabelecidos no solo da praticabilidade material completa. Isso se aplica aos quatro veículos mortais do homem (mental, emocional, etérico e físico), nos quais, durante a vida, o Eu interior está encarnado – durante todo o grande empreendimento, esses "pés" devem permanecer em contato com a terra, apoiados nela. O aspirante bem-sucedido, embora profundamente preocupado com a sabedoria espiritual e filosófica, é, ao mesmo tempo, uma pessoa completamente prática.

O chifre dourado, por outro lado, refere-se à condição iluminada da mente do aspirante – os chifres estão na cabeça, sede da consciência e do pensamento – que já está desenvolvida no *insight* intuitivo da sabedoria, conforme representado pelo metal dourado. Assim, metaforicamente, Hércules, personificando o idealista, deve desenvolver essas qualidades (ou capturar o animal mítico que se supõe possuí-las). Felizmente seus pés estavam firmemente plantados no chão, daí o sucesso resultante. Além disso, sua consciência já estava bem desenvolvida intuitivamente, proporcionando-lhe o grau de sabedoria necessário para a perseguição e a captura da corça.

Este animal de constituição anormal descreve alegoricamente as qualidades do pensamento maduro, necessárias para que alguém se torne um Iniciado dos Mistérios e, mais tarde, um Adepto. Hércules venceu a criatura e carregou-a sobre os ombros para Micenas. Carregá-la próximo à sua cabeça (assento da consciência) indica a realização mental da unidade, enquanto, como sugerido, as características da presa predestinada – cascos de bronze e chifres dourados – implicam a aquisição de praticidade e sabedoria intuitiva.

O grande cuidado com que a caçada foi realizada, o desejo de evitar ferimentos graves (principalmente a perda de sangue) e a disposição de continuar ao longo de um ano inteiro indicam simbolicamente outros fundamentos para o sucesso. Isso inclui a determinação interior de atingir as alturas – que em nenhum sentido é diminuída pela passagem do tempo, seja de anos ou de encarnações sucessivas.

Uma montanha também é introduzida no mito. Na linguagem da alegoria e do símbolo, sua interpretação geral refere-se às alturas intelectuais e espirituais da Vontade, Sabedoria e Inteligência Iluminada.[135] Uma vez alcançadas, essas capacidades tornam possível o cumprimento da Grande Busca, que alegoricamente consiste em levar a criatura de cascos de bronze e chifres de ouro para Micenas. Esta região, por sua vez, é emblemática do cumprimento predestinado do propósito da existência humana, o Adeptado (ou ser levado ao Céu ou ao Olimpo, onde se diz que Hércules descansou em paz eterna, sua grande recompensa).[136]

Nesse ponto das interpretações sugeridas, enquanto Hércules miticamente caçava e capturava a corça, ele realmente se identificava com a criatura, pois os símbolos usados para descrevê-la também se referem às qualificações no interior do "caçador", essenciais para o sucesso.[137] Assim, Hércules seguiu a corça às alturas da consciência, o Monte Artemisio, e ali tornou-a incapaz de escapar dele. As *qualidades superiores* devem ser estabelecidas de forma inamovível *no interior do aspirante.* Essa necessidade é acentuada pela "regra" de que a corça não deve perder sangue (símbolo da natureza divina, "o princípio da vida"). E nenhum sangue foi derramado nesta história notável.

Além disso, embora ainda expresse essas qualidades, a personalidade quádrupla (a corça) deve se tornar incapaz de se desviar – ou, neste caso, de escapar do Governante Interno Imortal, o próprio herói e o nível ideal de consciência exaltado. Por isso, na ação de Hércules, as duas patas dianteiras ficam presas juntas por uma flecha – o que tornou impossível que ela se movesse para longe dele –, sem, no entanto, causar perda de sangue, denotando a conservação dos poderes, faculdades e habilidades necessárias para sua plena expressão, mesmo no corpo físico. O caçador e a caça tornaram-se então um só. Apesar de seu considerável peso aparente, a corça foi carregada nos ombros de Hércules, unificada a ele, até Micenas, a residência do Rei. O cervo assim carregado havia se tornado incapaz de escapar das qualidades superiores e, ainda assim, não perdeu o menor elemento da natureza divina simbolizada pelo sangue.

---

[135] A *Bíblia King James*, parcialmente escrita em inglês, usa o símbolo do "monte" dessa forma, por exemplo em "onde a Lei foi dada a Moisés" (Êxodo 19:20). "E Elias permaneceu por quarenta dias" (Reis 19:8). No Hinduísmo, o Monte Kailasa e o Monte Meru podem ser interpretados de maneira semelhante.

[136] Ver a Morte Flamejante e Ascensão de Hércules, mais adiante.

[137] Assim como as várias outras criaturas incluídas nos Trabalhos, frequentemente representando objetivos. As suas qualidades desejáveis devem ser adquiridas e "desenvolvidas" no caráter do Hércules potencial.

Dessa forma, se tal abordagem for aceitável, um mito aparentemente sem sentido pode ser interpretado como uma apresentação profundamente fundamentada e perfeitamente verdadeira das necessidades de encontrar e trilhar a antiga Senda. Além disso, a motivação obstinada e sincera de serviço ao povo (à humanidade), por meio da remoção de uma atividade perigosa, também é apresentada simbolicamente.

Nesta perspectiva, a região onde a devastação foi causada pode ser uma representação da própria personalidade do aspirante. Cada elemento em seu interior que seja prejudicial ao sucesso deve ser "capturado" (totalmente compreendido e tornado inofensivo), com suas qualidades adversas transmutadas em poderes espirituais, e então "levada a Micenas" como uma oferenda. A imobilização das quatro pernas da corça pode representar a eliminação da capacidade de movimentação em uma direção indesejável, ou de escolha pela natureza pessoal. Assim, no Caminho para o Adeptado, as escolhas autogratificantes são totalmente abandonadas, e esta restrição resulta não em perda, mas em ganho incomensurável.

O QUARTO TRABALHO

A captura do javali de Erimanto

O Quarto Trabalho imposto a Hércules foi capturar vivo o Javali de Erimanto, uma besta enorme e feroz que assombrava as encostas cobertas de ciprestes do Monte Erimanto e devastou o país ao redor de Psófis. Hércules perseguiu a fera de um lugar a outro até que ela se exaurisse. Então conduziu-a para a neve profunda e a prendeu.

Durante sua jornada através de Fóloi até Erimanto, Hércules foi entretido pelo Centauro Folo, que possuía um barril de vinho dado a ele por Dionísio. Quando o barril foi aberto, outros centauros sitiaram a caverna. Repelidos por Hércules, eles acabaram fugindo, embora durante o combate Hércules acidentalmente ferisse o Centauro Quíron com uma de suas flechas envenenadas. Quíron, que era um velho amigo, um imortal, não poderia morrer, embora no momento desejasse fazê-lo; ele só recebeu alívio para a dor quando mais tarde entregou sua imortalidade a Prometeu.[138] Hércules continuou sua perseguição ao javali de Erimanto, a fera que devastava a região. Depois de conduzi-lo até um monte de neve, saltou sobre suas costas, amarrou-o com correntes e carregou-o para Euristeu, em Micenas.

O javali passou a ser classificado na ordem inferior dos animais, os suínos.[139] O javali de Erimanto era particularmente merecedor de captura, sendo assim reduzido à impotência, devido aos seus ataques destrutivos na localidade. Visto dessa forma, simboliza os aspectos mais grosseiros, menos desejáveis e até perigosos da natureza mortal do homem, por sua vez tipificada pelo campo. Aplicado à Senda que conduz à realização da imortalidade, que Hércules estava seguindo, os elementos indesejáveis da natureza do aspirante (o javali) devem ser completamente controlados e eliminados, pois a aceleração do desenvolvimento intelectual e espiritual pode assim ser efetuada mais prontamente. Isso Hércules consegue completamente, pois personifica o indivíduo que trilha a Senda do Aperfeiçoamento Acelerado e, portanto, todo aquele que busca a admissão no Templo dos Mistérios e o recebimento de Iniciações sucessivas.

Beber vinho, por sua vez, é considerado um símbolo da entrada em estados altamente elevados de conhecimento e percepção, com os êxtases que os acompanham. *Esses, pode-se presumir, foram os efeitos reais produzidos no interior daqueles Iniciados que foram admitidos nos Mistérios de Baco-Dionísio*, e certamente não a embriaguez física, popular e deliberadamente associada ao deus Baco.

Embora benéficas para aqueles seres humanos que mantêm a sua natureza "inferior" sob controle, essas experiências espiritualmente estimulantes poderiam ser muito prejudiciais (na verdade perigosas) particularmente para aqueles que ainda não se emanciparam dos aspectos de sua natureza mortal (simbolizados pelo javali e comumente pelos centauros). Quíron, no entanto, era um exemplo puramente mítico de um membro avançado desse tipo de ser; além disso, embora retendo simbolicamente seu veículo mortal equino, evoluiu além do nível normal de humanidade, e era tanto quadrúpede quanto humano na sua forma corporal.

---

[138] Ver Capítulo 9, Prometeu.

[139] Mateus 7:6 e 8:32.

O próprio Quíron representa o membro dos Mistérios que avançou na superação das limitações e no uso correto da natureza mortal quádrupla (o quadrúpede). Em consequência, as qualidades mais intelectuais do Governante Interior Imortal ou Eu Superior tornam-se altamente desenvolvidas, e os instintos animais cada vez mais controlados – por isso ele possui não apenas o torso e a cabeça humanos, mas, muito significativamente, a capacidade de ensinar, tendo sido nomeado instrutor dos semideuses.[140] A lenda relata que ele foi um instrutor dos jovens de seu tempo, particularmente dos heróis que eram considerados semidivinos (paternidade divina e maternidade humana). Estes incluíam os membros da tripulação da embarcação marítima, o Argo, aos quais Quíron orientou tanto na construção quanto na navegação do barco.

A relação entre Hércules e Quíron é apoiada pelo fato de que, ao entregar o javali de Erimanto a Euristeu, Hércules imediatamente partiu para se juntar à tripulação do Argo com seu infeliz portador da armadura, Hilas. Ao mergulhar sua jarra em uma fonte, este jovem, muito querido por Hércules, foi puxado para baixo da água por uma ninfa, que viu o rubor rosado de sua beleza, quis beijá-lo, jogou os braços em volta de seu pescoço e puxou-o para as profundezas, após o que ele não foi mais visto.

A história de Hilas é de particular interesse, porque ele, como portador da armadura de Hércules, foi associado a substâncias densas sobre as quais supostamente tinha alcançado o domínio (os metais de que a armadura é feita). Se alguém conquistou o peso da armadura, então seria razoável supor que materiais menos densos, a água, por exemplo, fossem facilmente controlados. No entanto, mesmo como um Argonauta,[141] Hilas foi vítima de um elemento menos resistente, ou seja, a água e a ninfa da água. Estranhamente, não foi Hilas que se tornou vítima da ilusão, como relata uma versão do mito, mas uma ninfa da água teria se apaixonado por ele (uma reversão), levando-o para sua aparente ruína. Essa "queda" possivelmente ilustra a ideia de que, embora alguém possa ter sido vitorioso sobre os perigos da matéria densa, não adquiriu

140 Jasão, Castor, Pólux, Peleu e Aquiles. Zeus colocou a sua imagem entre as estrelas, na forma de Sagitário.

141 Argonauta: aquele que presumivelmente evoluiu o suficiente para conhecer e aspirar a alcançar aquilo de que o Velocino de Ouro era um símbolo: o progresso evolutivo até a fase em que a sabedoria intuitiva se torna uma faculdade natural.

necessariamente o controle completo do elemento mais sutil da água (símbolo das emoções na linguagem da alegoria), e assim pode se tornar sua vítima. De fato, Hilas foi uma vítima aparentemente indefesa tanto da água quanto da ninfa da água.

Se o incidente for estudado mais a fundo, a dificuldade aumenta pelo fato de que não foi a própria água que causou sua queda, mas um habitante elemental consciente nela, uma ninfa da água. Essa criatura acentuou a falta de domínio de Hilas sobre esse elemento ao se apaixonar miticamente por ele e atraí-lo para as profundezas em que ela morava, destruindo assim, pelo menos naquela encarnação, sua esperança de sucesso na expedição dos Argonautas – uma fase da Senda do Aperfeiçoamento Acelerado. Portanto, embora um mestre dos metais, Hilas era quase impotente quando confrontado com o problema, e mesmo o perigo, associado ao elemento sutil da água. Se aplicarmos aqui os significados simbólicos tradicionais dos dois elementos, os metais se referirão à matéria física, e portanto ao corpo físico, e a água às emoções e seu veículo de expressão, sobre o qual evidentemente Hilas ainda não tinha alcançado a maestria, embora fosse detentor da armadura.

O senso de lógica pode ser ainda mais desafiado pelo fato de que uma ninfa da água seria presumivelmente composta dos elementos da água e do ar, e tal ser não poderia ter puxado à força um corpo composto de matéria física, incluindo um de seus mais pesados constituintes, os ossos do esqueleto. Ao abraçar o pescoço de Hilas, seus braços simplesmente passariam por ele, sem obter o contato necessário.

Quando na literatura mítica, e presumivelmente alegórica, alguém é confrontado com tais inconsistências,[142] não é irracional supor que o autor pode muito bem, por esse meio, estar encorajando o leitor a *olhar abaixo da superfície* da história aparentemente ilógica e interpretar o relato em termos da Linguagem Sagrada.[143] Novamente, a necessidade com a qual os aspirantes à realização espiritual (o Velocino de Ouro) deparam, de aprender a controlar não apenas o corpo, mas também as emoções e a mente, é indicada pela estranha história de Hilas.

---

[142] Como quando Josué faz o Sol parar, de modo a ganhar um dia mais longo. Ver *The Hidden Wisdom in the Holy Bible*, Vol. 1, pp. 49-52.

[143] A Linguagem Sagrada – Ver *A Sabedoria Oculta na Bíblia Sagrada*.

Se uma interpretação normal for aceitável, os metais pesados indicam o corpo físico, com seus apetites e desejos, enquanto a atenção a eles (como na armadura) torna-o relativamente inocente. Hilas era um rapaz, suscetível a responder às sensações físicas experimentadas no ato sexual. Além disso, sendo muito jovem, ele era incapaz de resistir aos encantos que proporcionavam prazer. Essa visão ganha apoio porque, conforme retratado pela lenda, uma ninfa da água se apaixonou por Hilas e tirou-o da terra (da consciência física e do controle) para se render às paixões (simbolizadas pela própria ninfa). Depois disso, ele infelizmente se perderia no grande empreendimento de adquirir o Velocino de Ouro,[144] a consciência espiritual e intuitiva. Não se descarta, entretanto, a possibilidade de que este episódio relativamente menor, adicionado a um relato dramático de heroísmo bem-sucedido, tenha nascido na mente de um autor meramente dado à invenção de contos de fadas. Ou, em terminologia oculta, Hilas perderia seu *status*, o discipulado de seu Mestre Iniciado, Hércules, que infelizmente também tinha se perdido para a Grande Busca do Velocino de Ouro (isso apenas temporariamente, é claro, visto que, por fim, Hércules ascendeu ao Olimpo, a Consciência Cósmica).

A queda de Hilas presumivelmente seria apenas temporária, uma vez que em uma encarnação posterior as mesmas oportunidades se apresentariam a ele, principalmente porque o seu fracasso ocorreu enquanto servia os demais discípulos, os Argonautas, para os quais ele estava coletando água. Aplicado ao Quarto Trabalho de Hércules, o fracasso de Hilas como um dos Argonautas chama a atenção para um teste que é aplicado e deve ser superado com sucesso por todos os aspirantes ao avanço oculto. Uma vez que a Senda do Aperfeiçoamento Acelerado é adentrada, o aspirante (Hércules, engajado em seu Quarto Trabalho) deve adquirir a capacidade de superar e, enfim, transmutar as paixões animais mais básicas de sua expressão física (o javali) na criatividade intelectual, aumentando o poder espiritual do Ser "real" (Euristeu).[145]

---

[144] O Velocino de Ouro: para salvar o filho do Rei Atamante, Frixus, com sua irmã, foi colocado sobre um altar para que fosse destruído. No entanto, Hermes enviou um carneiro maravilhoso com uma lã de ouro puro, que arrebatou a ele e à irmã e os carregou pelo ar. Estranhamente, Frixus sacrificou o carneiro a Zeus, embora ele o tivesse salvado, e deu o precioso Velocino de Ouro ao Rei Eetes de Cólquida. Ver Capítulo 4.

[145] Euristeu também representa o Hierofante no Templo dos Mistérios.

O Quarto Trabalho foi realizado, o animal foi capturado e a indesejável natureza suína no homem foi subjugada; o javali foi vencido e entregue em um estado de desamparo a Euristeu (neste caso personificando o Ser Interior), que agora o tinha conquistado. Então, o campo de Psófis, o povo foi libertado de sua devastação e o Quarto Trabalho foi concluído com sucesso.

A grande Caçada ao Javali de Caledônia, em que o Rei caledônio convocou o mais nobre da Grécia para ajudá-lo a matar o animal que devastava o seu país, é passível de interpretação semelhante, tendo em vista as modificações apropriadas.

O QUINTO TRABALHO

A limpeza dos estábulos de Áugias

Áugias, Rei de Elis, possuía inúmeros rebanhos de gado, dentre os quais doze touros brancos consagrados a Hélio. Um deles, chamado Faetonte, teve o privilégio de brilhar como uma estrela. Infelizmente esses animais magníficos viviam em estábulos imundos, cheios de esterco acumulado por muitos anos. Hércules se encarregou de limpá-los em um dia, com a condição de que o Rei lhe desse uma décima parte do rebanho. Para fazer isso ele rompeu as paredes do prédio, e, alterando o curso dos rios Alfeu e Peneu, fez com que eles corressem pelos estábulos. Quando o trabalho foi concluído, Áugias, sob o pretexto de que Hércules estava apenas executando as ordens de Euristeu, recusou-se a cumprir sua parte no trato. Mais tarde o herói puniria tal desonestidade.

Quando o Quinto Trabalho é estudado com a intenção de compreender seu possível significado oculto, descobre-se que o mito se aplica mais especialmente ao indivíduo, embora, é claro, seja de interesse universal não apenas para uma pessoa, mas para a raça humana como um todo.

O total desinteresse pela autopurificação e a indulgência que permitia um enorme acúmulo de sujeira podem ser descrever um tipo de pessoa relativamente não evoluída, de mente rude e grosseiramente autocomplacente. Isso se refere mais especialmente à série de encarnações que precederam o despertar espiritual e a aspiração de consertar o passado, de ser puro e íntegro. O gado como fonte da sujeira sugere os aspectos mais animalescos da natureza humana e os efeitos de sua indulgência.

Uma vez que o Ser Espiritual em cada ser humano está passando por um processo irresistível de evolução em direção à estatura da humanidade aperfeiçoada, finalmente chega a hora em que ele percebe esse grande objetivo, como ocorre nesta história com o dono dos estábulos de Áugias. As autoindulgências antigas e grosseiras evocam arrependimento e a decisão de viver dignamente, e eventualmente em pureza, limpando os veículos pessoais, físicos, emocionais e mentais (os estábulos), para se levantar e ascender em direção ao ideal futuro.

Como isso pode ser alcançado e como pode ser alcançado da melhor forma possível? Este é o problema a ser resolvido por todo aspirante à vida espiritual – na verdade, por todos que sinceramente procuram encontrar e trilhar a Senda do Aperfeiçoamento Acelerado rumo ao Adeptado, auxiliados pela admissão nos Templos dos Mistérios Menores e Maiores. A resposta consiste num trabalho *detalhado*, realizado em meio à lama? Esta narrativa em particular parece responder, definitivamente, que não. O que deve então ser feito? Começar a cavar nos estábulos o estrume acumulado? Novamente não, como o Quinto Trabalho responde, ainda que de modo alegórico. Pelo contrário: em vez de esforço físico puro e prolongado, intuitivamente perceba e execute o plano mais sábio e estratégico, como naturalmente faria todo "herói", ou servo Iniciado da humanidade. Medite sobre a tarefa a ser realizada e, assim, descubra e aplique os melhores meios para a sua realização – neste caso, a purificação absoluta de toda a natureza, de todos os vestígios de impureza anterior.

Expresso de outra forma, encontre as fontes de pureza absoluta, Alfeu e Peneu, geograficamente em níveis mais elevados – *dentro do Eu Interior*, o Ego reencarnante, triplo e imortal, que consiste em vontade espiritual, intuição e inteligência, ou poder, sabedoria e pensamento abstrato. Faça uso especialmente da vontade espiritual e da sabedoria intuitiva (os rios Alfeu e Peneu internos), e, por meio do poder hercúleo, direcione essas forças imaculadas para que inundem a mente, as emoções e a consciência desperta, até que esses três se tornem completamente limpos e enobrecidos, purificando assim a vida corporal até então enlameada e degradada (os seus próprios estábulos).

Naturalmente, quando a princípio empreendida, tal tarefa pode levar muitos anos, e, para se completar, até mesmo muitas encarnações sucessivas. Eventualmente, no entanto, a estatura evolucionária se torna igual à de um Hércules. A tarefa aparentemente impossível será então executada rapidamente (ou, como Hércules prometeu, seria completada "antes do anoitecer", possivelmente significando o fechamento pela morte da vida física).

Somente um Hércules, um herói de vontade quase invencível e força irresistível, tanto no sentido psicológico e mental quanto físico, é capaz de seguir com sucesso a orientação ancestral oferecida a todos os aspirantes despertos para a Vida Interior: *olhe para dentro*, e, evocando a mais íntima vontade com sabedoria e habilidade (aproveitando a força da gravidade), dirija os poderes purificantes do Ser superior e espiritual (as águas fluviais frescas e limpas) a cada pensamento, sentimento e ação no estábulo da natureza inferior, pessoal e mortal.

Não existem entre nós aqueles que às vezes se sentem afligidos de forma semelhante a Hércules, com remorsos em relação ao passado, arrependimento pelos erros cometidos e uma forte, mesmo hercúlea determinação de alcançar a autopurificação, e depois disso a autorrealização? Por tudo isso, o autor sugere que o meio garantido de sucesso é claramente afirmado, em termos alegóricos, neste Quinto Trabalho. De fato, o autor original do mito, seja um só ou muitos, parece falar diretamente àqueles comovidos: "Embarque na vida espiritual, descubra o seu verdadeiro Ser, desperte e direcione o seu poder de modo inabalável, mas também com muita sabedoria, como Hércules o fez, de modo a rapidamente criar ('dentro de doze horas', por assim dizer) o acesso ao modo de vida purificador e espiritualmente orientado."

O SEXTO TRABALHO
A destruição das aves do Estínfale

Os pântanos de Estínfale, na Arcádia, eram povoados por pássaros monstruosos, cujas asas, bicos e garras eram de bronze e que, além disso, produziam um excremento venenoso que arruinava as plantações. Eles se alimentavam de carne humana e eram tão numerosos que, quando levantavam voo, a luz do Sol era apagada. Hércules, auxiliado por Atena, amedrontou-os com címbalos de bronze e matou-os com flechas.

Na linguagem da alegoria e do símbolo, o pássaro geralmente representa poderes e ministrações divinas e sobre-humanas, como o pelicano e a pomba, por exemplo. Entretanto, quando atributos indesejáveis são aplicados, como na história presente, então o oposto é o verdadeiro. Os pássaros de Estínfale são exemplos do segundo caso, pois diz-se que possuíam e exibiam pelo menos duas características malignas. Uma delas, de longe a maior, consistia no fato de que, quando se erguiam do solo, em vez de elevar a mente do observador humano, eles obliteravam a luz do Sol, escurecendo assim o dia. Além disso, suas asas, bicos e garras eram feitos de latão, com todas as interpretações adversas aplicáveis à este metal: inércia, resistência e indiferença, em comparação com o material orgânico de bicos e garras.

O bico é normalmente benéfico, usado para obter comida, mas, quando feito de metal bruto e mal utilizado, implica uma influência oposta: a destruição cruel daqueles que são atacados. O mesmo pode ser atribuído às garras, principalmente quando capazes de ferir, podendo ser mortais. Além disso, por causa de tais qualidades em um indivíduo, as emanações áuricas grosseiras (excrementos) têm em si mesmas um efeito de forte rebaixamento, inclusive sobre outros que estiverem sob sua influência.

As asas são geralmente consideradas, na Língua Sagrada, um meio de ascensão da terra (as limitações aplicadas à personalidade mortal) para o ar superior (o estado de consciência em que a inspiração é experimentada e a iluminação alcançada). Porém, quando as asas são feitas de latão, como neste caso, infere-se uma grave, senão completa *oposição* a esses procedimentos, com um embrutecimento causado pelos meios que usualmente elevariam o corpo às alturas aéreas e aos raios do Sol. Todas essas limitações devem, é claro, ser consideradas como completamente interiores ou *pessoais*, particularmente quando aplicadas ao indivíduo, deliberadamente cego pela matéria e pelo aprisionamento de si próprio.

O país de Estínfale, por sua vez, descreve essa condição por ser "pantanoso", enquanto o grande número de pássaros indica uma civilização deliberadamente materialista e dirigida, pela maioria de seus cidadãos, à obtenção de vantagens pessoais, com habitantes totalmente egocêntricos.

Qual seria, então, o remédio? Como ele é simbolicamente retratado neste Trabalho, e por que de forma tão velada? A resposta, naturalmente, é o próprio Hércules, significando, neste caso, um esforço hercúleo, não apenas em termos de força e coragem inestimáveis, mas também por ser invulnerável às qualidades indesejáveis (vestido com a pele impenetrável do Leão de Nemeia). Além disso, a orientação e inspiração (do interior ou de Atena) devem estar disponíveis, bem como armas de eficácia irresistível (címbalos de bronze e flechas envenenadas), todas empregadas com total abnegação, exclusivamente a serviço de Euristeu, Rei de Micenas.

Com o auxílio interior e as devidas armas, os "inimigos" externos e internos, até então indestrutíveis, certamente serão vencidos. Quando a pessoa é confrontada e torna-se suficientemente consciente de suas próprias e graves deficiências, estas podem ser rapidamente eliminadas por meio de esforços heroicos, inspirado pelo Ser superior (Atena) e efetivamente realizado com o irresistível poder da vontade espiritual (o Hércules que existe no interior de cada ser humano). Então também a personalidade externa, os hábitos de vida e o ambiente (Estínfale) podem com certeza ser libertados de tudo o que é representado pelos pássaros. Mesmo com esses poderes, o perigo do excesso e do orgulho devem ser evitados (exemplos na vida do herói são a tentativa de roubar o Tripé Délfico e os ferimentos mortais resultantes da inveja de outros, como simbolicamente registrado pelo efeito de vestir a Camisa de Nesso).

Embora esses avisos se apliquem diretamente à vida diária, eles são ainda mais importantes para aqueles que embarcaram na Senda do Aperfeiçoamento Acelerado (os Doze Trabalhos, por exemplo). Privilégios concedidos e "passos" obtidos podem despertar perigosamente elementos remanescentes de satisfação e autoengano no aspirante. O candidato a discípulo e os discípulos aceitos são advertidos muito seriamente contra esses erros.

O SÉTIMO TRABALHO

A captura do touro de Creta

Como Sétimo Trabalho, Euristeu, Rei de Micenas, ordenou a Hércules que capturasse o Touro de Creta. Poseidon, deus do mar, havia dado este touro a Minos, Rei de Creta, acreditando que, por sua vez, ele o ofereceria em sacrifício a Hera, a consorte de Zeus. Como Minos se recusou, Poseidon levou o animal à loucura. Em consequência, o país foi aterrorizado e o Rei pediu auxílio à Hércules, que na época estava visitando a ilha. Sozinho, o herói capturou o animal, embora ele expelisse (arrotasse) chamas escaldantes. Hércules então o carregou nas costas para a praia, colocou-o em um barco e entregou-o completamente domesticado a Micenas, onde Euristeu, após dedicá-lo a Hera, o libertou.

Se o touro que arrota chamas, o agente criativo masculino do gado, for considerado um emblema do fogo procriador em toda a Natureza, e, portanto, também nos seres humanos, então o domínio do touro pelo homem exige que ele seja controlado e seu poder transmutado em criatividade intelectual e espiritual. As ações de dedicar o touro à deusa Hera e de libertá-lo podem muito bem simbolizar essa transmutação, pois até então o touro pertencera a um ser humano, Minos, sendo que Euristeu o ofereceu em sacrifício a uma deusa.

Infelizmente Minos, o primeiro destinatário do presente, recusou-se a atender ao pedido de Poseidon (sacrificá-lo a Hera), quando então foi relatado que a criatura perdeu a razão. Da mesma forma, se alguém, uma mulher ou um homem possuidor do fogo criativo hiperativo, falhasse nesse procedimento de controle e transmutação, a perda de sanidade poderia muito bem ser o resultado. Assim interpretado, o touro que arrota chamas simboliza a *Kundalinī Shakti*, e o mito descreve alegoricamente o perigo de não controlá-lo e as vantagens da capacidade de fazê-lo.

O próprio Hércules representa, ao longo do relato, um ocultista avançado que dominou o fogo da *Kundalinī* e consagrou-o a propósitos espirituais. Ele era, portanto, capaz de controlar, capturar, restaurar a sanidade e então transmitir o touro ao seu Rei. Minos, por outro lado, não havia alcançado essa capacidade. Simbolicamente, ele se recusou a sacrificar o touro a Hera. Isso denota que ele não estava suficientemente evoluído seja para "domar" o fogo criativo e, como consequência, dedicá-lo ao desenvolvimento dos objetivos espirituais.

A loucura do touro, causada pela recusa de Minos em fazer isso, descreve com propriedade o perigo da perda de sanidade que assalta aqueles que despertam prematuramente o Fogo Serpentino, e que não são movidos pelo idealismo representado por sua dedicação à deusa Hera, uma dedicação que significa aqui o emprego para propósitos totalmente benéficos. Este é especialmente o caso quando o poder ígneo de *Kundalinī Shakti* já foi despertado e tornou-se ativo, como é sugerido pela emissão de chamas da boca do touro. A solução de tal problema só poderia ser conhecida e aplicada por alguém que despertou e controlou totalmente o Fogo Serpentino.

Essa conquista é afirmada pela história da vitória de Hércules sobre as duas cobras que o atacaram ainda quando era bebê. Hércules foi, assim, capaz de vencer o touro, apesar de suas chamas ardentes, e carregá-lo nas costas – o que sugere a medula espinhal do ser humano, ao longo da qual o fogo da *Kundalinī* sobe para o cérebro. Depois disso, a sanidade do touro foi restaurada – como seria o caso de todos aqueles capazes de controlar a *Kundalinī* desperta no interior do corpo. O processo de transmutação foi alegoricamente concluído pelo herói, conforme indicado pela entrega do touro ao seu Rei. Euristeu, por sua vez, cumpriu o desejo de Poseidon e dedicou o animal à deusa Hera (consagrou a função do poder criativo a propósitos espirituais), assim libertando simbolicamente o touro que arrota fogo. Ele o domesticou e restaurou-lhe a sanidade.

O OITAVO TRABALHO

As éguas do Rei Diomedes

Diomedes, filho de Ares e Rei dos Bistones, possuía éguas que alimentava com carne humana. Hércules, acompanhado por alguns voluntários, aproximou-se da Trácia e capturou essas éguas terríveis, tendo primeiro matado seus guardiões. O alerta foi dado, os Bistones avançaram sobre ele e a batalha começou. Hércules finalmente derrotou seus agressores e Diomedes foi dado às suas próprias éguas para comer.

Aqui pedimos permissão para dispensar uma tentativa de interpretação deste Trabalho em termos das Ciências Ocultas. Além de retratar a obediência de ordens, coragem, habilidade e força pelas quais é famoso, Hércules não parece ter realizado ações ou passado por experiências que remetem a uma possível sabedoria espiritual oculta nesta história. Em outras palavras, ela pode ser considerada uma das inúmeras lendas dos contos de fadas que não transmitem instruções ocultas. Talvez outros escritores que entrem neste campo possam apresentar interpretações que deem peso a uma visão oposta; nesse caso, o autor está pronto para fazer as correções necessárias.

O NONO TRABALHO

O cinturão dourado de Hipólita

Hipólita, a quem alguns chamam de Melanippe, era a Rainha das Amazonas na Capadócia. Como uma marca de sua soberania, ela possuía um cinturão magnífico recebido de Ares. Admeta, filha de Euristeu, cobiçava muito esse maravilhoso adorno, e Hércules recebeu, portanto, ordens de obtê-lo. Acompanhado por vários heróis célebres — Teseu, Télamo, Peleu — ele zarpou e, quando finalmente chegou ao país das Amazonas, a princípio não encontrou nenhum obstáculo, pois Hipólita concordou em conceder-lhe o cinto. A deusa Hera ficou enfurecida, e, disfarçando-se de amazona, espalhou a história inverídica de que Hércules planejava sequestrar a Rainha. As amazonas pegaram suas armas e atacaram Hércules, que, acreditando ter sido traído, matou as amazonas e Hipólita. Ele então pegou o cinto e foi em direção a Troia.

Essa história, com o assassinato da Rainha das Amazonas e de todas as suas súditas por Hércules, para satisfazer o desejo de seu Mestre Euristeu, é repelente ao extremo. Além do símbolo do cinturão de uma Rainha, não parece conter elementos usados na Língua Sagrada da Alegoria e do Símbolo. Por isso, como no trabalho anterior, nenhuma interpretação da lenda é oferecida neste momento. No entanto, como afirmado anteriormente, o autor está pronto para fazer correções.

O DÉCIMO TRABALHO
Os bois de Gerião

Gerião era o Rei de Tartesso, na Espanha, e supostamente o homem mais forte vivo. Ele nasceu com três cabeças, seis mãos e três corpos unidos pela cintura. Seu gado, de beleza maravilhosa, era guardado pelo pastor Euritião e pelo cão de guarda de duas cabeças Ortros.

Durante sua passagem pela Europa, Hércules ergueu dois pilares no Estreito de Gibraltar, um na Europa e outro na África. Hélio sorriu para Hércules, que, achando impossível trabalhar com tanto calor, amarrou seu arco e disparou uma flecha no deus. "Chega disso", gritou Hélio com raiva. Hércules desculpou-se por seu mau humor e desarmou o arco imediatamente. Para não ficar atrás em cortesia, Hélio emprestou a Hércules sua taça de ouro em forma de nenúfar, na qual ele navegou para Erítia, uma ilha ocidental. Mas o Titã Oceano, para testá-lo, fez a taça oscilar violentamente sobre as ondas. Hércules retesou novamente o arco, o que assustou Oceano, fazendo-o acalmar o mar.

Em um outro relato, Hércules navegou para Erítia em uma urna de bronze, usando sua pele de leão como vela. Em sua chegada, o cão Ortros correu latindo para ele, mas a clava de Hércules o atingiu e matou; Euritião, o pastor, morreu da mesma maneira.

Desafiado para a batalha, Hércules atirou em Gerião de lado, através de todos os três corpos. Em outra versão, disparou uma revoada de três flechas. Assim, ele ganhou o gado sem nenhuma exigência ou pagamento, tendo destruído o seu dono. Depois disso, partiu sobre a taça dourada.

Enquanto Hércules conduzia os bois de Gerião para o Peloponeso, tornou-se amante de um ser estranho, metade mulher, metade serpente, a quem beijou três vezes. Ele seguiu seu caminho, finalmente completando este Trabalho e levando o gado para o Rei Euristeu.

Se, apesar de seus ingredientes fantásticos e até absurdos, o Décimo Trabalho for interpretado como uma descrição do despertar total e seguro da *Kundalinī Shakti*, então os dois pilares erguidos por Hércules através do Estreito de Gibraltar representariam os dois *nādis*, *Idā* e *Pingalā*, e a passagem entre eles seria *Sushumnā*. O monstro de três corpos, Gerião, personifica um homem mortal tríplice, o próprio Hércules —

físico, emocional e mental –, enquanto o gado poderia representar os produtos do exercício normal do triplo Fogo Criativo, particularmente, neste caso, quando controlado e transmutado. Daí a sua beleza. Por outro lado, o cão Ortros, que se precipitou latindo para Hércules, alude alegoricamente a qualidades subumanas discordantes.

O pastor Euritião, que também guardava o gado – uma ocupação humilde – significa os atributos do candidato à Iniciação, remanescentes de uma evolução anterior. Tanto o cão quanto Euritião foram presumivelmente espancados até a morte por Hércules (ou, alegoricamente, suas limitações pessoais foram superadas no herói). Obter a posse do gado e levá-lo ao Rei Euristeu em Micenas (neste caso representando o Hierofante no Templo dos Mistérios e os correspondentes estados de consciência, Causal, Búdico e Átmico) pode se referir à transmutação bem-sucedida dos atributos mais animalescos da força sexual em sua expressão espiritual. Outro aspecto estranho do mito consiste nos três corpos de Gerião compondo um veículo, conforme interpretado acima.

A luz quase insuportável do Sol, a doação solar do navio em forma de cálice para atravessar o oceano e o voo triplo de flechas que tornou Gerião indefeso podem ser interpretados como outras referências ao próprio Fogo da Serpente Solar tríplice. Há também a necessidade enfatizada de destruição das restrições ao despertar desta força e ao seu uso adequado no Caminho do Aperfeiçoamento Acelerado (os Doze Trabalhos). Isso inclui, entre outros fatores, o materialismo, a animalidade e a possessividade egoísta. O autor se atreve a fazer tais sugestões porque, sem essa compreensão, aspectos ou partes do mito pareceriam totalmente sem significado – fabulosos, na verdade.

A inclusão do Senhor do Sol dá suporte a esta leitura, principalmente porque o Sol – físico e suprafísico – é a principal fonte e centro a partir do qual a *Kundalinī Shakti* é projetada no Universo. Depois disso, ela se torna disponível para o cumprimento do propósito único de existência do Sistema Solar e da totalidade de seus seres associados ou habitantes. Este propósito pode ser descrito como o desenvolvimento do poder espiritual, da vida, da consciência e da faculdade criativa ao mais alto grau possível. Na humanidade isso inclui os desenvolvimentos sobrenaturais alcançados por aqueles que foram admitidos na Tradição dos Mistérios ou adentraram a Senda do Aperfeiçoamento Acelerado.

A energia solar ígnea pode induzir estresse, até mesmo causando ressentimento naqueles por quem ela é vivenciada (a raiva de Hércules quando Hélio irradiou sobre ele seu grande calor). Em um indivíduo suficientemente desenvolvido, no entanto, a discórdia é rapidamente superada e a harmonia com a fonte sublime e seu poder prossegue rapidamente. Isso também se aplica à renúncia às limitações anteriores da natureza humana, como o ressentimento, por exemplo. Por conseguinte, a energia solar se torna disponível para ser utilizada de forma prática, como é emblematicamente indicado pelo empréstimo do meio de transporte para atingir a meta. Este consistia na taça de ouro em forma de nenúfar, ou na urna de bronze para a qual a pele de leão (as poderosas realizações pessoais habilmente usadas) se torna a vela, o meio para a realização de todo o Trabalho: a transferência do gado para o Ser Interior (a natureza do desejo inferior purificada e agora embelezada), como sugerido anteriormente.

O Titã Oceano, a fim de testar Hércules, fez o cálice sacudir violentamente sobre as ondas. Hércules retesou novamente seu arco, o que assustou Oceano a ponto de acalmar o mar. Nesse procedimento, uma sensação de tensão até então inexistente pode se revelar um incômodo, que, por sua vez, deve ser harmoniosamente superado. Oceano, ou o Senhor do Oceano, era associado à água, um símbolo reconhecido para a emoção. Este incidente fornece uma indicação útil de que as emoções negativas podem ser tornadas inofensivas pelo exercício de um poder positivo (Hércules armado com seu arco) e pela direção mental perfeita ou a pontaria da flecha (força de vontade corretamente apontada e disparada).

A introdução do símbolo da serpente em uma forma estranha, presumivelmente escolhida tanto para ocultar quanto para revelar (a pessoa metade serpente, metade mulher, que Hércules beijou três vezes) também é de interesse simbólico. Os símbolos de feminilidade e de triplicidade são empregados possivelmente para indicar, por meio de uma mulher estranha e três beijos, uma verdade profundamente oculta, por conta da profunda importância e do valor do conhecimento, mas também do perigo de seu uso indevido. Assim, foi revelada e ocultada a associação íntima (beijos) do Iniciado com o Fogo Serpentino feminino tríplice (a combinação metade serpente e metade mulher).

Assim vista, a inclusão deste episódio aparentemente sem sentido dá mais evidências de um uso Linguagem Sagrada da Alegoria e do Símbolo, inspirado por Sábios a fim de ocultar e também de chamar a atenção para uma profunda verdade, que confere poder por meio de sua ocultação parcial e alegórica. Não poderia até mesmo ser possível que os supostos autores inspirados tenham conferido o mesmo significado por meio do número escolhido dos Trabalhos (doze, que por adição é igual a três), novamente referindo-se à tripla *Kundalinī Shakti*? Na verdade, em uma interpretação, Euristeu, em seus atributos mais elevados, pode ser considerado como uma personificação fortemente velada do Chefe ou Hierofante, e Micenas uma referência simbólica às regiões e templos nos quais os Mistérios foram e *ainda estão sendo ministrados*,[146] para a realização no Iniciado ou Adepto em formação.

RESUMO

A natureza complexa das descrições deste Décimo Trabalho levou o autor a adicionar às suas interpretações gerais alguns significados para os principais incidentes. Estes se aplicam especialmente aos estados interiores de consciência e ao desenvolvimento do futuro Hércules (ou aspirante ao Progresso Acelerado) no caminho para o Adeptado. Por isso, cada incidente que parece possuir significado oculto é brevemente repetido e seguido por uma interpretação nos termos acima mencionados. Ênfase particular é dada às aplicações interiores e aos significados subjacentes sugeridos tanto no mito quanto em algumas de suas partes.

- *Gerião*, a tripla *Kundalinī*, desperta e concede poderes sobrenaturais.
- *Seus bois de beleza maravilhosa* — as tendências animalescas transmutadas em condições harmoniosas e inspiradoras.
- *O pastor Euritião e o Ortros, o cão de guarda de duas cabeças* — uma trindade, novamente referindo-se às triplicidades na Natureza e no homem, útil para o autocuidado quando devidamente disponível.

---

[146] A Senda da Evolução Acelerada nunca se fecha; continua a ser percorrida, com o aspirante sendo auxiliado pela admissão nos Mistérios Menores e Maiores. Felizmente os "Trabalhos de Hércules" são perpetuamente realizados por muitas personificações sucessivas do herói.

- *Os pilares de Hércules e do Estreito* – a tripla *Kundalinī*, cujo despertar é essencial para o cumprimento do Trabalho (a capacidade de viajar para Erítia e de lá retornar com sucesso).
- *Ganhar os bois sem demanda ou pagamento, após a destruição de seu dono* – o domínio completo (matança) de quaisquer elementos não naturais e indesejáveis da *Kundalinī* e sua transmutação em uma qualidade desejável (como o gado de grande beleza).
- *O erro passageiro da raiva sentida contra o deus Sol, o pedido de desculpa e o término da ação agressiva* – uma vitória sobre qualidades indesejáveis e o reconhecimento das leis naturais que governam o Universo.
- *O teste do Titã Oceano, superado com as demonstrações de poder superior* – domínio completo da natureza emocional, com a capacidade de transformar "tempestades" em paz (mar calmo); as emoções sendo completamente controladas.
- *O empréstimo, por parte do deus Sol, do cálice de ouro no qual Hércules retornou de Erítia* – a aquisição de capacidades ocultas adicionais, incluindo a habilidade de transcender a aparente separação geográfica.
- *Os metais e a cor do ouro* – geralmente usados como símbolos de percepção intuitiva e sabedoria espiritual, qualidades que ajudariam Hércules em sua viagem e na realização de seus Trabalhos.

Uma vez que esses atributos do Ser imortal não podem ser considerados posses pessoais, mas sim dádivas do Ser ou Sol Interno, simbolicamente eles podem ser considerados legitimamente como empréstimos. (Para aqueles para quem a linguagem simbólica prova ser um método de revelação, o incidente brevemente descrito pode ser visto como uma descrição altamente informativa da *Kundalinī Shakti* e dos meios de seu despertar para a atividade, em preparação para um empreendimento específico, por exemplo.)

Esse incidente peculiar chama a atenção para a chave que sempre deve ser recordada na interpretação das alegorias místicas: toda ação e experiência externa presumida ocorre *no interior* do sujeito do mito.

- *A estranha senhora* – na verdade, a tríplice *Kundalinī dentro do próprio Hércules*, que ele é capaz de despertar para a atividade com um ato íntimo, um "beijo" de seu tríplice poder espiritual, sabedoria e inteligência. Como o título *Kundalinī* demonstra, o Fogo Serpentino é considerado uma força feminina, conforme indicado na Língua Sânscrita por suas quatro letras finais (*linī*).

- *Hércules traz o gado para Euristeu* — ele completa seu décimo Trabalho trazendo para Euristeu, neste caso especialmente, seu Ser espiritual mais íntimo, os bois maravilhosamente belos, denotando o sucesso do aspirante que passa pelas grandes Iniciações com seus empoderamentos interiores, iluminações e perfeições que conduzem à estatura do Adepto.

O DÉCIMO PRIMEIRO TRABALHO
As maçãs douradas das Hespérides

O décimo primeiro Trabalho exigia de Hércules trazer de volta as Maçãs Douradas das Hespérides, e o herói não sabia onde encontrá-las. Hera, a dona das macieiras douradas, havia confiado sua tutela às filhas de Atlas. Quando Hera descobriu que as filhas de Altas estavam roubando as maçãs, enviou o dragão Ladão para se enrolar em torno da árvore como seu guardião. Esta foi definitivamente uma escolha adequada, já que Ladão possuía nada menos que cem cabeças e falava em várias línguas. Atlas, que carregava a abóbada celestial sobre os ombros, era o pai das Hespérides; então Hércules foi até ele e pediu-lhe que pegasse as maçãs, oferecendo-se para assumir o fardo do céu enquanto Atlas estivesse fora. Atlas, vendo uma chance de se aliviar para sempre de seu trabalho pesado, concordou de bom grado. Ele voltou com as três maçãs, mas não as deu a Hércules; disse-lhe para continuar segurando o céu enquanto ele levaria as maçãs para Euristeu. Nesse dilema, Hércules dispunha somente de sua inteligência para ajudá-la, pois teve que usar todas as suas forças para suportar aquela carga poderosa. Ele aparentemente concordou com o plano de Atlas, mas pediu-lhe que tomasse o céu de volta por um momento, para que ele, Hércules, pudesse colocar uma almofada em seus ombros para aliviar a pressão. Atlas fez isso, e Hércules pegou as maçãs e partiu. Ele foi bem-sucedido por causa da falta de esperteza de Atlas, e não por sua própria inteligência.

Na linguagem sagrada da alegoria e do símbolo, cada uma das cores do espectro recebe seu significado específico. Em termos de psicologia e consciência, a cor dourada, por exemplo, simboliza a sabedoria, incluindo faculdades de *insight* implícito, compreensão completa e geralmente instantânea. Como sugerido na interpretação do mito de Jasão e dos Argonautas, o Velocino de Ouro era um símbolo dessas capacidades. O mito retratou alegoricamente os meios pelos quais, depois de muitas aventuras, o sucesso pôde ser obtido. Quando assim interpretado, o Décimo Primeiro Trabalho oferece orientação semelhante para o cumprimento deste propósito — o desenvolvimento da sabedoria.

O próprio Hércules pode ser considerado a personificação de um Iniciado dos Mistérios. Curiosamente, tendo em vista que a sabedoria não é adquirida pelo exercício do processo normal de raciocínio, Hércules não sabe exatamente em que direção deve prosseguir em sua busca, no que diz respeito aos pontos cardeais.

Como faz todo sincero aspirante e cada membro dos Antigos Mistérios, o herói evidentemente sabia como a informação necessária podia ser adquirida, ou seja, pela transcendência das limitações da mente concreta (o sentido espacial), alegoricamente dirigindo-se a Atlas, que carrega a abóboda celestial sobre os ombros e que transcende o espaço. A decisão foi evidentemente correta, pois Atlas era o pai das Hespérides, que zelavam dos pomares e cuidavam das árvores e maçãs douradas que cresciam ali. O próprio Atlas, atrevo-me a sugerir, pode representar o plano físico e a substância física da matéria da qual a Terra é formada. Ele também retrata o corpo físico do ser humano, que carrega sobre seus ombros o instrumento do pensamento (o cérebro), por meio do qual as limitações do espaço podem ser transcendidas e a consciência da quarta dimensão ser alcançada, como o próprio Atlas claramente havia feito.

Quando a deusa Hera, a dona das macieiras, descobriu que as filhas de Atlas estavam roubando as maçãs, ela enviou o dragão Ladão como guardião (não apenas das maçãs de ouro, mas simbolicamente da Sabedoria Oculta). A ação de enviar uma criatura serpentina como guardiã parece ser um exemplo notável da interferência de um Sábio em um possível conto de fadas, tanto para prender a atenção do leitor quanto para revelar um aspecto da Religião-Sabedoria. Interpretada de acordo com a linguagem da alegoria e do símbolo, a própria macieira dourada crescendo no Jardim das Hespérides, com frutos diferentes das outras árvores, é um símbolo milenar e universal da Força da Vida do Universo, a Árvore da Vida.[147]

Quando este símbolo da Árvore é assim utilizado pelos alegoristas, a serpente é frequentemente associada a ele. O tronco da árvore representa anatomicamente a coluna vertebral do ser humano, enquanto a serpente ou dragão Ladão, com a cauda enrolada em torno da árvore, indica a presença da Fogo Serpentino da *Kundalinī Shakti* em seu interior. Isso se aplica igualmente a todas as estruturas verticais em torno das quais as cobras se enroscam, incluindo, por exemplo, a coluna do poço de Cadmo.[148]

Infelizmente, como no Jardim do Éden e das Hespérides, a presença da serpente nem sempre é uma salvaguarda contra o suposto mau uso do fruto da árvore, pois, como diz o mito, Hércules obteve as maçãs de ouro apelando diretamente para Atlas, cujos rebanhos vagavam pelas pastagens onde o pomar de Hera estava situado. Em comunhão e colaboração com uma personificação da inteligência abstrata, consciente no espaço não confinado, incondicionado, incomensurável, ilimitado, semelhante ao céu (um aspecto de Atlas; ver mais adiante), Hércules matou Ladão com uma flecha sobre o muro do jardim, e assim obteve aquilo que só o cumprimento desse Trabalho poderia prover: as maçãs de ouro, símbolos da mais pura sabedoria, em sua forma mais frutífera. A morte de Ladão por uma flecha pode ser interpretada como uma subjugação do Fogo Serpentino, posto sob controle com o poder da vontade (a flecha).

Se essa abordagem for aceita, somos apresentados a duas ideias, uma das quais é Atlas com a abóbada celestial simbólica e permanentemente sobre os ombros; a outra é Hércules em função semelhante (embora temporária) também transcendendo as limitações do espaço fixo. Um dos objetivos do aspirante que avança à estatura da perfeição, ou seja, da admissão ao Olimpo (a meta diante de todo Iniciado e, portanto, de Hércules), é transcender permanentemente em consciência o tempo passado, presente e futuro, e as limitações das três dimensões do espaço.

---

[147] Ver Apêndice — As *Sephirot*.

[148] Ver ilustração de Cadmo, Capítulo 9.

Na descrição do progresso de Hércules em direção a essas realizações, ele é primeiro colocado em contato e comunhão com Atlas, que carregava a abóbada celestial nos ombros, e depois consigo mesmo, fazendo exatamente a mesma coisa pelo tempo suficiente. Alegoricamente, sua cabeça (a consciência cerebral) foi levada à união e brevemente experimentou a intemporalidade e a ausência de espacialidade da consciência abstrata, ou Consciência Universal. Na Senda para a Perfeição, uma das realizações ou poderes essenciais é a experiência sempre pronta do ilimitado, livre de tempo e espaço. Agora vemos por que Hércules teve que ser submetido à difícil experiência associada à tarefa de trazer de volta as Maçãs Douradas das Hespérides para Euristeu. O autor sugere que foi porque, como todos os mitos verdadeiramente inspirados pelos Sábios, este Trabalho revela, sob o véu da alegoria e do símbolo, algumas das tensões e vicissitudes associadas ao desenvolvimento da consciência abstrata, da sabedoria pura e da perfeição sobre-humana. A aquisição do estado de consciência livre de dimensões e seus resultados sobre a inteligência são personificados pelo próprio Atlas, que, é claro, não era um ser real; entre outras interpretações possíveis, era o símbolo da consciência abstrata. Isso é retratado de forma adequada pelo ofício que ele tem que cumprir, ou seja, carregar sobre os ombros (e assim em contato com seu cérebro-mente) a consciência universalizada, incomensurável e atemporal (a abóbada celestial).

Neste Trabalho, a deusa Hera pode representar a Mônada do ser humano, dentro da qual (junto com outras regiões do pensamento abstrato) está contida a potencialidade do eventual desenvolvimento pela humanidade da mais pura sabedoria. Atlas, como afirmado, retrata um ser humano que já havia alcançado tal estado. Alegoricamente, Hera, sua Mônada, confiou-lhe a tutela da árvore de maçãs douradas (símbolos da Fonte da Sabedoria Perfeita), cuja obtenção é o objetivo subjacente proposto por este mito.

As filhas de Atlas personificam aspectos da natureza humana do indivíduo que egoicamente pode ter alcançado a sabedoria. Uma mensagem valiosa, de fato uma advertência, é aqui oferecida a todos os aspirantes às alturas espirituais, e até mesmo àqueles que a alcançaram. Primeiro, Atlas enganou Hércules. A orientação aqui é de que, até que o Adeptado pleno seja alcançado, os atributos da natureza pessoal podem falhar completamente em tornar manifesto (e podem até mesmo negar, por falsa conduta) o estado que o aspirante já atingiu. Mesmo Atlas foi enganado por suas filhas e por Hércules. Este perigo reside tanto na natureza emocional quanto na natureza mental da personalidade, qualquer uma das quais – até que o Adeptado seja alcançado – pode conduzir a uma conduta física e a motivos que são indignos, e que na verdade contrariam a alta realização de um Ser interno ou Ego reencarnante avançado.

A mais valiosa orientação é, portanto, oferecida a todos os que estão trilhando a Senda do Aperfeiçoamento Acelerado: toda a natureza mortal deve ser continuamente protegida, de modo que, tanto quanto as fraquezas humanas remanescentes permitirem, somente aquilo que o Ser Interior alcança ou busca atingir se manifeste na vida pessoal.

Uma proteção adicional à vigilância é apresentada pela ação de Hera, ao colocar o dragão de cem cabeças, Ladão, com o corpo enrolado no tronco da macieira; aqui é apresentada uma interpretação ainda mais simbólica da existência da natureza iluminadora e protetora do poder do Fogo Serpentino, que quando fora de controle pode produzir um dos maiores perigos[149] de todos. Um exemplo está incluído neste mito sob o conceito de furto. Este tipo de erro consiste em tomar o material dourado, a sabedoria (maçãs) das obras de outros de forma egoísta e falsa, e reivindicá-los como sendo seus, sem reconhecimento da fonte.

O emblema das cem cabeças retrata habilmente as capacidades quase ilimitadas do desenvolvimento intelectual e das atividades mentais, e a liberdade de sua expressão em todas as ocasiões adequadas (as diversas línguas), tornada possível quando o Fogo Serpentino é, com os mais elevados motivos, despertado e dirigido com sucesso pela consciência egoica pessoal. Quando isso é permitido, os possíveis desenvolvimentos intelectuais são virtualmente ilimitados (Ladão com suas cem cabeças).

Para acentuar a simbologia, o mito diz que Ladão estava enrolado ao redor do tronco da árvore, descrevendo exatamente a posição da *Kundalinī Shakti* enroscada ao redor e no interior da medula espinhal do iogue em desenvolvimento.

Embora não seja diretamente um dos assuntos escolhidos para estudo neste livro, uma vez que Atlas desempenha um papel proeminente

[149] Ver o Capítulo 2 para uma enumeração mais detalhada das características da *Kundalinī* e seus perigos.

no Décimo Primeiro Trabalho de Hércules, uma referência ao seu lugar na mitologia grega pode ser interessante e útil ao presente estudo.

Atlas se juntou aos Titãs na fracassada guerra contra os deuses do Olimpo, e, embora poupado por Zeus, foi condenado a segurar a abóbada celeste sobre os ombros por toda a eternidade. Ele sustentou os céus desde então, exceto quando Hércules temporariamente aliviou-o da tarefa.

Uma possível razão para o medo que Ladão inspirou em Atlas pode ser o fato de que eles representam opostos exatos. Ladão, com cem cabeças e capacidade de falar em várias línguas, representa claramente a mente e o mundo concretos. Por outro lado, Atlas, no cumprimento da punição imposta por Zeus, representa a mais pura abstração — o Ilimitado, embora seriamente minimizado pelo nome de "abóbada celeste".

Se, no entanto, o aspirante altamente evoluído (Atlas), que atingiu a plenitude e a liberdade da consciência totalmente abstrata, livre de forma e de tempo, permitisse uma "descida" ao estado aprisionado, na forma da mente concreta, a maravilhosa liberação total da abstração seria imediatamente perdida; poderia ser muito difícil recuperá-la, caso tal recuperação fosse possível.

Para evitar esse autoaprisionamento, que naturalmente causava medo e retraimento em Atlas, Hércules — que não era assim limitado — destruiu Ladão, ou simbolicamente tornou tal "queda" impossível. Depois disso Atlas foi capaz de obter o Fruto da Sabedoria (entrar na consciência da sabedoria sem o perigo de ficar preso ao pensamento formal).

O incidente, assim visto, torna-se uma exposição da consciência aprisionada e liberta das formas, do processo e dos problemas associados tanto à obtenção da liberdade da forma quanto à orientação contra os obstáculos e até mesmo o fracasso total.

O DÉCIMO SEGUNDO E ÚLTIMO TRABALHO

O transporte de Cérbero do Hades para Euristeu

O décimo segundo e último Trabalho de Hércules provou ser o mais difícil de todos: levou-o ao submundo, onde ele libertou Teseu da "Cadeira do Esquecimento", restaurando sua memória (quem se sentava nesta cadeira esquecia-se de tudo). A tarefa de Hércules era trazer Cérbero, o guardião cão-serpente com cauda de dragão, do Hades para o seu mestre

Euristeu. Hades deu permissão, desde que Hércules não empregasse armas para vencer Cérbero. O herói só podia, portanto, usar as mãos, mas, apesar dessa limitação, forçou o terrível monstro a se submeter. Em seu retorno do submundo, com a ajuda de Atena, cruzou novamente o Rio Estige em segurança, e, meio arrastando e meio carregando Cérbero pelo abismo a entrada do Hades, levou o cão de guarda ao longo do caminho até a Terra, e depois até Micenas. Euristeu ficou naturalmente aterrorizado pela visão do animal com serpentes surgindo de sua crina, e, em consequência, buscou refúgio numa jarra. O Rei, muito sabiamente, não quis manter a criatura e fez com que Hércules a carregasse de volta, completando assim seu décimo segundo e último Trabalho.

O Reino dos Mortos era governado por um dos doze grandes olímpicos, Hades, e é frequentemente chamado por seu nome grego. Diz-se que fica abaixo dos lugares secretos da Terra e conduz, ao longo do oceano e através da borda do mundo, a várias entradas que passam por cavernas e ao lado de lagos profundos. Em guarda diante do portão está Cérbero, o deus guardião de três cabeças, com juba de serpente e cauda de dragão; assim como seu mestre Hades, ele permite que todos os espíritos entrem, mas não que retornem.

HÉRCULES TRAZENDO O CÃO DE GUARDA CÉRBERO DO HADES PARA O REI EURISTEU

Assim descrito, Cérbero é uma apresentação simbólica completa e notável da *Kundalinī Shakti* na forma de um animal de estimação – um excelente disfarce! A cauda de dragão e a juba serpentina fornecem uma chave, enquanto as três cabeças indicam como o triplo Fogo Serpentino se manifesta triplamente no ser humano em três polaridades, *Idā*, *Sushumnā* e *Pingalā* – negativa, positiva e neutra, respectivamente. Nesse mito elas estão objetivamente divididas no representante de três cabeças, embora na verdade, apesar de triplas e diferentes, elas funcionem juntas dentro e por meio da cabeça humana.

Cérbero só poderia ser levado à superfície da Terra e ao Rei por aquele que alcançasse esse domínio sem armas, apenas com sua própria força. Da mesma forma, a *Kundalinī* só pode ser despertada na cabeça e para a atividade consciente pelo próprio despertar bem-sucedido do indivíduo, pela atração para cima e pelo controle completo do poder triplo. Hércules, apropriadamente, fez isso com sua própria força, cumprindo assim sua última missão ou Trabalho – significando a mais alta realização, que pode ser descrita como uma descoberta pessoal direta, o conhecimento e emprego da reconhecidamente perigosa força tripla serpentina. Como sugerido ao longo da história de sua vida, Hércules personifica alguém em quem o Fogo Serpentino é despertado e dominado, conforme alegoricamente retratado pelo incidente de seu controle sobre as duas serpentes durante sua primeira infância. Em sua grande força, ele também personifica o poder obtido com o uso correto da *Kundalinī Shakti*.

Os sofrimentos do Herói podem, por sua vez, serem vistos simbolicamente como uma referência aos efeitos do mau uso do poder. Essas adversidades são excelentes exemplos, mesmo que apenas emblematicamente revelados, pois mostram claramente os perigos do Fogo despertado e indicam inequivocamente, pelos erros de Hércules, as suas graves consequências, conforme retratadas na história mitológica da vida do herói. Além disso, sua grande força demonstra os efeitos sobre a natureza pessoal da *Kundalinī* ativa.

Conforme relatado na história do Décimo Segundo Trabalho,[150] o Rei Euristeu ficou apavorado com a visão do inspirador Fogo Criativo

[150] O único dos Doze Trabalhos mencionado por Homero.

(simbolizado pelas serpentes surgindo da crina e da cauda de dragão de Cérbero). Ele buscou naturalmente se proteger ao sentir medo do Fogo Criador inspirador, pelo qual mundos e seus conteúdos são formados e que, quando devidamente preparados, os seres humanos podem trazer para a função consciente dentro de si. Portanto, o Rei ordenou o retorno de Cérbero ao submundo. Esta última ação pode ser considerada alusiva da necessidade de devolver *Kundalinī Shakti* à sua fonte (no sacro humano) após ela ter sido elevada ao longo da espinha até a cabeça, para o cumprimento de uma missão espiritual e oculta (o Trabalho).

No entanto, como a posição do bondoso Euristeu em geral sugere uma superioridade considerável (realeza e domínio completo sobre Hércules ao longo dos Doze Trabalhos), parece ser razoavelmente justificada que ele seja interpretado como a personificação de um Alto Oficial nos Mistérios Maiores. Isso é especialmente justificado quando se está lidando com mitos, e não com declarações diretas de leis ocultas fundamentais e descrições de Altos Oficiais cerimoniais.

Sob esta condição, os Altos Iniciados semelhantes a Hércules são naturalmente capazes de "superar" o poder ígneo, conseguindo isso sem a menor experiência do medo sentido por Euristeu. Assim, na mitologia, hidras, dragões, cobras e outros símbolos serpentinos da *Kundalinī Shakti* despertada são todos corretamente elaborados para serem perigosos e aterrorizantes, sendo esta também uma forma possível de resguardar os ensinamentos por trás do mito. Na verdade, porém, todo aspirante à Iniciação e à Vida Superior deve se tornar um Hércules e realizar com sucesso "Trabalhos" ou serviços para a proteção e o bem-estar da humanidade.

Cada personagem em um mito inspirado personifica um aspecto de uma pessoa, todo o desempenho sendo representado exclusivamente por ele e dentro dele, pois todos são personificações de atributos, poderes e experiências de uma mesma pessoa — o próprio Hércules em seus Doze Trabalhos. Além disso, cada pessoa no mito representa um aspecto do ser humano sétuplo e, portanto, todos os personagens estão dentro da figura central, mas todos os eventos, por sua vez, também ocorrem dentro da mesma pessoa.

Cérbero como uma personificação da *Kundalinī* não é realmente um prisioneiro no Hades, mas o guardião do conhecimento oculto e do poder a ser obtido por aqueles que são capazes, simbolicamente, enquanto "acordados" ou vivos, de explorar o mundo físico (Hades) e penetrar as profundidades ocultas de seus segredos – um processo de fato perigoso.

Hades ou Plutão, personificando as Leis da Natureza, insistia que o cão guardião fosse devolvido ao Hades. Da mesma forma, o ocultista dotado e alimentado pela *Kundalinī* deve sempre ser capaz de fazer com que o Fogo Serpentino desperto seja devolvido, após o uso, à sua posição relativamente quiescente (Hades, de fato) no sacro humano.

O RESGATE DE TESEU

Não é surpreendente que a totalidade da mitologia grega não tenha sido preservada durante o longo período de tempo desde que foi "inventada". Aparentemente, uma das partes que faltam inclui um registro direto das ações de Teseu pelas quais Hades justificadamente fez com que ele "se sentasse na Cadeira do Esquecimento", onde ficou incapaz de se mover e sua mente ficou "em branco". Um desses erros foi o fato de que Teseu se comprometeu a levar Helena, a futura heroína de Tróia (então uma criança), e, quando ela crescesse, casar-se com ela. Seus irmãos, Castor e Pólux, a recuperaram, mas não encontraram Teseu, porque ele estava viajando para o Mundo Inferior. Lá o Senhor de Hades o frustrou no cumprimento do propósito de sua visita, o que, entretanto, não parece ser descrito no mito. Hades convidou Teseu a se sentar na Cadeira do Esquecimento, de onde ele não pôde se levantar nem se mexer, esquecendo-se de tudo.

Embora as evidências diretas não pareçam existir, deve-se supor que tal pena severa foi consequência de um crime grave. Talvez a natureza desse delito tenha sido uma ação que cruelmente privou outra pessoa de sua razão, pois uma conduta assim imprópria talvez pudesse equilibrar, por sua natureza, a punição dada por Hades.

Se isso for aceito, então um aliado ou um inimigo teria sido a possível vítima de uma agressão que o privou de sua razão. Se isso tivesse ocorrido, miticamente ou na verdade, uma experiência semelhante seria justificada pela Lei de Causa e Efeito. De fato, na Eneida de Virgílio, vol. 6, o "Mundo Inferior" é o lugar da justa retribuição pela conduta à qual o "pecador" era submetido, após a morte e a consequente "descida".

Evidentemente, no entanto, a ação causal não produziu sofrimento a ponto de criar loucura e morte incuráveis. Daí a liberdade concedida por Hades ao permitir que Hércules resgatasse o herói Teseu. Infelizmente a ausência de um relato da ação causal de Teseu impede que se correlacione o ato ao efeito (a Cadeira do Esquecimento).

Outro exemplo da operação desta lei é sugerido pela ação benéfica da deusa Atena, que ajudou Hércules a cruzar novamente o Rio Estige em segurança, levando Cérbero ao abismo ou à boca do túnel que dava acesso ao Hades. O Rio Estige é considerado também o Rio Sem Retorno, mas embora o próprio Hércules fosse culpado de muitos atos cruéis, seus serviços benéficos (os Doze Trabalhos, por exemplo) justificaram a ação favorável sob o *karma*[151] da deusa reinante, Atena.

Se perguntarmos por que tal conhecimento valioso é referido de maneiras aparentemente enganosas, podemos encontrar uma resposta na já citada declaração de S. de Guaita, em *Le Seuil du Mystere*: "Envolver toda a verdade em uma linguagem falada, para expressar os mais elevados mistérios ocultos em um estilo abstrato, seria não apenas inútil, perigoso e sacrílego, mas também impossível. Existem verdades de uma ordem sutil, sintética e divina, que a linguagem humana é incapaz de expressar em toda a sua integridade inviolável. Só a música, às vezes, pode fazer com que a alma as sinta, só o êxtase pode mostrá-las em visão absoluta, e só o simbolismo esotérico pode revelá-las ao espírito de uma forma concreta."

Completadas as tentativas de interpretação dos Trabalhos, o autor está cada vez mais (totalmente, de fato) convencido de que o indivíduo que faria o místico "voo para o Olimpo" (o Adeptado) deve realizar interiormente cada um dos Trabalhos de Hércules, completar com sucesso a Viagem dos Argonautas e cumprir totalmente as missões inspiradas do Rei Euristeu.

[151] A Lei de Causa e Efeito. Ver *A Bíblia Sagrada*: Mateus. V.18.

ALEGORIAS NA VIDA DE HÉRCULES

Visto que os eventos na vida de Hércules são tão numerosos e muitas interpretações têm sido oferecidas, o autor se aventura aqui a repetir as explicações, explanadas de forma abreviada, para alguns dos episódios mais significativos em termos ocultos, com o resumo a seguir.

1. Evento: na mais escura meia-noite, duas grandes cobras vieram rastejando para o berço e empinaram suas cabeças. Hércules, apenas um bebê, sentou-se, agarrou as cobras pela garganta e, embora elas se retorcessem e se enrolassem em seu corpo, segurou-as com força, rindo enquanto o fazia e dando-as ao pai quando morreram.

   Interpretação: A infância indica pureza de vida e liberdade tanto do egoísmo quanto dos desejos pessoais. As duas cobras representam as correntes gêmeas da *Kundalinī Shakti* (*Idā* e *Pingalā*), e o ato de se enrolarem ao redor do corpo de Hércules retrata os três canais semelhantes ao Caduceu, ao longo dos quais fluem as correntes da *Kundalinī*, sendo a medula espinhal o canal central (*Sushumnā*) em que elas se entrelaçam. O domínio do *Yoga* com a facilidade do Fogo Serpentino corretamente despertado é indicado tanto pelo riso quanto pelo bebe manter agarradas as duas cobras até que elas morressem – o que significa que foram controladas. Dar os corpos inanimados para seu pai pode sugerir tanto o desapego do iogue quanto a rendição de seus poderes ióguicos resultantes, ou *Siddhis*, ao emprego para os propósitos mais elevados, tão somente impessoais.

2. Evento: Hércules era o homem mais forte da Terra, com suprema autoconfiança e senso de igualdade com os deuses, a quem ajudou a conquistar os gigantes.

   Interpretação: As faltas, tolices e crimes de Hércules pertencem mais ao aspecto de conto de fadas do mito. Disso vieram – corretamente intermediados por um dos Sábios – seus desenvolvimentos ióguicos avançados, sua cooperação com as autoridades ocultas e sua força física e coragem sobre-humanas, pois estes corretamente descrevem, mesmo que alegoricamente, as qualidades essenciais para o despertar seguro, o poder de controle e a aplicação universalizada da *Kundalinī Shakti*. Todos esses atributos retratam de forma hábil e secreta as qualidades do alto iogue avançado e "aceso", que despertou e dominou o Fogo Serpentino – uma força muito perigosa, por isso o sigilo.

3. Eventos: Com o consentimento de Apolo, ele forçou a sacerdotisa, a Sibila de Delfos, a dar uma resposta à sua pergunta.

   Interpretação: O que foi mencionado logo antes também é apoiado por sua associação com Apolo, que havia conquistado o píton ou dragão. A Sibila personifica a habilidade resultante de se comunicar com seu próprio Eu Divino, enquanto a presença no Centro em Delfos sugere, talvez, um Membro Iniciado nos Mistérios Maiores.

4. Evento: Qualidade de onipotência. Nada do que viveu, seja no ar, no mar ou na terra, jamais o derrotou.

   Interpretação: A *Kundalinī* inteiramente ativada, elevada, controlada e conscientemente empregada dota o iogue da qualidade de não ser derrotado em nenhuma circunstância adversa.

5. Evento: Hércules concordou humildemente com toda punição por um erro ou crime, nunca questionando nem mesmo as exigências quase impossíveis feitas a ele.

   Interpretação: Como filósofo, ele entendia inteiramente a Lei de Causa e Efeito e sempre ajustou seu pensamento e conduta ao funcionamento dessa lei, não importando o que custasse a si mesmo, sempre se curvando humildemente aos seus decretos, chegando ao extremo de trabalhar como uma escrava feminina da Rainha Ônfale.

6. Evento: Qualidade de pronto arrependimento. Ele tinha total coragem, baseada em uma força avassaladora, e sua tristeza pelos erros cometidos e sua disposição para expiá-los completamente mostravam grandeza de Alma.

   Interpretação: Qualidade desenvolvida por todo iogue elevado.

7. Evento: Adulto, aos dezoito anos, ele matou sozinho o leão tespiano dos bosques de Citerão, e depois usou sua pele como um manto, com a cabeça do leão formando um capuz sobre sua própria cabeça.

Interpretação: Como com Sansão e outros conquistadores de leões, Hércules mostrou aqui as qualidades essenciais necessárias para o despertar seguro da *Kundalinī*, e depois disso exibiu os poderes reais correspondentes ao leão em divindade, super-homem e homem. O símbolo do leão (rei dos animais), sua morte e a posse da pele referem-se ao desenvolvimento tanto do domínio sobre si mesmo quanto da obtenção de qualidades reais. Uma certa majestade caracteriza cada Adepto e a maior parte daqueles que estão se aproximando desse estado, tanto em sua natureza real quanto nos acréscimos ocultos ao conto de fadas, conforme Hércules retrata. Por isso o símbolo do próprio leão e da pele de leão usada como roupa, com a cabeça do leão como cobertura para a cabeça. Este conceito é apoiado pela ideia do Senhor do Sol com cabeça de leão, no Mitraísmo.

8. Evento: Casou-se com a princesa Mégara, que lhe deu três filhos. A deusa Hera enviou a loucura sobre ele, que então matou seus filhos e a esposa. Sua sanidade em seguida voltou, no salão manchado de sangue, com os cadáveres dos filhos e de Mégara ao seu lado. Sem memória e em total perplexidade, ouviu de Anfitrião os atos que tinha cometido e disse: "Eu sou o assassino de meus entes queridos. Vou me vingar de mim mesmo por essas mortes." Mas, quando começou a fazer isso, seu propósito desesperado foi transformado e sua vida foi poupada. Esse milagre foi realizado por seu amigo Teseu (personificando o Mestre Adepto), que apertou suas mãos manchadas de sangue e levou-o para casa, em Atenas, para viver com ele. Incapaz de se perdoar, Hércules consultou a Sibila em Delfos, que o enviou a seu primo Euristeu, Rei de Micena. O Rei ordenou que cumprisse os famosos Doze Trabalhos, a fim de alcançar a autopurificação completa.

Interpretação: A loucura de Hércules pode ser considerada um conto de fadas com pouco ou nenhum significado profundo, exceto que a *Kundalinī* desperta, mas sem controle, pode perturbar o equilíbrio mental e, assim, levar a crimes lamentáveis e inevitáveis; daí a ocultação universal. A salvação e recuperação por um amigo, Teseu, revelam alegoricamente o cuidado do Mestre Adepto com seus discípulos, especialmente quando em angústia profunda e não totalmente culpado.

A MORTE FLAMEJANTE E A ASCENSÃO AO OLIMPO

O leitor em geral pode considerar a dramática história da morte de Hércules um triunfo literário, um final espetacular para um maravilhoso conto de fadas. Mas nem tanto o estudante de Ciências Ocultas, uma vez que, com seus muitos elementos mágicos, a narrativa contém episódios profundamente místicos.

O relato sobre Nesso é um exemplo disso. Ele não era apenas meio homem, meio cavalo; também era, infelizmente, um mago negro. O *símbolo* meio homem meio cavalo indica um ser que ainda não se libertou da "animalidade", do desejo animal. Nesso, no entanto, era possuidor de conhecimento e poder mágico que utilizou mal, conforme este mito a partir do qual instruções valiosas podem ser obtidas.

Nesso atacou Dejanira e ocasionou a própria morte pela flecha certeira do marido dela, Hércules. Então empregou o engano e a magia negra para se vingar do ser humano – e herói – que o frustrou, pois, ao buscar ilegalmente gratificar sua paixão, ele acabou encontrando a morte. Enquanto morria, Nesso recorreu à magia negra ao carregar seu sangue com o veneno ígneo ("produtor de queimaduras") derivado da flecha de Hércules, de modo que, quando uma vestimenta embebida naquele veneno fosse usada, resultasse numa morte agonizante.

Ao vestir aquela roupa, uma dor terrível se apoderou do herói, como se ele estivesse em uma fogueira. Na verdade Hércules estava sendo torturado, mas sobreviveu e foi levado de volta para casa. Muito antes de Dejanira ouvir o que seu dom tinha feito a Hércules, ela se matou; no final, Hércules fez o mesmo. Ele ordenou que aqueles ao seu redor construíssem uma grande pira no Monte Eta e o carregassem até lá. Quando finalmente chegou, ele soube que então poderia morrer e ficou feliz. "Este é um descanso", disse ele; "Este é o fim." Quando o colocaram na pira, ele pediu a seu jovem seguidor, Filocteto, responsável por segurar a tocha, que ateasse fogo à lenha. As chamas surgiram e Hércules nunca mais foi visto na Terra. Ele foi levado para o céu, o Olimpo.

Após seus poderosos trabalhos, ele descansou,
seu prêmio excelente, a paz eterna,
nas moradas da bem-aventurança.

Numa interpretação oculta, particularmente a respeito do fim ígneo da vida humana de Hércules e seu traslado para o Olimpo, a morte corresponde à realização do Adeptado, pois ele deixou sua humanidade para trás, ou submeteu-a simbolicamente ao fogo ardente dentro do qual desapareceu de vista. Assim, Hércules alcançou simbolicamente o ápice da evolução humana com a ajuda *e o controle* do elemento fogo.

Na linguagem dos mitos, a posse de um corpo implica uma remanescente avaliação alta da existência como um ser pessoal (egoísmo e forte desejo de preservar o senso de identidade própria). À medida que o Adeptado se aproxima, no entanto, este conceito mental declina em influência, principalmente em seu poder de restringir a habilidade da mente para compreender verdades sem forma e entrar nos mundos sem formas do pensamento abstrato. Finalmente, o eu "aprisionador" (egocentrismo) deixa de controlar a atitude mental, e a compreensão de sua restrição sobre a consciência traz uma renúncia completa.

A prontidão a se submeter à agonia da morte no fogo e à destruição do corpo, e a posterior conquista da liberdade, podem ser uma revelação de que, pelo menos para Hércules, o egocentrismo e o desejo de encarnação em forma densa, com a restrição imposta à liberdade física, foram finalmente superados. Por conseguinte, as barreiras precedentes para a unidade realizada com a Vida Divina Universal foram transcendidas.

A morte flamejante e a liberdade mental sugerem o domínio do poder ígneo pelo qual tudo foi gerado e criado, e por meio do qual as restrições dos corpos físicos densos serão superadas. Isso é provocado pelo despertar consciente e a ascensão ao cérebro-mente do Fogo Criativo produtor da iluminação. Hércules havia demonstrado o controle desse fogo em várias ocasiões (por exemplo, matando as duas serpentes quando era bebê e destruindo a Hidra de Lerna com a correta aplicação do Fogo de *Kundalinī Shakti* em seus pescoços decapitados). Ele de novo empregou vitoriosamente a mesma energia cósmica e solar para superar todas as limitações e características humanas dentro de si.

O herói, realizando a própria morte no fogo, ascendeu a seguir ao Olimpo, ou seja, cumpriu o propósito para o qual ele nasceu e trabalhou tão abnegadamente e com sucesso. Assim, pela transcendência da fraqueza humana do egoísmo, junto com os outros desenvolvimentos necessários, a estatura de Adepto foi finalmente obtida. A harmonia com a deusa Hera (toda a Natureza) havia sido alcançada, e por fim tornou-se sua aquela paz há tanto tempo almejada.

Na verdade, a narrativa épica da vida de Hércules é profundamente oculta, pois cada Adepto (o ser humano aperfeiçoado), conforme aprendemos, alcança esse estado de forma semelhante – na realidade, de forma alguma alegoricamente. Em outras palavras, ele é recebido no Olimpo, a morada dos deuses, tornando-se assim um dos olímpicos imortais.

A DEUSA ATENA FAZENDO UMA LIBAÇÃO PARA HÉRCULES
APÓS A CONCLUSÃO DOS DOZE TRABALHOS

CAPÍTULO 4

A VIAGEM DOS ARGONAUTAS

Diz-se que essa grande aventura foi empreendida como uma tentativa, por parte do herói Jasão, de recuperar sua posição real na Grécia. Jasão era filho de Esão, que era por direito um Rei, mas teve o reino usurpado pelo sobrinho, um homem chamado Pélias. O jovem filho do Rei, Jasão, herdeiro legítimo do trono, fora enviado secretamente para um lugar seguro, e, quando cresceu, voltou corajosamente para reivindicar seu reinado do primo perverso.

O usurpador, Pélias, foi informado por um oráculo de que morreria nas mãos de parentes, e que *ele deveria tomar cuidado com qualquer um que visse calçado com apenas uma única sandália.*[152] No devido tempo, um homem chegou à cidade. *Um pé estava descalço*, embora em todos os outros aspectos ele estivesse bem vestido — uma vestimenta que se ajustava aos seus esplêndidos membros, tendo ao redor dos ombros uma pele de leopardo para protegê-lo da chuva.

Pélias chegou agitado e com muita pressa, e, quando viu a única sandália, ficou com medo. No entanto, escondeu o terror em seu coração e dirigiu-se ao estrangeiro: "Que país é a sua pátria?" Com palavras gentis, Jasão respondeu: "Vim para o meu lar para recuperar a antiga honra de minha casa, esta terra não mais governada corretamente, que Zeus deu a meu pai. Eu sou seu primo, e eles me chamam pelo nome de Jasão."

Pélias deu-lhe uma resposta suave. "Que assim seja. Mas uma coisa deve ser feita primeiro. O morto Frixo[153] nos manda trazer de volta o

---

[152] Uma afirmação de muito significado para todos os que se dedicam aos Mistérios Antigos e ao seu representante moderno, a Franco-Maçonaria, assim como a Co-Franco-Maçonaria, uma Ordem Maçônica válida que admite mulheres em suas fileiras. Ver *Sob o Signo do Esquadro e do Compasso*, sendo publicado pela Editora Teosófica em 2022.

[153] Filho de Nefele, a esposa abandonada de um rei grego chamado Atamante.

Velocino de Ouro, para assim trazer seu espírito de volta à casa. Você vá nessa busca, e eu juro, com Zeus como testemunha, que vou desistir do reino e do governo soberano em seu favor."

A ideia da grande aventura assim apresentada encantou Jasão, que chamou os jovens da Grécia para se juntarem a ele no grande desafio de obter, apesar de todos os perigos, o Velocino de Ouro na Cólquida. Eles responderam com alegria; entre os jovens estava Hércules, cuja história já foi considerada, e Orfeu, um mortal que se destacou tanto na música que quase se igualou a intérpretes divinos, não tendo nenhum rival real em lugar nenhum, exceto os próprios deuses. Quando tocava e cantava, nada nem ninguém conseguia resistir.

Dizia-se que Castor e Pólux, irmãos muito populares, viviam metade de seu tempo na Terra e a outra metade no céu. Isso não é surpreendente, pois eles eram os filhos do Senhor Zeus e Leda, que ele visitou – alegoricamente, é claro – na forma de um cisne. Os irmãos são representados como protetores dos marinheiros e salvadores de navios ameaçados por tempestades e pelo mar implacável. Eram, portanto, membros potencialmente muito úteis para a tripulação, e não apenas por isso, mas por causa de sua origem celestial, pois sua presença a bordo do Argo deu à expedição uma permissão quase divina para a Busca e uma representação direta do próprio Senhor Zeus, por meio de seus dois filhos. Com a grande missão concluída e cumprida, o Velocino de Ouro foi entregue a Pélias, os membros da tripulação se dispersaram e iniciaram suas próprias aventuras pessoais, de várias maneiras.

Um membro, entretanto, deixou o navio antes do cumprimento da missão: Hércules, de cujo infortúnio muito se pode aprender, pois ele saiu em busca de seu muito amado servo Hilas, que fora vítima da ilusão da importância da personalidade pessoal e, como consequência, foi alegoricamente arrastado para baixo das águas por uma ninfa que se apaixonou por ele, fazendo com que se perdesse de Hércules.

O erro de tamanha afeição excessivamente pessoal (o amor de Hércules por Hilas), assim como a excessiva preocupação e admiração por si mesmo (Hilas e seu reflexo na água) transmitem avisos valiosos para aqueles que seriam bem-sucedidos em cumprir com sucesso a Grande Busca da plena Sabedoria Espiritual – o Velocino de Ouro.

Pode-se perguntar, então, *qual é* a história do Velocino de Ouro e por que tal empreendimento foi concebido, realizado e descrito. Deve ser considerado levianamente, ou mesmo rejeitado como uma composição de fantasias bizarras e quiméricas? Ou é um mito a ser valorizado e lido como um fascinante conto de fadas dos povos de antanho? Trata-se de uma parábola ou alegoria, tanto ocultando quanto revelando verdades místicas?

A AVENTURA DO ARGONAUTA COMO DESCRIÇÃO DE PROCESSOS CRIATIVOS

Este grande épico, como todos os outros mitos válidos que emanaram de mitógrafos inspirados, os Sábios da Antiguidade, pode ser interpretado como uma descrição, por meio da linguagem da alegoria e dos símbolos, da viagem do Espírito puro através das águas do espaço, enfrentando as resistências da matéria para a realização do propósito da manifestação cósmica e solar. Pode-se presumir que este era o objetivo para o qual o Argo foi construído e a viagem iniciada, ou seja, a obtenção do Velocino de Ouro místico – visão intuitiva e sabedoria pura. Da mesma forma podem ser interpretadas todas as "viagens" dos *Logoi* Solares a bordo das "embarcações" dos Sistemas Solares e de todas as Mônadas componentes dentro de seus veículos (a tripulação), através dos níveis ou "profundezas" da matéria, desde o início dos *Manvantaras* até o seu encerramento.

Além disso, tais histórias se aplicam de maneira igualmente especial ao ser humano monadicamente desperto – semideus ou herói – que persegue a maior de todas as aventuras. Ela consiste principalmente em anular as limitações da matéria e da cronologia, ou esquemas evolutivos normalmente cronometrados. Para esses heróis, o progresso na "viagem" é marcado pela passagem acelerada por fases limitantes da evolução – como o foco autocentrado, por exemplo – e do pensamento concreto para a consciência abstrata e espiritual.

A viagem é auxiliada pela admissão e passagem pelos graus sucessivos dos Mistérios Maiores – sempre o campo de pensamento de todos os grandes mitos, sejam partes de escrituras ou não. Assim considerada, trata-se sempre de uma viagem interior; tudo ocorre internamente.

O mito dos Argonautas pode, portanto, ser considerado uma notável parábola que alegoricamente descreve a evolução da humanidade através de fases descritas pelos incidentes na aventura da obtenção do Velocino de Ouro — ou a conquista, enquanto ser humano fisicamente desperto, da plena iluminação espiritual. O autor se aventura a sugerir que esta abordagem altamente abstrata do grande épico pode levar a uma compreensão de alguns dos princípios e procedimentos envolvidos na abertura e no cumprimento dos procedimentos involucionários e evolutivos cósmicos, solares, monádicos e, portanto, humanos. Para ajudar nisso, a própria história antiga pode ser aqui relembrada de maneira útil. Jasão era filho de Esão, o legítimo Rei de Iolcos, a cidade em Thessalia onde o Argo foi lançado. Sua mãe se chamava Tiro, e Jasão foi salvo por ela de seu meio-irmão, Pélias, que tentou tirar sua vida. O herói foi escondido fora de Iolcos e confiado aos cuidados de Quíron, o centauro.

O mito conta como Jasão, quando jovem, voltou a Iolcos e exigiu o seu reino de direito. Pélias, que tinha usurpado o reino a fim de livrar-se de Jasão, pediu-lhe para buscar o Velocino de Ouro (a pele de carneiro em que Frixo, filho de Atamante e Nefele, tinha escapado e que dera ao Rei da Cólquida). O Velocino estava pendurado em um carvalho no bosque de Ares e guardado dia e noite por um dragão insone, como o próprio Jasão descobriu dolorosamente. A ideia da grande aventura agradou Jasão. Ele concordou e divulgou em todos os lugares o que seria a viagem. Os jovens da Grécia aceitaram o desafio com alegria. Eles compareceram, todos os melhores e mais nobres, para se juntar à empreitada. Hércules, o maior de todos os heróis, estava lá; Orfeu, o mestre músico; Castor e seu irmão Pólux, os gêmeos inseparáveis que desempenharam papéis notáveis em muitos mitos e que eram adorados como seres divinos em Esparta (tendo Zeus colocado sua imagem entre as estrelas como a constelação de Gêmeos); o pai de Aquiles, Peleu; Teseu e muitos outros, cerca de cinquenta ao todo. Jasão ordenou que Argos, o tespiano, construísse um navio de cinquenta remos chamado Argo. Este navio era milagroso de várias maneiras — a própria Atena, por exemplo, tinha encaixado uma viga oracular na proa.

Depois de muitas aventuras (e infortúnios), cada uma de significado oculto para a qual mais adiante serão oferecidas interpretações, eles chegaram a Cólquida, onde Medeia, filha do Rei, era celebrada por sua habilidade em magia. Ela se apaixonou por Jasão e encantou o dragão para dormir, cantando uma doce canção mágica, enquanto Jasão derrubava o Velocino de Ouro. Eles fugiram juntos no Argo.

Se uma interpretação baseada nos procedimentos de manifestações sucessivas dos *Logoi* Solares cósmicos anteriormente referidos pode ser oferecida, de fato a viagem do Argo pode ser considerada como uma descrição alegórica dos procedimentos da criação e evolução de sucessivos Cosmos, Sistemas Solares e Mônadas de seres humanos. Por mais abstratos que esses conceitos sejam, o autor se aventura a apresentá-los como possíveis revelações subjacentes que certos mitos, inclusive o atual, podem ter sido planejados para oferecer à humanidade. Essas visões, sobre histórias que são quase universalmente consideradas contos de fadas de povos primitivos, podem muito bem ser consideradas inaceitáveis ou extremas. Mesmo assim, o autor se atreve a prosseguir. Os eventos em Iolcos e as atividades de vários seres pertencem a uma época anterior, enquanto o nascimento e a criação do próprio Jasão descrevem a "concepção" e a "natividade" de um *Logos* Cósmico.

Vamos agora considerar cada incidente, os membros da tripulação, o próprio barco, os perigos e sucessos, e interpretar todos eles como representações de fases e estágios da evolução humana. Começamos com o nascimento da ideia e continuamos com a construção e poder único do Argo, a posição e o significado de Quíron e das experiências pelas quais cada Argonauta passa. Isso inclui fracassos, sucessos e o abandono da Busca. Se parecer extremo, o autor descobriu que, da mesma forma que os Trabalhos de Hércules, este mito é dos mais esclarecedores e merece um exame minucioso.

Quíron, o sábio centauro que cuidou e educou Jasão, representa os atributos transferidos e os poderes desenvolvidos no *Manvantara* anterior. Pode-se razoavelmente questionar a escolha de Quíron como mestre e guia dos Argonautas. É certo que os centauros são metade cavalo e metade homem, sugerindo um retrato da evolução da vida através do animal para o reino humano, com atributos do primeiro ainda não superados. Quíron era amplamente conhecido, porém, tanto por sua bondade quanto por sua sabedoria. Visto que ele era imortal, não poderia sugerir alguém próximo ao *status* de um Adepto, no qual as capacidades e os poderes especiais dos dois reinos (animal e humano) foram desenvolvidos a alturas muito elevadas? Nesse caso, ele seria empregado por membros da Fraternidade de Adeptos como Seu representante, particularmente como professor de aspirantes em desenvolvimento.

Quíron, embora apresentado como um imortal, ofereceu-se para morrer como um substituto de Prometeu, e Zeus pareceu tê-lo aceitado, pois, durante um conflito, Hércules feriu acidentalmente o centauro e, como a ferida provou ser incurável, Zeus permitiu que ele morresse, em vez de viver para sempre na dor. O sacrifício total de si mesmo pelos outros é um atributo conhecido de alguém que se aproxima do Adeptado, como também é a evolução completa além – morrer para ambos os reinos, animal e humano, quando a imortalidade é descoberta e a super-humanidade é alcançada.

O ARGO CÓSMICO E OS ARGONAUTAS

Se a grande aventura pode ser interpretada não apenas do ponto de vista humano e sobre-humano, mas em níveis muito mais elevados, então o próprio Jasão, como chefe da expedição e capitão do Argo, personifica tanto um *Logos* Cósmico como um *Logos* Solar. Por sua vez, o Argo, com sua proa possuidora de faculdades de profecia e de discurso divinamente concedidas,[154] retrata os aspectos materiais e de forma dos Sistemas Cósmicos e Solares. Visto assim, cada membro da tripulação representa um poder e uma força diferente em ação, desde o momento da Primeira Emanação (o lançamento) e Hierarquias Criativas associadas a cada um deles. Os seres sobre-humanos que participam dos procedimentos de manifestação dos Sistemas Solares e dos Cosmo também são personificados, como pode ser visto quando certos membros da tripulação são estudados e interpretados.

O próprio Velocino de Ouro (a meta) representa o mais alto grau possível de perfeição de forma, de consciência e de desenvolvimento de Mônadas atingível e a ser alcançado nos Cosmos e Sistemas Solares. Isso inclui aquela sabedoria mais pura, que dá uma visão implícita de cada primeira verdade. A árvore na qual o Velocino de Ouro foi pregado pode ser considerada um símbolo do Princípio da Vida manifestado – a

[154] Pela deusa Atena.

Árvore da Vida –, enquanto os pregos representam os átomos finais por meio dos quais a manifestação do Pensamento-Vontade como vida objetiva e a forma se tornam possíveis e realmente ocorrem.

OS ARGONAUTAS COMO SERES HUMANOS

No homem, o Microcosmo, Jasão é a Mônada em estágios variados e progressivos de desenvolvimento, enquanto o Argo retrata os veículos nos quais ela está encarnada. A proa dotada com o dom de Atena representa a triplicidade divina no homem – Vontade Espiritual, Sabedoria e Inteligência –, enquanto o resto do navio se refere aos veículos mortais. A própria viagem fantástica revela muitos dos estágios de desenvolvimento e as experiências passadas antes que o prêmio (a Sabedoria Perfeita ou de um Adepto) seja alcançado.

O dragão guardião representa o princípio gerador – o impulso emanador e formativo – como resultado do qual a criação se inicia e continua até que o objetivo seja alcançado. A terrível serpente está intimamente presente, imediatamente próxima à Árvore da Vida na qual o Velocino foi pregado – o prêmio precioso, ou seja, a Sabedoria Espiritual buscada por Jasão com a ajuda de Medeia. O leitor é lembrado, aqui, da apresentação bíblica dessas ideias. No livro do Gênesis, lê-se que Adão, Eva e a serpente estavam intimamente associados à Árvore da Vida.[155] O "prêmio" em seu caso, entretanto, é a faculdade inata e a expressão do poder gerador, simbolizado pela maçã por meio da qual Adão foi tentado por Eva, encorajada pela serpente.

No ser humano o dragão é (em grande medida, mas não inteiramente) o impulso sexual, a *Kundalinī* ativa ou o Fogo Serpentino, a pura energia que dá origem ao atributo essencial (uma real pressão) do desejo de criar, no sentido mais amplo da palavra.

A ação de Medeia (encantar o dragão e fazê-lo dormir) refere-se à uma capacidade adquirida pós-Iniciação: transcender o desejo sexual e sublimar a energia dos modos de expressão físicos para os intelectuais e espirituais. O dragão (desejo sexual) dorme simbolicamente (torna-se fisicamente inativo), e depois disso o Velocino de Ouro da consciência

---

[155] Gênesis 3.

espiritual e o autoestabelecimento em união com o *Logos* Solar são obtidos. A cor do Velocino de Ouro representa a Sabedoria Divina.

Uma orientação prática e útil no controle e na transmutação do impulso sexual (o dragão) é revelada pela maneira como Medeia reduziu sua potência. Não foi por conflito direto ou pela morte real do dragão, mas sim (um conselho muito sábio) por "encantamento". Isso foi obtido por meio da poderosa reorientação do impulso sensual do prazer físico para a harmonia suprafísica. Misticamente, a criatura foi "encantada para dormir". Na verdade, este é o segredo da realização dessa conquista, pois quando o indivíduo atinge o estágio evolutivo necessário, o desejo sexual declina naturalmente e sua transmutação é alcançada com sucesso.

Antes que isso acontecesse, e enquanto Jasão estava sendo engolido pelo dragão, a deusa Atena (a sabedoria espiritual) interveio e forçou a criatura a expeli-lo, como mostrado na ilustração ao lado, na qual o Velocino de Ouro também é visto pendurado na árvore e a lança da deusa surge verticalmente através do pescoço do herói.

Além dessas três abordagens ao mito — o dragão, a Árvore da Vida e o Velocino de Ouro —, certos segredos relativos à passagem pelos Graus dos Mistérios Menores e, principalmente, os Mistérios Maiores parecem ser referidos sob o véu alegórico. Assim visto, Quíron, sob cujos cuidados Jasão fora colocado, representa o Hierofante,[156] e o Monte Pelion, onde viveu e ensinou, representa o avançado Grau de Iniciação alcançado e os níveis supramentais de consciência resultantes. A queda de Iole do aríete durante o voo fala sobre os perigos e alerta para possibilidades de falhas semelhantes às de Ícaro durante o voo "sequencial" (intuitivo).[157] O incidente de Hilas, como também foi sugerido, adverte contra a rendição à ilusão e ao desejo. A passagem bem-sucedida entre as rochas que se chocam (Cila e Caríbdis) fala da necessidade de equilíbrio entre todos os pares de opostos. Felizmente, conforme simbolizado pela pomba, isso foi alcançado por um número suficiente de tripulantes.

Assim, embora a grande viagem nunca tenha realmente ocorrido de forma física e histórica, pode ser considerada uma alegoria quase perfeita da jornada evolucionária normal e sempre contínua empreen-

---

[156] Ver Apêndice: Os Mistérios Menores e Maiores ainda em funcionamento.

[157] Ver Introdução.

dida por *Logoi* dos Universos e suas Mônadas residentes, pois de fato muitos incidentes podem ocorrer, sendo interpretados como descrições de experiências e da assistência concedida às Mônadas e suas personalidades humanas. Isso se aplica particularmente quando, como Iniciados dos Mistérios Menores e Maiores, o desenvolvimento espiritual está sendo acelerado. Sob essas condições pode ser necessária, com frequência, uma orientação especial. Felizmente isso nunca é negado, uma vez que "a luz do único Mestre, a luz dourada imperecível do Espírito, atira seus raios refulgentes sobre o discípulo desde o início."[158]

JASÃO EXPELIDO PELO DRAGÃO, COM A AJUDA DA DEUSA ATENA

[158] *A Voz do Silêncio*, H.P. Blavatsky.

CAPÍTULO 5

O PRINCÍPIO HÉLIO

Em lugar algum a riqueza da Sabedoria Oculta da mitologia mundial é mais aparente que nos relatos das várias personificações da Deidade Suprema e Diretriz do Sistema Solar. Na mitologia grega antiga, depois que o Universo surgiu do Caos, Gaia deu à luz Urano, a quem tornou igual a si em grandeza. Unindo-se a ele, ela produziu a Terra e a primeira raça de deuses, os Titãs[159] (um deles, Helios, era um sobrinho), e depois disso a raça humana. Urano foi reduzido à impotência por Cronos ou Tempo – outro mito profundamente significativo – sob cujo reinado a obra da criação continuou, levando ao nascimento de Zeus, filho de Cronos e Réia.

Nas concepções mais elevadas, o Senhor Zeus não era apenas um *Logos* Solar individual, mas também uma personificação desse mesmo princípio e poder doador e preservador da vida solar, que está encarnado em toda a Natureza e positivamente ativo em todos os seres e coisas criadas. A representação hindu mais próxima pode ser a *Trimūrti*, o Princípio Divino Trino como uma unidade, consistindo em *Brahmā*, (Criador) *Vishnu* (Preservador) e *Shiva* (Destruidor ou Transformador), ou o Senhor Vishnu sozinho, em seu aspecto especial de Preservador.

Na mitologia dos Assírios e Babilônios é Marduk, o Chefe do Panteão Criativo, que absorve todos os outros deuses e assume todas as suas funções e prerrogativas; ele organizou o Universo, atribuiu habitações e lugares para os deuses e fixou o curso dos corpos celestes. Na mitologia da Pérsia antiga, Mazda eclipsou todas as outras divindades e alcançou proeminência completa como o Deus dos deuses, o Mestre dos céus e o

[159] Titãs, os Uranianos: os seis filhos e as seis filhas de Urano e Gaia. Seres divinos e semidivinos que descendiam dos Titãs.

Criador de todas as criaturas. Na mitologia nórdica, Odin era o Deus da vida espiritual, que decidia o destino do ser humano e ordenava as leis que governavam a sociedade. Na mitologia celta, é o Tuatha De Danaan que zela por toda a atividade humana, a divindade mais importante sendo Dagda, Senhor do conhecimento perfeito, progenitor de todos os deuses, onicompetente – uma verdadeira figura do Pai.

O estudante de Ciência Oculta, abordando um estudo dos poderes manifestados em um Sistema Solar e tudo o que ele contém (suas manifestações quase infinitamente variadas), naturalmente pode, mais cedo ou mais tarde, procurar saber se de fato existe um Ser, ou um princípio unitário talvez, responsável pelo aparecimento e, ao longo de sua existência, encarregado de um único Sistema Solar. Expresso de outra forma, em meio à aparente multidão de inteligências criativas de que, durante o *Manvantara*, um Cosmo é dito consistir, o próprio conceito de Deus é um mero mito ou uma realidade divina de imensidão impressionante?

O corpo de ideias conhecido como *Brahmā Vidya* ou Teosophia inclui princípios orientadores oferecidos para a iluminação de buscadores genuínos da Verdade em si e de suas aplicações, que dão felicidade à vida humana. Em nenhum lugar se exige a aceitação de tais pontos de vista, e, portanto, dificilmente é possível pronunciar aqui uma resposta dogmática a esta questão espiritual e filosófica fundamental: existe um único Ser Divino ao qual os títulos de Divindade Suprema e o Senhor Deus dos Exércitos podem ser concedidos com justiça? A Sabedoria Antiga responde que, emanando do Princípio impessoal supremo e incognoscível do Universo, o Absoluto, realmente existe um tal Ser, a Divindade Presidente Central do Sistema Solar.

NOSSO SENHOR, O SOL

Além disso, é indicado que, quando uma certa posição evolucionária for atingida (a Iniciação), a existência desta Santa Presença pode de fato se tornar conhecida como uma experiência direta. Ao contrário do que talvez se possa esperar, esse reconhecimento ou descoberta não é apenas externo – um Sol central no Espaço –, mas uma Presença intensamente brilhante e poderosa no "coração da mente". Desnecessário dizer que esta Luz Divina ou Poder Interior não tem qualquer grau individual ou pessoal. Em vez disso, é a experiência devido à abertura da consciência para uma Presença Universal manifestada como Fonte de Luz e Vida – como energia ou poder – sobre a qual nenhum limite pode ser concebido; pois *Aquilo* é impessoal até o mais alto grau.

> O Sol é o coração do Mundo (Sistema) Solar e seu cérebro está escondido atrás do Sol (visível). Daí a sensação é irradiada para cada centro nervoso do grande corpo, e as ondas da essência da vida fluem para cada artéria e veia (...) os planetas são seus membros e pulsos. (*A Doutrina Secreta*, H.P. Blavatsky, vol. 2, p. 264, Edição Adyar [em inglês].)

Na mitologia grega Hélio é, até certo ponto, um tal Ser, bastante distante da Natureza e das restrições de uma entidade humana. Na Filosofia Oculta, no entanto, descobre-se que, à medida que o ser humano evolui para a super-humanidade e além, a experiência de existir como uma individualidade separada é cada vez mais reduzida, culminando na realização de identidade com o Todo Cósmico. O que se segue deve, portanto, ser lido não como uma contradição daquele Princípio, mas como uma modificação dele. No entanto, diz-se que existe um Ser que, ainda que de forma invisível e misteriosa, dirige a evolução da vida e da forma dentro de um Sistema Solar e sobre todos os seus planetas componentes.

Por sua vez, grupos de planetas físicos e suprafísicos no atual Sistema Solar, compondo uma Ronda, seriam presididos por um *Manu* ou Oficial Individual. Também é dito que as Rondas, agrupadas nas sete Cadeias de Globos, também estão, de forma similar, sob a supervisão de um *Manu* da Cadeia. Em algumas formas de apresentação da Filosofia Oculta, isso culmina na existência de um Ser Único que é referido como o *Logos* Solar na mitologia grega – Hélio. Se esse sistema de pensamento filosófico for considerado aceitável, a resposta à questão principal parecerá afirmativa: sim, existe no coração de um Sistema Solar uma Deidade Dirigente, de estatura evolucionária além de qualquer concepção possível pelo ser humano comum. Assim como o Sol físico funciona em favor da natureza física, presume-se que este grande Ser, da mesma forma, preside um Sistema Solar como um todo – físico, suprafísico e espiritual.

Aqui o estudante de Teosofia encontra um princípio extremamente importante – aliás, um princípio que não está totalmente em harmonia com a mitologia grega – o de que a Inteligência Suprema que Preside um Sistema Solar não é apenas uma entidade separada, por mais estranho que isso possa parecer à primeira vista. Em um mistério além da compreensão de todos, exceto dos místicos iluminados, a Divindade referida *também se manifesta internamente, é uma parte essencial de tudo e de todos os seres existentes no Sistema.*

Assim, a mitologia grega está totalmente errada ao apresentar o conceito de um deus individual cavalgando pelo céu durante o dia, em sua carruagem dourada puxada por quatro cavalos alados, de uma brancura deslumbrante, com suas narinas exalando chamas.

Como deus da luz para os gregos, no entanto, diz-se que Hélio via tudo e sabia de tudo. Ele era filho do Titã Hiperião e Teia, irmão de Selene (a Lua) e Eos (o amanhecer). Era adorado como um deus da luz em muitas partes da Grécia, especialmente na ilha de Rodes, onde o famoso Colosso o representava. Hélio, sobrinho dos Titãs, conforme se diz, possuía um palácio que ele deixava todos os dias, na hora marcada, para viajar em sua carruagem dourada de quatro cavalos pelo céu e assim trazer luz ao homem.

Apolo, por sua vez, era antes de tudo um deus da luz, um Deus-Sol, sem, no entanto, ser o próprio Sol, que foi representado exclusivamente por Hélio. Dele pode-se dizer o que Píndaro afirma sobre Apolo: é o deus que sonda todos os corações, o Infalível que nem mortais *nem imortais* podem enganar, seja pela ação, seja em seu pensamento mais secreto. Apolo também era o deus da luz, e por causa de sua identificação com a criança, Hórus – um conceito solar – ele era adorado como o Sol.[160]

Hélio, o Deus-Sol em sua Carruagem Solar, também representa o *Ātmā*-Solar no Universo e o *Ātmā*-Mônada no ser humano. Na Grécia, o conhecimento dessa verdade era a visão esplêndida a que os ocultistas aspiravam e às vezes alcançavam. Depois disso eles eram libertados da consciência corporal e alcançavam um estado supramental que, alegoricamente, só poderia ser descrito como experiência de unidade com Hélio e participação em seu voo luminoso através do espaço. A observação do movimento do Sol no céu sem dúvida fez com que os gregos antigos representassem Hélio, a Divindade Solar, cavalgando em uma carruagem pela grande abóbada celeste. Embora natural, como

[160] Ver *The Greek Myths 1 (Os Mitos Gregos)*, Robert Graves, p. 82, par. 3.

HÉLIO EM SUA CARRUAGEM

sugerido, isso é realmente errado, pois o Senhor Supremo e Portador da Luz do Sistema Solar é também uma parte essencial de tudo aquilo sobre o qual seu esplendor é irradiado.

Embora até certo ponto haja um afastamento do conceito grego de Hélio como apenas *um* dos grandes deuses, essa visão filosófica da Deidade como universalmente onipresente talvez possa ser mais considerada aqui. Com toda a reverência, da mesma forma, as Santas Trindades do Cristianismo, incluindo o Verbo do Evangelho de São João, a *Trimūrti* hindu, o deus egípcio Atum e até mesmo os Senhores Zeus e Odin, de forma alguma devem ser considerados seres divinos inteiramente separados do Universo e dos mundos aos quais se diz que eles presidem exotericamente.

De fato, em um mistério certamente além da narrativa — embora não além da experiência mística — *o princípio* que esses Seres retratam é dito ser também *a fonte de todos com os quais estão associados*. Em termos mais simples, pode-se dizer que a Divindade é a Fonte de toda a Criação, ao mesmo tempo onipresente em tudo o que foi criado. O estudo da Teosofia nos conduz à afirmação de que é possível aos seres humanos sensibilizar e desenvolver o corpo, o cérebro e a mente de modo a capacitá-los a perceber, em um estado exaltado de consciência, *a unidade com Aquilo* que é tanto a Fonte quanto a Vida Oculta em tudo o que existe – *e, portanto, dentro de si*. As primeiras raças podem não ter conhecido ou compreendido essa ideia profunda. Como existe uma lei inviolável de que os fatos sobre a Natureza e os procedimentos evolutivos devem continuamente ser disponibilizados para a humanidade, essas verdades tiveram necessariamente que ser expressas em termos simples, semelhantes a contos de fadas. As mitologias do mundo contêm (na verdade, em grande parte consistem em) apresentações dessas verdades, a fim de que possam vir a ser "portais" que levam até o Templo da Sabedoria e, em seu devido tempo, até o interior, o Santo dos Santos. Consequentemente, o autor apresenta a existência não apenas dos próprios mitos, mas também das porções autênticas deles fornecidas por Sábios que alegoricamente apresentam verdades divinas e levam à sua descoberta pessoal como ideias e experiências interiores.

A Deidade Solar foi nomeada em sânscrito pelos Sábios e videntes Iniciados da Índia antiga – *Brahmā*,[161] a fonte de consciência de energia espiritual do Sistema Solar. Em um aspecto, esse Ser era considerado o Órgão Diretivo responsável pela emanação, formação, preservação e evolução para os graus mais elevados do Sistema Solar. Com seus já conhecidos e os ainda por serem descobertos planetas manifestados em todos os sete planos da Natureza, todo este vasto "império", físico e suprafísico, com toda sua vida e seres em evolução pode, portanto, ser encarado como um Universo que está sob o cuidado, responsabilidade e encargo de uma "entidade" aproximada do conceito hindu da Deidade *Brahmā*.

É verdade que as funções da Natureza transcorrem muito tranquilamente e, nesse sentido, não requerem supervisão. No entanto, aprende-se que certas tutelas gerais e orientações são aplicadas. "Direção Divina" é um termo que define, por mais imperfeito que seja, essa "supervisão" dos procedimentos da Natureza. Como indicado no estudo do Princípio de Hefesto e na interpretação sugerida de tais ideias mitológicas, como os casos amorosos de Zeus e de outros seres semidivinos, essa influência aceleradora do desenvolvimento é continuamente aplicada a tudo o que está evoluindo dentro do vasto Universo que é a própria Natureza.

---

[161] Da raiz *brih*, que significa expansão.

Embora todas as escrituras e mitos escritos pela humanidade personalizem e enfatizem excessivamente esse Ofício da Divindade, a Teosofia ensina que nada em um Universo é deixado inteiramente ao acaso. O Senhor Supremo Divino, entretanto, *não estabelece diretamente* as leis da conduta humana nem prescreve punição por suas infrações. Uma lei impessoal de causa e efeito existe e funciona sempre que seres autoconscientes realizam deliberadamente atos de sua própria escolha. Este acontecimento é inteiramente natural, e não é em nenhum sentido ordenado por um supervisor divino de um Universo ou qualquer um de Seus Funcionários colaboradores.

O leitor pode muito bem perguntar: então, a diretiva vem de quem? Embora essa resposta esteja muito além do alcance da compreensão, conhecimento e capacidade literária do autor, um estudo dos escritos de Sábios e videntes — notavelmente *Ísis Sem Véu, A Doutrina Secreta,* os *Vedas* hindus e as interpretações da *Cabala* Hebraica em suas apresentações místicas e ocultas — evoca o seguinte esclarecimento: atrás, acima e dentro de *todo* o Cosmo ou Macrocosmo existe um Princípio, senão um Ser que atemporalmente preside toda a Criação, e é sempre referido com extrema impessoalidade como Aquilo. Na mitologia grega, a abordagem mais próxima desse Princípio ou Ser é o assunto de nosso estudo neste Capítulo, e até mesmo em todo este livro, pois, em nossa interpretação, Hélio pode ser considerado uma personificação do *Logos* Primeiro ou "Paternal", enquanto o próprio Sol (Apolo talvez) possivelmente representa a Mônada humana, o Portador da Luz para o ser humano mortal.

Neste ponto, como frequentemente ocorre num estudo das escrituras e mitos do mundo, parece óbvio que os primeiros seres humanos menos educados dificilmente seriam capazes de responder, ou mesmo ser ajudados, por tais concepções totalmente abstratas e impessoais de divindades e funções divinas. Por isso as fantasias existentes (contos de fadas e histórias populares fabricadas, teocráticas e até infantis), alteradas desde o início, receberam dos Sábios certos conceitos filosóficos que estavam razoavelmente dentro da faixa de compreensão humana normal. Estas foram apresentadas em grande parte na linguagem da alegoria e do símbolo, e se referiam parabolicamente às agências relativamente impessoais ativas em todo o Universo. Esses ensinamentos foram feitos para serem aplicados às nações, países e paisagens dos destinatários de partes específicas do mundo. Como sugerido anteriormente, o resultado foi a compilação mais extraordinária da literatura escritural e mitológica da humanidade, que veio de povos e tempos antigos.

O assunto deste livro é, em parte, produto dos esforços do próprios autor para distinguir entre as divindades dirigentes alegóricas, emblemáticas e simbólicas e seus agentes, por um lado, e sua existência real, por outro. É certo que isso está frequentemente tão misturado que é quase impossível separar uma coisa da outra. Esse é particularmente o caso quando mesmo um romance ou drama de conto de fadas pode conter em si vestígios do que poderia ser descrito como a realidade deliberadamente escondida em meio ao irreal.

Hélio era considerado pelos gregos o Governante do Dia e a fonte de tudo o que o Sol concede ao planeta Terra. Isso incluía luz, processos aceleradores da vida, como o crescimento das plantas, e todas as outras formas de energia divinamente doada, atribuíveis ao Sol físico. Claro que nem *Sūrya* nem Hélio foram conduzidos por carruagens de quatro cavalos com rodas douradas, aparecendo no leste ao amanhecer e viajando pela abóbada do céu até seu desaparecimento ao pôr do Sol, no oeste – pois, como todo estudante sabe, não é o Sol, mas a Terra que se move girando em seu eixo, trazendo assim à luz área por área, terra por terra, ao amanhecer, ao meio-dia e à luz do entardecer. Estes fenômenos, como se sabe, são produzidos com impessoalidade completa.

A extensão da viagem era naturalmente vasta, e portanto, para os povos antigos, os cavalos, fornecendo a força motriz, eram necessários para tornar possível viajar por distâncias tão grandes. Naturalmente nenhuma carruagem é necessária, mas proteção e descanso são necessários ao longo do dia, e assim a carruagem foi concebida apropriadamente.

CAPÍTULO 6

O PRINCÍPIO EROS

Como os leitores da mitologia mundial estão cientes, poucos dos personagens supostamente divinos e semidivinos realmente existiram. Pelo contrário; eles são personificações das forças geradoras da Natureza e de suas interações contínuas. Eros, por exemplo, representa as experiências naturais evocadas no positivo ou masculino pelo atraente negativo ou feminino – ou, em termos puramente humanos, o amor. Os Sábios que alguns acreditam serem responsáveis por essas revelações filosóficas não poderiam tê-las apresentado às mentes destreinadas dos povos primitivos em suas formas abstratas e metafísicas. A missão dos Sábios sempre foi (e ainda é) revelar verdades para a humanidade, e eles continuaram a usar uma linguagem alegórica em que deuses, semideuses, humanos e semi-humanos personificam poderes tanto na Natureza quanto no homem, assim como suas inúmeras inter-relações.

O EROS COSMOGÔNICO

Eros, o jovem deus do amor, pode ser estudado a partir de pelo menos três pontos de vista diferentes, mas complementares e um tanto semelhantes. O primeiro deles diz respeito à existência, em todo o Cosmo conhecido, dos aparentemente imortais e eternos "gêmeos elétricos", os pares de opostos na Natureza. Apesar de certas ausências ou disfunções notáveis e raras, esses pares magnéticos, como poderes onipresentes e perpetuamente operativos, masculino e feminino nas criaturas biológicas, tornam possível, por sua própria natureza, todo o procedimento cosmogerativo. Sem eles a Natureza estaria perpetuamente adormecida (de fato ela está, durante os períodos de descanso conhecidos como *Pralaya*). O próprio Eros compartilha do repouso de seu pai e mãe então inativos, cujos nomes em inglês são positivo e negativo. Quando, porém, os pais despertam, o mesmo ocorre com Eros, o "Nascido do Ovo". Chocado no ovo-mundo, ele é o primeiro dos deuses, nenhum dos quais poderia ter nascido antes – pois Eros personifica a interação ativa entre o espírito e a matéria, que opera imediatamente quando esses dois, e todos os outros aspectos positivos e negativos, despertam como pais de tudo o que passa a existir. Daí vem um de seus títulos, Nascido do Ovo. Ele então, enquanto Amor Cósmico, alegoricamente dispara suas flechas não apenas em ambos (positivo e negativo) mas também na totalidade de sua descendência, *Manvantara*,[162] o Cosmo ativo e continuamente gerador.

Assim, como os mitógrafos revelaram alegoricamente, a Trindade do Pai, da Mãe e do Amor (positivo, negativo e suas interações) é universal, onipresente e sempre ativa durante todo o Dia Cósmico, desde o seu despertar ao amanhecer até sua sonolência à noite. Uma vez que isso é muito abstrato para as mentes simples e destreinadas dos povos primitivos, e uma vez que é ordenado que a verdade seja sempre disponibilizada, os Sábios conceberam Afrodite (Vênus) e seu filho que despertou o amor, Eros (Cupido),[163] Angus ou Mac Oc,[164] e seu pai, personificado por Ares, Hermes ou Zeus. Essa "trindade de conto de fadas" transmitia e ao mesmo tempo ocultava a verdade imortal, pois o verdadeiro Pai é, naturalmente, o Verbo[165] pelo qual todas as coisas foram feitas, e a verdadeira Mãe é o até então Espaço Virgem[166] ou Mare.

Adão e Eva personificaram o Par Imortal, e os autores do Livro do Gênesis deram uma dica direta sobre a origem da atividade erótica.[167] Eles escolheram a serpente, sendo esta uma revelação e uma referência muito direta ao Fogo Serpentino, irresistível como provou ser para Adão e Eva – e como sempre prova ser, até que seja transmutado.

---

[162] *Manvantara*: período de atividade universal. Ver Glossário.
[163] Cupido – mitologia romana.
[164] Mitologia celta.
[165] João 1:1.
[166] *Mūlaprakriti* (sânscrito). Ver Glossário.
[167] Gênesis 1:3-5.

O EROS ELETROMAGNÉTICO

Ao longo do *Pralaya* tudo pode ser pensado como sendo equipolar, ou nem ativo (positivo) nem passivo (negativo). Como consequência, o próprio Cosmo adormeceu, *Pralaya* reinou e "a escuridão caiu sobre a face das profundezas."[168] Expresso de outra forma, talvez Adão estivesse sozinho. Na hora marcada, Eva foi criada a partir de uma das costelas de Adão, o que significa dizer que ela esteve presente, mas até então inativa.

Um dos efeitos das declarações profundamente misteriosas do Verbo e da ordem altamente emblemática então dada, "Faça-se a Luz",[169] é despertar para a atividade os positivos e negativos universais; como resultado, numa atividade semelhante a de Eros, o procedimento de atração e repulsão intra-solar foi iniciado. Pode-se talvez ser tentado a dizer que o há muito quiescente Coração da Natureza despertou e iniciou a pulsação cósmica e *manvantárica*. Visto dessa forma, Eros pode ser apropriadamente considerado uma personificação dessa atração e repulsão, ou intercâmbio manvantaricamente perpétuo, dentro de todas as substâncias eletricamente carregadas[170] de que consiste o Cosmo.

EROS E ESTRUTURAS DA NATUREZA CONSTITUÍDAS DE CÉLULAS

Aqui, o Eros mais familiar começa a ser perceptível. Os procedimentos procriadores ocorrem no reino vegetal como consequência de atrações mútuas entre o positivo e o negativo, por mais semiconsciente ou subconsciente que sejam. Os processos da Natureza – como de tudo o que existe – passam por mudanças evolutivas, ou melhor, por avanços. Por mais *inconscientes* que possam ter sido no princípio as respostas de células de polarização oposta umas às outras, o desenvolvimento também universal da sensibilidade e da percepção cada vez mais conscientes pode ser considerado um fator que transporta o reino vegetal da Natureza para um estágio futuro, quando algum grau de sentimento semelhante ao de Eros pode ser experimentado.

[168] Gênesis 1:2.

[169] Gênesis 1:1.

[170] A sempre presente energia elétrica, polarizada em correntes de eletricidade terrestre positiva e negativa.

Expresso de outra forma, o Princípio de Vida desabrochando no reino vegetal, como se pode presumir, um dia torna-se cada vez mais consciente ou semelhante a Eros, por mais remoto que seja à princípio. O alcance das flechas de Eros, entretanto, se estenderá gradualmente tanto em profundidade, em direção ao coração da Natureza, quanto em abrangência, em direção ao reino das plantas como um todo. Sua brincadeira, então, se tornará menos aparente, e o cumprimento de seus deveres mais intencional; pois, como sugerido, Eros personifica as respostas de substâncias e criaturas opostas e polarizadas entre si por toda a Natureza.

O ARCO PODEROSO

Como o arco é um meio de destruição, exceto quando usado para defesa, pode muito bem ser considerado como uma arma do mal, principalmente por princípios humanitários. Mesmo as flechas que despertam o amor e o desejo, disparadas por Eros, podem, em última análise, ser consideradas destrutivas da calma, paz de espírito e serenidade que *unicamente* podem fazer com que se alcance e se mantenha a verdadeira felicidade.

O arco, quando nas mãos de um herói físico, intelectual, espiritual ou tudo isso, é usado pelos mitógrafos como um meio pelo qual tanto a força quanto a habilidade são testadas e demonstradas. Assim, o *Avatar*[171] Ramachandra provou ser capaz não apenas de armar um grande arco, mas também (e aparentemente com facilidade) quebrá-lo. Consequentemente, ficou noivo da bela e divina princesa Sita,[172] demonstrando assim a posse de uma pura sabedoria. Odisseu, em seu retorno a Ítaca, foi o único entre os presentes capaz de dobrar e amarrar seu arco invulgarmente rígido, e depois executar a façanha de atirar uma flecha através de doze anéis, necessária para sua aceitação por Penélope.[173] Interpretado, isso pode demonstrar sua posse das qualidades simbolizadas por cada uma das partes das armas em suas mãos. Hércules derrotou todos os competidores pela mão de Iole, filha do Rei Eurito. Quando

[171] *Avatar* (sânscrito). Descida divina. Ver Glossário.

[172] Sita, filha do Rei de Mithila.

[173] *The Greek Myths 2 (Os Mitos Gregos)*, Robert Graves, p. 37.

chegou ao rio Evinos, ele deu sua esposa Dejanira ao Centauro Nesso, para carregá-la até a margem oposta. No meio do caminho, Nesso tentou violar Dejanira. Hércules viu isso e imediatamente o atingiu com uma flecha. O herói também recompensou Peantes, pai de Filocteto, que acendeu sua pira funerária depois que todos os outros se recusaram, dando-lhe seu arco e flechas[174] – alegoricamente concedendo a ele sabedoria e habilidade em seu uso. Outros escritores antigos usaram arco e flecha de maneira semelhante, como meio de demonstrar superioridade.

A tradição dos Sakyas,[175] por exemplo, obrigava suas princesas a tomar como marido apenas um verdadeiro *Kshatriya* que pudesse demonstrar habilidade em todas as realizações de sua casta. Um torneio foi, portanto, organizado, e o príncipe Siddharta ficou ao primeiro lugar em todas as competições de equitação, esgrima e luta. Além disso, ele era o único que podia amarrar e atirar com o arco sagrado de enorme tamanho legado por seus ancestrais – a sabedoria suprema. Visto que são tantas vezes usados na mitologia, podemos considerar aqui, de forma mais completa, algumas interpretações possíveis do arco, da corda e da flecha.

O arco, quando amarrado e nas mãos de um arqueiro habilidoso, pode possivelmente ser considerado um símbolo da percepção implícita, o agente essencial para o disparo preciso da flecha ou Vontade Átmica. O arco em si simbolizaria, nesta interpretação, o Eu Superior ou Ego reencarnante, com sua capacidade de inteligência abstrata e, portanto, compreensão sábia dos princípios imutáveis sobre os quais tanto o Macrocosmo quanto o Microcosmo são formados, fundados e evoluídos. Assim, o arco – em comparação com a corda – é um artigo, objeto ou posse duradoura, como também a sabedoria do intelecto superior do ser humano iluminado.

A corda, por sua vez, embora essencial para o funcionamento do arco ao disparar a flecha, é feita de uma substância muito menos resistente e, quando em operação, deve ser maleável e capaz de ser esticada até seu limite. Por mais valiosos que esses atributos sejam para o arqueiro habilidoso, eles também podem ser – e frequentemente são – motivos para imprecisão. Da mesma forma, a mente humana concreta

---

[174] *The Greek Myths 2 (Os Mitos Gregos)*, p. 37.

[175] Sakyas, uma tribo ou clã governada pela família Gautama, em que o Senhor Buddha nasceu.

ou formal (como a corda do arco), seja voltada para a compreensão da Natureza em todos os seus aspectos ou para a realização dos objetivos escolhidos, pode, especialmente nas mãos dos inexperientes, levar ao erro – às vezes até mesmo a erros perigosos.

Como, então, esses erros devem ser evitados? Como a mente humana pode ter certeza de sempre direcionar seus propósitos ao suposto centro do alvo? Parece que apenas uma resposta está disponível, embora suscetível a aplicações variadas: por meio da habilidade obtida pela prática regular. Mas como o arqueiro humano pode descobrir tanto o alvo mais desejável (objetivo), quanto o centro desse alvo?

Visto que mesmo o mais lógico dos argumentos formulados pela mente inferior pode ainda ser errôneo na determinação de objetivos finais importantes – e que outra habilidade ainda é necessária para esse fim –, este poder adicional não pode consistir na faculdade de percepção intuitiva direta, percepção implícita dos propósitos fundamentais e imediatos do uso simbólico da flecha e do arco? Sim, pois o arqueiro *perfeito*, neste sentido, é aquele em que a intuição está plenamente desperta e ativamente empregada, principalmente na concepção e cumprimento de objetivos, particularmente os mais sérios. Apenas um arqueiro altamente desenvolvido (o príncipe Siddharta) poderia atender às necessidades que regem o arco e flecha perfeitos, e apenas o arqueiro mais evoluído poderia ganhar o prêmio oferecido nos concursos mitológicos.

Se esta visão se provar aceitável e for aplicada ao ser humano – e também ao Universo, é claro –, então a corda, o arco, a escolha correta, a percepção do alvo e a flecha podem ser considerados símbolos:

1. A corda: a mente formal ou concreta, essencial mas sujeita à imperfeição, e que acaba por se desgastar; portanto deve ser substituída, da mesma forma que a mente mortal em cada reencarnação.
2. O arco: a mente abstrata, irrestrita por demandas de tempo, lugar e forma, imutável em sua percepção da verdade (*a escolha perfeita do alvo*); a percepção intuitiva da verdade em si, seja em geral ou em relação a algo particular.
3. A flecha: o poder de decisão rapidamente acelerado e corretamente dirigido; a força de vontade totalmente determinada, somente através da qual o objetivo desejado pode ser alcançado.

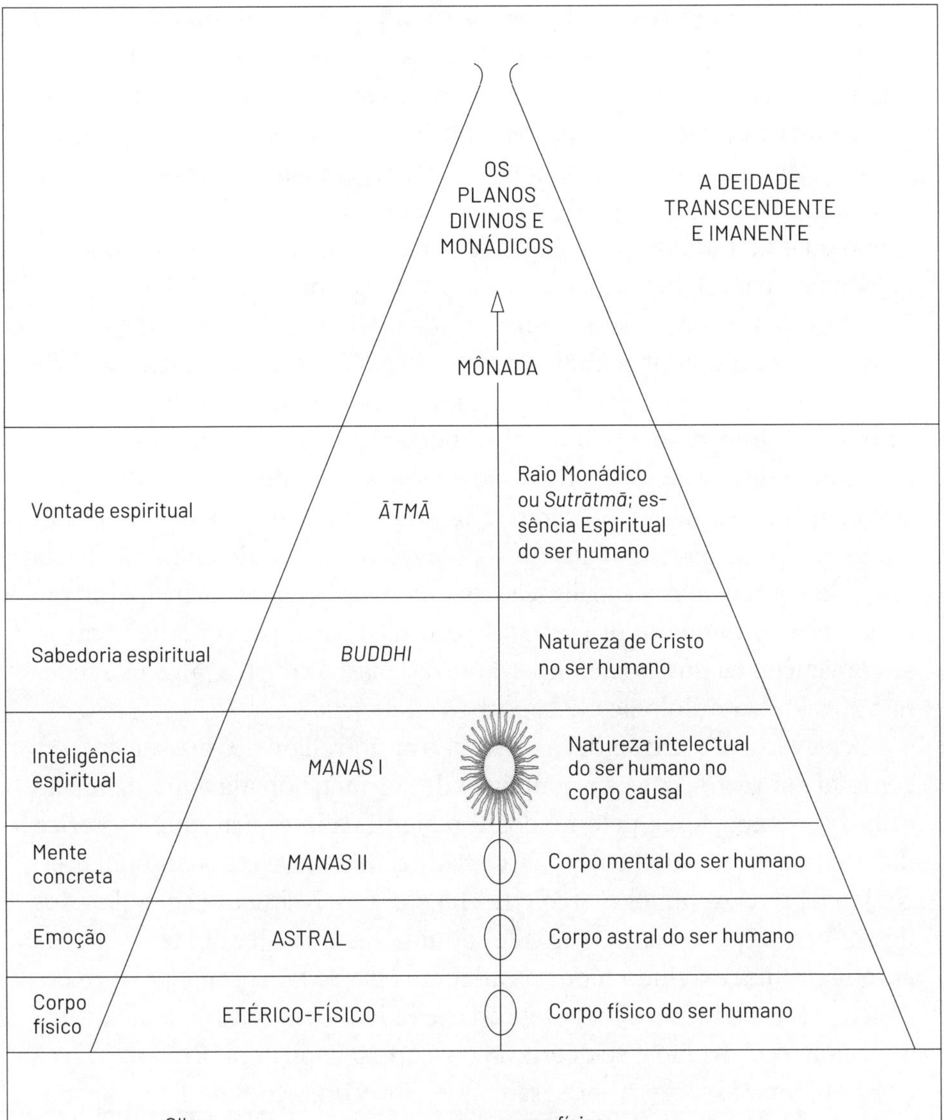

Olhos........ corpo físico
Mãos........ vitalidade ou duplo etérico
Impulso para atirar
ou natureza do desejo........ corpo emocional
Corda........ mente formal do corpo mental
Arco........ inteligência intuitiva abstrata do corpo causal
Percepção do alvo correto........ sabedoria do corpo *búdico*
Flecha........ vontade espiritual do corpo *átmico*

É certo que outros fundamentos foram omitidos desta categoria de necessidades para o sucesso no tiro com arco e flecha. Isso inclui o olho, a mão e o desejo de fazer o esforço, também suscetíveis de aplicação como outros emblemas de partes da constituição do ser humano. Olho e mão, como os principais agentes físicos, certamente representam um veículo particular, o corpo físico, com seu princípio vital, *prāna* (a mão) sem o qual nenhuma ação é possível. A natureza do desejo, ou propósito emocional, completa a descrição sétupla do ser humano.

O tiro com arco e seus implementos podem ser vistos como representações de um conhecimento revelador sobre a constituição total do ser humano. Por que, pode-se perguntar, os mitógrafos colocaram um símbolo de importância tão vital importante nas mãos de um menino aparentemente brincalhão, travesso e às vezes até malcriado? Para preservar o conhecimento supremo, que pode conceder o poder de profanações e aplicações malignas. Isso poderia incluir o direcionamento da força de vontade para a realização de objetivos egoístas, principalmente aqueles extremamente prejudiciais para os outros. Na verdade, o autor se convenceu de que isso é parte da razão para a construção e uso milenar do sistema mitológico, o suposto Véu de Ísis.

A elevação do arco e flecha a uma função religiosa e até mesmo sacerdotal em certos países orientais pode ser mencionada aqui, de forma útil, como suporte de pelo menos um significado espiritual e esotérico da arte clássica do arco e flecha e cada uma de suas armas componentes. No Japão, por exemplo, o arco e flecha são possivelmente considerados dessa forma; trata-se, na verdade, de um sistema altamente oculto de autodisciplina, exigindo *todos* os atributos do *Yoga*, desde a postura até o foco preciso e íntimo, com atenção e idealismo, no centro do alvo, simbolizando o Universo e seu coração ou Centro Espiritual. Embora talvez não haja uma associação precisa com as interpretações de Eros e particularmente de seu arco e flecha, uma breve referência a certos conceitos do Zen Budismo pode ser útil aqui.

O tiro com arco é praticado hoje no Japão não apenas como um esporte, pois, no sentido tradicional, é considerado uma arte e homenageado como uma herança nacional — e, por mais estranho que possa parecer à primeira vista, também como um ritual religioso. Pela arte do arco e flecha um japonês não entende a habilidade do atleta que pode ser controlada por exercícios corporais, mas uma habilidade cuja origem deve ser buscada em exercícios espirituais e cujo objetivo consiste em atingir uma meta espiritual, de forma que fundamentalmente o atirador mira a si mesmo, para que um dia possa ter sucesso em atingir-se.

O exercício espiritual do arco e flecha torna-se assim uma arte, um exercício místico. Portanto, o arco e flecha não significa apenas realizar algo externo, mas internamente, dentro de si mesmo. O aspirante aprende a se perder facilmente, não apenas na respiração anterior, mas, por mais estranho que pareça, ao "ser respirado".

> O arco é mantido retesado até o momento do lançamento, enquanto o arqueiro permanece com o corpo completamente relaxado. O iogue arqueiro aprende e alcança não só a posição relaxada do arco, mas também dele próprio, segurando no ponto de maior tensão, afrouxando no momento do tiro e amortecendo o recuo. Tudo isso serve o grande propósito de atingir a meta espiritual. O professor diz: "É preciso se deixar levar, deixar a si próprio e tudo o mais para trás, de maneira tão decisiva que nada mais reste de você, a não ser uma tensão sem propósito."
>
> O arqueiro, ajoelhado de um lado e começando a se concentrar, levanta-se, aproxima-se cerimoniosamente do alvo e, com profunda reverência, oferece o arco e a flecha como presentes consagrados; então ergue a flecha, levanta o arco, puxa e espera, em uma atitude de alerta espiritual supremo.
>
> O tiro com arco torna-se, assim, uma cerimônia que exemplifica a "Grande Doutrina".[176]

Este capítulo termina com um breve resumo da interpretação oferecida para as partes componentes do arco e flecha. A flecha representa a vontade; o arco, a inteligência abstrata; o apontar e atingir o alvo corretamente, o intelecto formal ou concreto; o anseio pelo sucesso,[177] o anseio búdico de se unificar ao *Logos*; a postura correta até o fim, a exatidão mental e física; o desejo de ter sucesso, a natureza astral reunificada em uma aspiração ardente por uma identidade realizada com a existência Una Suprema, o único alvo reunificado.

---

[176] Extrato de *Zen – in the Art of Archery (na Arte do Tiro com Arco)*. Eugen Herrigel. Traduzido do alemão por R.F.C. Hull. Prefácio do Dr. D.T. Suzuki, pp. 14-57.

[177] A forma mais espiritual de amor; daí, talvez, a associação de Eros com o amor humano – como parte do Véu.

Todos esses componentes de cada ser humano (ver diagrama na p.181) são, portanto, associados de forma mútua e oculta na elevada arte do arco e flecha, particularmente como uma forma de *Yoga*, ao objetivar e conduzir à autoidentidade realizada pelo arqueiro com o Coração Espiritual do Universo – retratado pelo profundamente sagrado ponto central do alvo. O arco e flecha eficaz, seja puramente físico ou oculto no *Yoga*, apresenta um retrato simbólico e alegórico quase perfeito do *Yoga* místico da autosseparatividade ao *Samādhi*[178] mais profundo, e pode até ser praticado – seja fisicamente, mentalmente ou ambos – como parte do *dharma*[179] do indivíduo. Como pode-se ver, a arte inclui todos os sete *Yogas*, desde a postura correta (*Hatha Yoga*) até a mais alta excelência (*Rāja Yoga*), levando à fusão da "ponta da flecha" com o próprio centro ou "alvo". Por essas razões, não poderíamos presumir por que o arco e flecha tão frequentemente encontra um lugar em sistemas de revelação alegórica em geral e de orientação pessoal em particular?

O mitógrafo grego Hesíodo[180] pode ser citado de forma útil e mais completa aqui:

> Eros, o mais belo dos deuses imortais, que dá bons presentes aos homens.
> Suas mãos são pequenas, mas suas flechas voam até a morte.
> Minúsculo o seu eixo, mas carrega o céu alto.

EROS E SEU ARCO

"Aquele a quem o amor toca não anda nas trevas." (Platão)

Apesar de títulos conflitantes, como "o mais belo dos deuses imortais" (Hesíodo), e de sua apresentação como um garoto travesso, Eros pode também ser considerado uma personificação brilhantemente concebida e precisa, embora fabulosa, de um dos mais elevados e profundamente secretos atributos da natureza senciente. Na verdade, ele é assim apresentado e retratado pelos autores da mitologia grega e romana,, de forma muito eficaz, pois a mais elevada e sagrada paixão de que um ser

[178] *Samādhi* (sânscrito). Percepção da União com Deus.
[179] *Dharma* (sânscrito). A Doutrina e a sua expressão na vida enquanto dever.
[180] Hesíodo: *Teogonia*.

humano é capaz consiste em amor devocional totalmente puro (ou seja, altruísta) por um ser amado, pela própria Deidade ou pela visitação de um *Avatar*. Este último é talvez melhor retratado na história da vinda do Senhor *Shri* Krishna, particularmente em sua relação alegórica com suas numerosas "devotas" (*gopīs*)[181] e com sua amada Radha, e na maternidade dedicada, cumprida em face da morte quase garantida por sua mãe, Devaki. Isso se aplica igualmente, é claro, aos devotos abnegados de outras religiões mundiais, incluindo os adoradores do Senhor Jesus Cristo e de Sua venerada Mãe, a Abençoada Senhora Maria.

Estudado a partir de várias fontes, o próprio Eros pode ser interpretado de formas distintas, como um exemplo de um belo jovem alado a quem alguns chamaram de Amor, com flechas para as quais não há defesa; como um amante verdadeiro e fiel de um ser humano, e mesmo de toda a humanidade; e como um devoto ou *bhakta*[182] movido por dedicação divinamente apaixonada à Deidade Suprema, a Divindade Universal, a Fonte Espiritual de tudo o que existe, personificado nas escrituras mundiais. No entanto, como esta autoconsagração torna-se cada vez menos dirigida a uma deidade pessoal, o devoto espiritualmente desperto volta seu amor ardente em direção ao Princípio totalmente impessoal, concebido como a única fonte de tudo o que sempre foi, é e sempre será.

O autor está plenamente ciente de que o menino travesso, o filho de Afrodite que avidamente desperta a experiência do amor sensual nos seres humanos, ao perfurar infantilmente seus corpos com flechas que evocam o amor, realmente parece estar muito longe de tal influência espiritualmente desperta. O conceito puramente mítico, o Cupido popular, pode, no entanto, ser considerado um meio de dirigir a atenção para o Eros místico, deliberadamente escondido atrás de um véu ou emblema. Assim vista, a alegoria se torna uma revelação do despertar interior de Deus *dentro* de um ser humano – não do amor emocionalmente voltado para outra pessoa, mas para a Divindade Interior Universal. Se essa abordagem for aceita, então, por meio da alegoria habilmente concebida de um jovem deus que evoca o amor pessoal, uma comunicação – um chamado, de fato – entre o Ser divino e o ser humano é retratada.

---

[181] *Gopis* (sânscrito). Vaqueiras, pastoras.

[182] *Bhakta* (sânscrito). Devoto, masculino ou feminino.

Os seres humanos não estão sozinhos nessa capacidade de resposta a agentes sutis. Verificou-se que o reino vegetal da Natureza é suscetível às flechas de Eros. O eminente fisiologista indiano *Sir* Jagadish Chunder Bose, fundador do Instituto Bose, em Calcutá, demonstrou que as plantas têm um sistema nervoso perfeitamente ativo e um mecanismo semelhante a um coração para bombear seiva. Com um galvanômetro – como o autor teve o privilégio de observar –, Bose descobriu que as plantas passam por um espasmo mortal semelhante ao estertor dos animais. No momento da morte, uma intensa excitação é produzida em uma planta, juntamente com uma poderosa descarga de eletricidade, sendo os espasmos causados pelas contrações das células moribundas.

Luther Burbank, geneticista e pesquisador de plantas da Nova Inglaterra, que deu seu nome a Burbank (Califórnia), teria afirmado: "O segredo do melhoramento genético de plantas, além do conhecimento científico, é o amor. Eu agora vejo a humanidade como uma vasta planta, necessitando, para sua mais alta realização, apenas de amor, das bênçãos naturais da Natureza exterior e do cruzamento e seleção inteligentes." Essa abordagem recebe algum apoio da *Teogonia* de Hesíodo, em que o papel de Eros, "o mais belo dos deuses imortais", era coordenar os elementos que constituem o Universo, para trazer harmonia e permitir que a vida se desenvolvesse.

O princípio de vida em evolução em toda a Natureza, incluindo os reinos mineral, vegetal, dos animais e dos humanos, pode ser considerado sensível à influência da apreciação humana, em uma forma adequada de afeição. Um resultado pode muito bem ser um estímulo, e portanto uma aceleração dos processos evolutivos que ocorrem na vida que flui no reino em questão. Se for assim, como o autor ficou convencido com os resultados de pesquisas em outros campos,[183] então a criança que evoca o amor, Eros, pode ser uma personificação do que poderia ser chamado de Princípio de Eros, em ação em toda a Natureza.

Por que, então, a ocultação disso em alegorias infantis? Porque a mente humana mediana não está normalmente ciente de (a) a presença de uma Vida Interior, (b) o processo evolutivo na Natureza e (c) a operação de um procedimento acelerador. Assim informado, em termos dire-

[183] O Mito Angélico. Ver *O Reino dos Deuses*, Brasília: Editora Teosófica, 2020. (Nota Ed. Bras.)

tos, uma pessoa não familiarizada com termos ocultos seria incapaz de compreender os três processos ordenados; ela somente seria capaz de confundir e aplicar mal esse conhecimento, de forma prejudicial ou até perigosa. Mentes mais avançadas são, no entanto, capazes de compreender e se iluminar pelo conhecimento, e, de certas maneiras, colaborar com a atividade de aumentar o conhecimento e acelerar a evolução humana, evitando também condutas que possam retardar esses processos — egoísmo, destruição e crueldade, por exemplo.

O desenvolvimento espiritual, incluindo a aquisição de sabedoria, parece também ser designado, embora alegoricamente, pela ação de Eros após a chegada do Velocino de Ouro e de seu líder, Jasão, pois quando a Princesa Medeia viu Jasão pela primeira vez, em sua chegada à Cólquida, Eros atirou uma flecha em seu coração. Isso despertou nela um grande amor por Jasão, e ela ensinou-lhe como usar um feitiço especial (seu unguento particular) para vencer a terrível serpente que guardava o Velocino de Ouro — ou talvez para superar as condições psicológicas e mentais que até então haviam impedido a aquisição da sabedoria. Medeia também manteve sua promessa de encantar a serpente para que dormisse, ao que Jasão rapidamente ergueu o Velocino de Ouro da árvore e desceu correndo para o navio; os Argonautas imediatamente puseram-se ao mar, com seu objetivo alcançado.

Visto dessa forma, Eros tem pouca semelhança com a criança alada tradicional, o mais jovem dos deuses, cujos caprichos levaram felicidade e sofrimento a humanos e deuses. Esta também pode, no entanto, ser considerada uma referência deliberadamente oculta, que contém uma revelação do despertar, nos seres humanos responsáveis, da concepção e do desenvolvimento gradual da consciência da Realidade Divina, e uma aspiração cada vez mais ardente de ser para sempre uno com ela.

Platão escreveu: "O Amor (Eros) faz morada nos corações dos homens, mas não em todos os corações, pois onde há dureza ele se afasta. Sua maior glória é que ele não pode cometer erros, nem os permitir; a força nunca chega perto dele. Pois todos os homens o servem por sua própria vontade. E aquele a quem o amor toca não anda nas trevas." A isso, presumimos que pode ser acrescentado: aquele a quem o amor toca eleva-se além das limitações do intelecto, e a partir daí alcança a Sabedoria Intuitiva — o Velocino de Ouro.

EROS COM O ARCO

O HINDUÍSMO ESOTÉRICO E O SIMBOLISMO

O Arqueiro, na Língua Sagrada, é sempre um símbolo do *Logos* em seus aspectos criativos e procriadores. O arco, a corda e a flecha constituem a trindade das forças criativas: positiva (arco); negativa (flecha); e o elemento ou fator neutro de transmissão de força (corda). A própria flecha reproduz todo o simbolismo, pois, por sua construção, ela é tríplice, consistindo em ponta, haste e base emplumada, com um entalhe para encaixar a corda. Assim, a flecha pousada na corda representa a força vital criativa inerente ao espírito-matéria universal (o arco e a corda, respectivamente).

O ato de amarrar simboliza o estabelecimento do estado de tensão pela ação de um sobre o outro, que se estabelece na substância primordial até então quiescente, não polarizada, "adormecida". O resultado deste "despertar" é um *Manvantara*, ou um período de atividade criativa involutiva e evolutiva.

O ato do atirar a flecha realizado pelo Arqueiro Divino, o *Logos* macrocósmico primordial, e o voo brilhante da seta representam em parte a fase involutiva e em parte a descida do fogo criativo aos reinos orgânicos da Natureza, e ainda, em parte, a descida da vontade Monádica à personalidade do Ego altamente evoluído de um Iniciado, tanto de forma direta quanto pelas mãos de um Hierofante dos Mistérios Maiores — pois o *Logos* pró-criativo, a Mônada espiritualmente criativa ou desperta e o poder iniciático do Hierofante *são um e o mesmo*, embora empregados de forma diferente de acordo com o nível evolutivo da Mônada-Ego ou Arqueiro Celestial, no sentido microcósmico ou humano.

O primeiro *Logos* "nascido" como Luz Universal do par parental espírito-matéria primordial é, em si, uma triplicidade simbolizada pela flecha tríplice, objetivamente ativa; este poder nascido da "mente" entra, ou brilha, na substância desperta do Universo que será criado em seu terceiro aspecto, ou aspecto criativo. O resultado é a concepção, a gravidez da "Virgem Mãe" ou Mar do Espaço, então impregnado espiritualmente.

Na terminologia oculta, o Arco é *Purusha*, a Corda é *Prakriti* e a Flecha é *Fohat*. O Arqueiro é a Inteligência Criativa Universal — *Mahat*, e "Seu" Alvo é a área diferenciada em *Prakriti*, onde "Ele" produzirá criativamente o futuro Universo local. O ponto de impacto ou de penetração criativa torna-se o primeiro Centro criativo, o futuro Sol físico.

Toda a simbologia é surpreendentemente cruciforme; a flecha repousa sobre o arco e a haste forma um ângulo reto com a corda, ou penetrando no alvo após o tiro. Toda simbologia fálica é baseada no impacto da Flecha *Fohática* — o fogo criativo e vertical do Espírito sobre a substância a ser impregnada, seja o espaço universal ou o óvulo. Significativo é o fato de que o espermatozoide tem forma de seta. Assim, a Agar *Fohática*, Abraão, Ismael tornando-se um Arqueiro, são alegorias da sublimação bem-sucedida da Força Criativa no Iniciado.

Em Sagitário a mente atinge com precisão a marca mental. O sagitariano quando iluminado, ou mesmo em ocasiões ordinárias, percebe a verdade essencial — ou, para mudar a metáfora, "acerta o prego na cabeça". Ele representa o Terceiro *Logos*, como o faz o Arqueiro, e suas flechas o fogo flamejante do intelecto perceptivo, que tanto vê como frutifica ou incorpora áreas ou regiões que podem ser tornadas intelectualmente fecundas. A inventividade descreve esse aspecto da natureza humana e da atividade divina.

Aqui é retratado o fogo *fohático*, criativo, com a flecha como o *Ātmā* Monádico, que desce criativamente ao Universo da forma e à natureza superior e inferior do ser humano, despertando-os e estimulando-os para a atividade criativa e procriadora, respectivamente. O arco quebrado simboliza tanto a vitória sobre a sensualidade e o desejo quanto a sublimação da força vital criativa, desde os níveis dos veículos e da forma até sua expressão espiritual e universal.

CAPÍTULO 7

O PRINCÍPIO HEFESTO

Hefesto, o armeiro e ferreiro dos deuses e heróis, é passível de interpretação como símbolo de uma hierarquia especial dos *devas* e de suas contribuições duplas para a "modelagem" da matéria (os metais), em resposta ao impulso divino e à aceleração da evolução da vida interior. O andar claudicante de Hefesto pode ser considerado um símbolo dos efeitos da resistência da matéria ao cumprimento da ordem divina e à sua própria influência, "aleijando" assim o deus. Sua expulsão do Olimpo e queda na Terra representam a tarefa da Hierarquia *Dévica*, notadamente os *Gandharvas*:[184] transmitir a *Palavra* de sua Fonte Espiritual, o Olimpo, por todo o mundo material inferior, ou reinos da Natureza. Assim como o ferreiro humano usa instrumentos físicos, os *devas*[185] também usam instrumentos suprafísicos de som e pensamento em suas "forjas" angelicais. Esses instrumentos os ajudam em sua função dupla de despertar a capacidade de resposta na matéria do Universo subolimpiano (o espaço) e acelerar a evolução do Princípio de Vida interior. Os *devas* são, portanto, ativos colaboradores da Vontade Única, ao moldar a substância de acordo com a ideia Divina e estimular o desenvolvimento da consciência. Hefesto os representa miticamente como o divino ferreiro, o deus artesão, *o Demiurgo*[186] *que criou obras admiráveis e ensinou aos homens as artes mecânicas.*

Visto que nenhuma forja pode funcionar sem o elemento essencial do fogo, desde os tempos mais remotos Hefesto também foi a personifi-

---

[184] *Gandharvas* (sânscrito). Os coristas celestiais. Uma ordem das hostes *dévicas*.

[185] *Devas* (sânscrito). Os resplandecentes. As Hostes Angélicas.

[186] Demiurgo (grego). Artífice. O Poder Superno que construiu o Universo.

cação tanto do fogo terrestre, do qual os vulcões eram as manifestações mais terríveis, quanto da força espiritual ígnea. Como esse elemento em si é de origem celestial, é compreensível que na mente grega Hefesto fosse um ser divino, um deus de fato. O fogo que ele representa não é, porém, um elemento destrutivo, mas um elemento forjador e benéfico que permite ao homem trabalhar os metais e, assim, fomentar a civilização. Desta forma, Hefesto é miticamente apresentado como o próprio fogo e o ferreiro divino.

A origem e a história de Hefesto podem ser consideradas aqui de maneira útil. Em muitas outras ocasiões ele auxiliou o procedimento evolutivo humano; por exemplo, como um artesão habilidoso, ele foi escolhido para alegoricamente abrir o crânio de Zeus a fim de que a deusa Atena pudesse surgir totalmente formada e armada — pois somente quando o cérebro-mente argumentativo (o crânio) está inativo ou aquietado é que a faculdade do *insight* implícito ou da Sabedoria Intuitiva (Atena) pode nascer em completa maturidade.

Nada era impossível para Hefesto, pois quando Zeus, a fim de punir a humanidade, decidiu criar a primeira mulher, Pandora, foi a Hefesto que ele se voltou. Ele ordenou que Hefesto moldasse o corpo de uma mulher com água e barro, que lhe desse vida e uma voz humana, e que formasse uma virgem de beleza arrebatadora. Para aperfeiçoar essa atividade dupla (moldar formas e acelerar a vida dentro delas), Hefesto circundou a testa de Pandora com uma coroa de ouro que ele mesmo havia gravado — uma referência direta, certamente, ao *chakra* da coroa de um Iniciado humano ocultamente desenvolvido e desperto. Os Mistérios Menores e Maiores, e seus remanescentes modernos, são exemplos do procedimento de aceleração da evolução da humanidade, realizado pelas ministrações combinadas dos Sábios — os Adeptos dos tempos antigos — e seus cooperadores angélicos. O deus do fogo, divino Mestre dos Metais e da arte de sua transformação em objetos de beleza, pode ser razoavelmente interpretado, conforme sugerido no início deste capítulo, como uma Ordem das Hostes Angélicas, e sua evolução especial como as funções de aceleração.

Esse mesmo procedimento pareceria (e pode ser legitimamente referido como) o glifo "muito enganoso" de Eros. Todas essas histórias antigas — acredita o autor cada vez mais — têm o mesmo significado, a mesma mensagem: um procedimento contínuo está em ação neste planeta, e consiste no esforço de um Ser muito elevado (presumivelmente o *Logos* Solar e seus Representantes, Super-humanos e Iniciados, Arcanjos e Anjos), com poder e influências aceleradoras da evolução. Como resultado, um poder de despertar espiritual é projetado na consciência e até mesmo na matéria dos corpos dos seres humanos e sub-humanos. O efeito disso é a produção de uma consciência da existência e da presença do Divino, e do desejo de se unir a ele. Presume-se que a intenção é despertar na consciência de tudo o que existe, especialmente nas mentes humanas responsivas e nos cérebros de pessoas que estão prestes a despertar, a capacidade de responder com crescente autoconsciência, aprofundando a devoção, o Amor altamente espiritualizado.

Assim, pode-se presumir que todos os relatos diretos, alegorias e mitos das íntimas interrelações entre o divino e o humano são descritivos e referem-se à operação deste processo universal de despertar espiritual. O autor está plenamente ciente de que este conceito (espíritos da Natureza cumprindo um propósito em nome da própria Natureza) pode modificar, embora inconscientemente, a visão quase mundial de todas as criaturas que aparecem sob o título de fadas, reduzindo muito de seu apelo e *glamour*, retirando assim grande parte de seu fascínio, principalmente para as crianças e os adultos que ainda acalentam certas memórias da infância.

O cientista de hoje, entretanto, foi levado à mesma conclusão, ou a uma conclusão muito semelhante: uma Inteligência está trabalhando em cada departamento, aspecto e componente da Natureza. Daí o termo "Universo que pensa". Se isso se provar verdadeiro, como a Sabedoria Eterna sempre ensinou, então não apenas os fisicamente visíveis, intangíveis e mesuráveis fenômenos da Natureza serão entendidos como algo sob o impulso de uma Inteligência inerente, mas os habitantes dos níveis etérico e suprafísico de densidade da matéria estarão, como consequência, sujeitos ao mesmo pensamento diretivo.

Cientistas ocultistas, sem a menor reivindicação de antiguidade evolucionária, já fizeram esta descoberta: para eles, não apenas o Universo físico, mas sua contraparte etérica e existências suprafísicas são movidos pelo Pensamento Divino. Portanto, a aplicação desta ideia aos espíritos da Natureza aparentemente ingênuos não é de forma alguma uma negação da ideia da existência e da função de um Pensamento Diretivo em toda a Natureza, mas sim seu cumprimento (ou pelo menos aceitação) no que tange aos membros dos reinos da Natureza ainda não descobertos.

Podemos agora considerar ainda mais plenamente este mito grego muito interessante. Hefesto, armeiro e ferreiro dos deuses e heróis, representa, conforme sugeri, os membros da Hierarquia *Dévica* e suas contribuições para o processo de aceleração da evolução do Princípio da Vida, particularmente em metais e minerais, por um lado, e, por outro lado, para a formação de matéria em geral, em resposta ao impulso Divino. Sua expulsão do Olimpo e "queda" na Terra representa a atividade fisicamente eficaz das Hostes Angélicas, notadamente os *Gandharvas*, usando o som como implementos em sua "forja" para auxiliar o despertar da sensibilidade na matéria, formas e seres dos mundos subolímpicos (o Universo físico ou espaço). Tal aceleração da evolução é provocada pelas reações crescentes à Palavra Criativa da Vida inerente encarnada em todos os reinos da Natureza, a Ordem Hefesto dos *Devas* estando em ação em cada um deles como colaboradores da Vontade Una divina (Zeus). Assim, sua expulsão do Olimpo e queda na Terra são, na realidade, alegorias descritivas do campo de atividade mais particular em que Ele e sua Ordem (os companheiros "ferreiros") receberam a ordem de servir – ou seja, a formação das substâncias do mundo físico e a aceleração do Princípio de Vida dentro deles. Assim também foram o degredo de Prometeu ao Cáucaso e a expulsão de Adão e Eva do Jardim do Éden – estes últimos por um Ser apropriado que era nada menos que o próprio Arcanjo Miguel.

Neste ponto, não seria incomum perguntar por que essa verdade importante e iluminadora da mente deveria ser ocultada sob o véu da alegoria e do símbolo. O autor se aventura a responder: porque os Sábios terão desejado tanto revelar aos confiáveis quanto esconder de seus opostos uma verdade de fato poderosa, pois, como ocorre com todo conhecimento que pode ser utilizado de forma prejudicial, deve-se prevenir contra a plena compreensão do significado do Princípio de Hefesto, quando em posse daqueles que poderiam usá-lo mal, para benefício próprio e mesmo causando dano a outros. Daí a linguagem da alegoria e do símbolo.

Voltemos agora ao estudo da vida de Hefesto. Em retaliação por Zeus ter trazido Atena de sua própria cabeça, e por ter vergonha da feiura de Hefesto – seu próprio filho, a partir de partenogênese –, Hera, a consorte de Zeus, esforçou-se para escondê-lo dos Imortais, porque ele era coxo. Para alcançar seu objetivo, jogou-o do alto do Olimpo para o mar, onde ele foi cuidado pelas deusas Tétis e Eurínome. Por nove anos ele permaneceu escondido em sua gruta profunda, forjando mil objetos engenhosos para as duas. Ele se destacou na arte de trabalhar metais e, enquanto no Olimpo, construiu palácios para os deuses (e, para si mesmo, uma residência cintilante de bronze brilhante e incorruptível). Isso pode ser interpretado como uma referência à função de Hefesto – a Ordem dos *Devas* em relação ao reino mineral da Natureza e o Princípio de Vida que evolui dentro dele.

Na resplandecente residência onde tinha sua oficina, Hefesto podia ser visto ao lado das fornalhas em chamas, banhado em suor, agitando-se ao redor do fole, acendendo o fogo sob vinte cadinhos de cada vez ou martelando o metal em brasa em uma enorme bigorna. Embora Homero cite a oficina de Hefesto no Olimpo, o deus do fogo também assombrava a Terra, onde mantinha vários locais subterrâneos de residência.

Hefesto nunca se esqueceu das boas-vindas que recebeu por ocasião de sua queda do Olimpo, e, em agradecimento, instalou-se em uma ilha vulcânica. Sua presença ali foi atestada pelos vapores flamejantes que escapavam do Monte, ao som de estrondos surdos que o acompanhavam, supostamente produzidos pelos martelos do ferreiro divino, na oficina que ele montou nas entranhas da montanha, onde ciclopes gigantes o ajudavam.

A atividade de Hefesto era evidentemente prodigiosa e apenas igualada por sua notável habilidade. Ele estava incessantemente ocupado em alguma obra de grande delicadeza, pois, assim como os palácios no Olimpo, com seus adornos de bronze, ele moldou o trono dourado de Zeus, seu cetro e raios, a temível égide (escudo), a carruagem alada de Hélio, as flechas de Apolo e Ártemis, a foice de Deméter, a couraça de Hércules, as armas de Peleu, a armadura de Aquiles, o colar que Harmonia, esposa de Cadmo, usou em seu casamento, o diadema de Ariadne, o cetro de Agamenon e a rede invisível na qual ele prendeu Ares e Afrodite.

A habilidade de Hefesto (chegando à genialidade, como alegoricamente é dito) também sugere aos estudantes de mitos antigos a sabedoria que eles escondem e revelam, pois tende novamente a confirmar a convicção de que Hefesto e seus assistentes personificam o ordem particular dos *devas*, cuja tarefa é tornar a matéria cada vez mais responsiva à Ideia Divina e ao estímulo do ritmo evolutivo de sua Vida interior. As observações e interpretações do autor levam-no a concluir que, em nome de nosso planeta Terra e de todas as coisas e criaturas aqui habitam, está ocorrendo (talvez até sob pressão) um procedimento contínuo projetado para produzir uma aceleração evolucionária.

De acordo com os antigos ensinamentos da Teosofia, esse processo de estimulação é realizado nos globos físicos de cada Ronda durante os períodos *manvantáricos* em que existe um desses planetas físicos. A aceleração evolucionária é possivelmente ser acentuada nesse momento, porque apresenta os maiores graus de densidade de substância sobre os quais os sete planetas de uma Cadeia e de uma Ronda se manifestam.

No Sétuplo Caminho de Partida e Retorno, que é seguido pelos Princípios da Vida que se manifestam, evoluem e encarnam, o quarto ciclo deve ser sempre o mais denso, portanto o mais espiritualmente indiferente; o primeiro e o sétimo são os mais refinados, conforme indicado no diagrama abaixo.

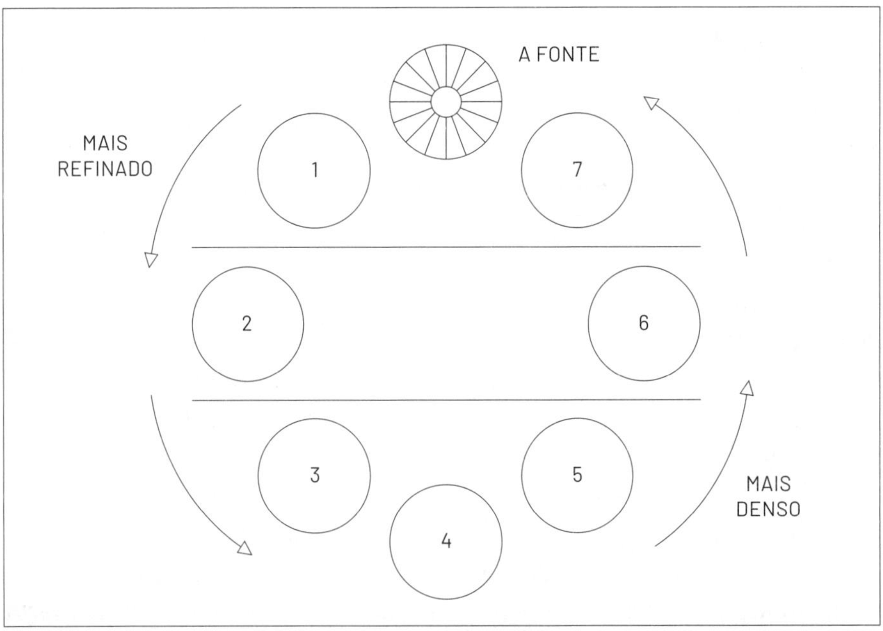

Assim como as forças e influências espiritualizantes são continuamente exercidas sobre todas as criaturas vivas, a partir dos níveis interiores dos Universos, sóis e planetas, também a própria substância de que são construídos passa perpetuamente por um processo estimulante de suavização da rigidez, por meio de Hefesto ou semelhante a São Miguel (poderes apropriados e suas Ordens de colaboradores *dévicos* harmoniosamente associados), projetados nos átomos dos quais é composta. Este procedimento foi, ainda é e continuará a ser aplicado à matéria física em toda a presente Quarta Cadeia.[187] Portanto, a substância dos Universos e seus conteúdos – assunto particularmente da física – recebe perpetuamente em si mesma o que poderia ser descrito como suavização, redução da inércia ou forças redutoras da resistência. Estas são dirigidas do coração do Universo para fora, através dos sete planos[188] da Natureza, e entram especialmente na matéria dos quatro elementos: terra, água, ar e fogo. O planeta principal – e necessariamente o mais necessitado – é, naturalmente, a Terra física, em favor da qual o objetivo é conferir à sua substância a qualidade de maleabilidade.

Filosoficamente, a rigidez da matéria pode ser considerada a grande inimiga do Espírito. Em nenhuma área, presume-se, isso é mais aparente do que nas substâncias minerais mais densas, particularmente aquelas que *devem* eventualmente evoluir para uma prontidão responsiva, para serem moldadas de acordo com a Ideia-Pensamento-Palavra-Som ou *Logos*[189] formativo. Estranhamente, as joias ou pedras preciosas estão em uma categoria particular, pois tanto na massa quanto na parte destacada elas são "encarnações" de tipos particulares de energias e agentes formativos divinamente emanados. No sentido musical, isso pode ser referido como notas e acordes diferentes; daí seus vários atributos.

Se alguém presume mentalmente colocar-se na posição de um moldador de matéria *logoica*, ou, como Hefesto, de "formas concebidas por ideias", de acordo com a Palavra Criativa, pode-se então reconhecer uma capacidade de resistência muito grande ou atributo *tamásico* (inerte)[190]

---

[187] Ver *The Earth and its Cycles (A Terra e seus Ciclos)*, Elizabeth Preston. T.P.H. Adyar. Glossário: Cadeia.

[188] Em sânscrito: *Ādi* (1º), *Anupādaka* (2º) "Sem Pai", *Ātmā* (3º) Vontade Espiritual, *Buddhi* (4º) Sabedoria Espiritual, *Manas* (5º) Inteligência, *Kāma* (6º) Emocional, *Prithivī*, (7º) físico.

[189] *Logos* (grego). Palavra Criativa. Ver Glossário.

[190] *Tamas* (sânscrito). Inércia. Uma das três qualidades ou *gunas* da matéria, as outras duas sendo *rajas* (atividade) e *sattva* (ritmo).

em todos os metais, especialmente aqueles que não foram considerados preciosos pelo ser humano. O chumbo, por exemplo, é fortemente resistente ao pensamento *Logoico*, como também, em vários graus, todas as substâncias metálicas e semimetálicas. Os metais, no sentido mais amplo da palavra, também devem ser ocultamente considerados destinatários perpétuos das forças que produzem maleabilidade Logoica, dirigidas a eles por algumas Inteligências associadas e apropriadas, desde os espíritos da Natureza aos *Devarājas*.[191]

Comparado com a natureza física regida pelo tempo, o Ser ou realidade última do *Logos* é presumidamente livre do tempo. Não obstante, os processos de concepção e produção física dos Universos, com suas mudanças e desenvolvimentos evolutivos, *devem* ser considerados — e certamente o são — processos que ocorrem dentro dos limites do tempo, ainda que *eônico*. Isso, presume-se, é especialmente verdadeiro a partir daquele "momento" em que o *Logos* começa a encarnar em níveis físicos, e, assim, nas substâncias mais densas. Vastos períodos de tempo estão envolvidos no procedimento de trazer a matéria ao estado e à forma em que ela se torna totalmente responsiva e produtiva à Divina Ideia e Palavra — o *Logos*.

As observações e interpretações do autor levaram a concluir que, em nome do planeta Terra, de tudo e de todas as criaturas sobre ele, está ocorrendo um procedimento contínuo de aceleração evolutiva, como sugerido anteriormente. Este processo de estimulação é, presumo, realizado nos globos físicos de cada Ronda durante os períodos *manvantáricos* em que tal planeta físico existe. A aceleração evolucionária é possivelmente acentuada nesse momento, uma vez que apresenta os maiores graus de densidade de substância sobre os quais os sete planetas de uma cadeia e Ronda se manifestam.

Para auxiliar neste processo de tornar a matéria cada vez mais responsiva ao Verbo, foi estabelecido um poder divino particular dentro das Hierarquias das Inteligências Criativas, a fim de capacitá-las a reduzir a rigidez e, assim, aumentar a maleabilidade das substâncias que compõem o elemento terra. Uma Ordem destes Seres "absorveu" esta intenção divina. Como consequência, os membros desta Ordem ocupa-

[191] *Devarājas* (sânscrito). Arcanjos ou *devas* regentes.

ram-se incessantemente do departamento particular da Natureza dedicado à formação e evolução da matéria animada pela Vida, como uma incorporação cada vez mais ágil e precisa da Ideia Divina. Uma divisão desta Ordem é chamada de Anjos da Paisagem,[192] referindo-se particularmente àqueles encarregados das massas montanhosas, seus picos, suas cordilheiras e a vegetação que cresce sobre elas.

Se o processo de produção objetiva dos Universos e de todos os seus conteúdos for considerado uma obra de arte – pois de fato o é –, então os instrumentos musicais devem ser concebidos, construídos, sintonizados, tornados cada vez mais sensíveis e mais amplos em alcance. Eles devem ser continuamente combinados de forma harmoniosa, para que os executantes, individuais ou em grupos, possam tocar corretamente a sinfonia celestial, de acordo com a "Partitura Logoica". Os colecionadores angélicos dos materiais com os quais tais sinfonias são realizadas, seu tratamento, modelagem e construção em formas cada vez mais adequadas, de certa forma correspondem, em termos musicais, ao processo de composição e apresentação objetiva de um Universo pelo Divino Compositor.

No pensamento indiano, a Ordem dos Anjos (*devas*) em conformidade com esses procedimentos combinados é chamada de *Gandharvas*, embora esses Seres não se restrinjam apenas à reprodução do som, pois eles (particularmente os membros mais jovens de suas Hierarquias) estão dedicados ao processo de redução da inércia da matéria. Na verdade, o Universo, em toda a sua beleza, também pode ser descrito muito apropriadamente em termos de cada um dos sete ramos das artes, não apenas da música.

Desnecessário dizer que tais exposições metafísicas dos procedimentos macrocósmicos e microcósmicos da emanação, preservação e transformação dos Cosmo estariam muito além da compreensão do cidadão médio, especialmente daqueles relativamente pouco instruídos das civilizações antigas. Por isso, em obediência à lei de que certos conhecimentos devem ser negados não apenas à humanidade despreparada, mas também, por mais contraditório que pareça, àqueles devidamente preparados para recebê-los, a Sabedoria Antiga foi oferecida na forma

[192] Anjos da Paisagem. Ver meu livro *O Reino dos Deuses*.

simplificada de contos de fadas cativante e familiares, que ainda assim seriam compreensíveis para os destinatários suficientemente evoluídos.

Sim, de fato existe uma lei muito estranha e dominante no que diz respeito à relação entre os possuidores de conhecimentos que conferem poder e aqueles que ainda não estão informados. Pode-se expressar essa lei como: *A humanidade tem o direito inalienável de ser informada. A verdade deve ser ensinada e o conhecimento deve ser disponibilizado.*

Visto que as informações sobre a matéria suprafísica mais sutil e os reinos suprafísicos da Natureza não seriam compreensíveis para aqueles abaixo da categoria de Candidatos a Iniciados dos Antigos Mistérios, as mitologias mundiais foram, portanto, trazidas à existência pelos Sábios ou Adeptos daqueles tempos. Os contos populares e os mitos foram ocasionalmente modificados ou receberam relatos adicionais (e mais fascinantes) quanto às atividades, aventuras, o heroísmo e até mesmo em relação à vida doméstica. Assim, através dos tempos, as mitologias esotéricas da Ásia, Egito, Creta, Grécia, Roma e nações celtas e nórdicas surgiram gradualmente e se desenvolveram em suas várias formas tradicionais.

A tarefa de apresentar claramente essas ideias de maneira compreensível tem se mostrado muito difícil para o autor, e também pode ser difícil de acompanhar para alguns leitores. Surge, portanto, uma questão: como se poderia esperar que os povos anteriores teriam respondido a uma declaração puramente literal de verdades ocultas? Isso não é ainda mais pertinente quando, movidos pela receptividade, os Sábios da antiguidade se empenharam em apresentar esses conceitos ocultos e místicos para a instrução da humanidade de seu tempo? Buscando uma resposta para nós, não seria possível que contos de fadas existentes e em desenvolvimento fossem usados como uma mídia em que formas românticas, lendárias e alegóricas pudessem abrigar ensinamentos profundos, entrelaçados de modo a serem percebidos e apreendidos por aqueles indivíduos suficientemente evoluídos para recebê-los, compreendê-los e, com segurança, aplicá-los de forma útil?

Como, então, uma doutrina tão claramente esotérica como o Princípio de Hefesto, ou um procedimento especializado e altamente organizado de tornar as substâncias mais inertes cada vez mais responsivas à Ideia Divina, poderia ser pelo menos referido na mitologia grega?

Como os Sábios da Grécia Antiga introduziram, em termos mitológicos, o conhecimento da existência e atividade de uma Hierarquia de Seres Super-humanos e seus colaboradores – certas Ordens das Hostes Angélicas – para diminuir a inércia da matéria e assim aumentar sua capacidade de resposta ao Pensamento Divino? Uma resposta possível é: fazendo surgir na mente dos formuladores originais dos contos de fadas ideias sobre pessoas alegóricas, como o deus coxo Hefesto com seus assistentes, que, por ordem dos deuses, moldaram vários metais em formas pré-projetadas, incluindo seres vivos (Pandora), e as armaduras de heróis e deuses, o que tornou possível até mesmo o "nascimento" de Atena da cabeça de Zeus.

O conceito dos mitos em desenvolvimento gradual, principalmente o de Hefesto, foi trazido fortemente à mente do autor (como iluminação, na verdade) enquanto investigava a aparência, a natureza e as funções de certos Anjos da Paisagem na entrada do Porto de Whangarei, e no vulcão ativo do Monte Ngauruhti, na ilha setentrional da Nova Zelândia.

Neste ponto, o autor oferece interpretações antecipadas, sugeridas posteriormente neste livro, da pessoa e das atividades do deus Hefesto, que lidam com as funções de certas Ordens de Seres (os Membros das Hostes Angélicas) das quais presumo que Hefesto seja um representante. O primeiro dos dois Princípios relativos à existência dos Universos e seus componentes é o desabrochar, o desenvolvimento ou crescimento da Vida e da Consciência inerentes encarnadas dentro deles. A segunda é que esse procedimento é continuamente auxiliado pelos participantes deste grande Plano. Entre eles estão os membros das Hostes Angélicas que, pela injeção de um poder ígneo e uma força aceleradora da consciência, estão perpetuamente ativos em todo o Universo – aqueles que estão funcionando por toda a própria Natureza, e que chamei de Anjos da Paisagem. Outras Ordens "servem" da mesma forma nos reinos sub-humanos e humanos, incluindo plantas, animais (no sentido mais amplo do termo) e a própria humanidade.

Nas páginas a seguir apresento interpretações do deus Hefesto e de suas funções como personificação das Inteligências que servem em toda a Natureza. Mesmo reconhecendo partes da história como produtos do folclore imaginativo, quando interpretadas em termos da Linguagem Sagrada da Alegoria e do Símbolo, no entanto, as experiências e atividades de Hefesto parecem apoiar as associações com certos aspectos profundamente ocultos atribuídos a ele. Assim, como sugerido anteriormente, dentro das imaginações aparentes folclóricas a respeito do deus Hefesto, reconhecidamente semelhantes a contos de fadas, são encontradas circunstâncias, ações, lugares e estados de ser que, acredito, muito possivelmente foram inspirados pelos Sábios. Se isso for verdade, então as próprias pessoas gradualmente construíram os mitos, e os Sábios os organizaram em alegorias que ocultam e transmitem sabedoria.

Na verdade, este procedimento de ocultar e revelar a verdade é considerado uma das funções dos Mistérios Maiores, dos quais os próprios Sábios eram Altos Iniciados. Por conseguinte, eles eram profundamente informados sobre a natureza e a evolução do Universo e do ser humano, e especialmente sobre suas inter-relações íntimas. Esses iluminados podem muito bem ter encontrado, nos mitos em desenvolvimento, oportunidades de colocar diante da humanidade, em formas alegóricas, verdades de grande valor potencial para aqueles que, por sua vez, buscam encontrar e trilhar a Senda da *Theosophia*, como Amônio Sacas[193] de Alexandria nomeou a sabedoria acumulada de todas as eras.

Apesar de afirmações aparentemente contraditórias, a história de Hefesto poderia, portanto, ser considerada útil para a apresentação da existência de uma energia estimulante e perpetuamente irradiada de aceleração da evolução, assim como a Ordem dos Arcanjos a quem era, e é, atribuída a tarefa de sua aplicação a todos os aspectos da Natureza. Como sugerido, isso se refere especialmente ao reino mineral, com o qual, em sua forja – fonte do Fogo Criativo –, Hefesto trabalhava. Na história do planeta Terra, desde o início do período em que suas substâncias se tornaram sólidas até sua condição material atual, a função de aceleração da evolução e redução da inércia tem sido continuamente realizada com a máxima eficiência pela Ordem de Arcanjos e Anjos encarregada desta tarefa. Supõe-se ainda que isso continuará até que a dupla tarefa não seja mais necessária, seus propósitos de animação e vivificação tendo sido cumpridos de acordo com o Plano Divino.

Para resumir e novamente afirmar as principais ideias: pelo derramamento da *Kundalinī Shakti* na vida dormente dos minerais, esta vida

[193] Fundador da Escola Neoplatônica em Alexandria, entre os séculos II e III.

torna-se mais sensível à efusão geral e à infusão de poder de estimular a evolução, que os Anjos da Paisagem e, quando suficientemente evoluídas, as fadas em todo o mundo derramam na vida mineral e vegetal. A energia que flui é, por assim dizer, também impressa ou infiltrada para vibrar nas frequências do Pensamento Divino, ou nas combinações moleculares e nas formas e moldes finais, não apenas no reino mineral, mas também no vegetal. Os espíritos da Natureza dos quatro elementos — gnomos, fadas, ondinas e sílfides — estão longe de ser meramente decorativos e lúdicos; eles também desempenham seu papel, de forma inconsciente e instintiva, ao longo de tempos imemoriais, como agentes da Fonte Única, o *Logos* Solar, Nosso Senhor o Sol.

Assim, as forças derramadas e absorvidas que os *devas* da Natureza, principalmente, "injetam" nos reinos mineral e vegetal do planeta desempenham funções duplas. Uma delas é acelerar a evolução da Vida interior, tornando-a assim mais responsiva ao Pensamento Formativo Divino. Isso faz com que a Vida seja permeada pelo Pensamento Divino e, assim, produza um efeito de instintivamente fazer com que a substância material se torne cada vez mais responsiva e produza as miríades de formas do planeta, de acordo com o Verbo. A segunda função era (e ainda é) direcionar a imensamente poderosa força ígnea da *Kundalinī* tanto para a Vida interior quanto para a forma, tornando-as cada vez mais sensíveis ao Pensamento Divino — assim como ao aquecer e amolecer o ferro ele se torna mais maleável para o processo de modelagem realizado na bigorna pelos martelos, de acordo com o desenho na mente do ferreiro. Essas duas forças injetadas produzem uma aceleração contínua dos processos evolutivos que ocorrem dentro da Vida encarnada em todas as substâncias minerais, vegetais, aéreas e fluidas (água, óleo e seiva, por exemplo). Esta é de certo modo uma parte do processo de aceleração *dévica* e de tornar a Vida interior em toda a natureza mais responsiva ao Pensamento Divino (Zeus).

O fato de Hefesto ocasionar o nascimento da personificação da sabedoria (Atena) ao abrir a mente-cérebro de Zeus apoia ainda mais o papel desse ferreiro como representante de uma atividade de membros individualizados do Reino *Deva* na Natureza, pois seu trabalho é acelerar[194]

[194] Acelerar — não necessariamente apressar.

a evolução da consciência, trazendo assim à luz, na humanidade evoluída (Zeus), a sabedoria espiritual ativa totalmente formada (armada), personificada por Atena. Assim interpretado, Hefesto é acertadamente apresentado como o agente "cirúrgico" do surgimento de Atena.

Homero e outros autores geraram o fascinante conto de fadas da existência e das experiências de Hefesto. Em geral é um conto de fadas, e, com algumas exceções, pode ser considerado uma história encantadora e até engraçada, ainda que às vezes trágica. No entanto, algumas referências podem levar-nos a considerar que os autores foram inspirados em certos assuntos por um ou outro Sábio.

O domínio de Hefesto sobre os metais é demonstrado por sua habilidade não só de forjar armaduras e outros objetos metálicos, mas também seres vivos, como suas servas e Pandora, "o presente de todos", com a caixa que ela tão tragicamente abriu. Essas realizações podem talvez ser interpretadas como referências aos processos fundamentais da evolução da vida espiritual existente desde o mineral, passando pelas plantas e animais, até a humanidade. Além disso, as pessoas foram forjadas por Hefesto com o metal mais precioso, o ouro. O fato de que ele era filho de Zeus e Hera (ou talvez apenas de Hera) pode se referir à fonte e à natureza de seu ser como personificação do reino elemental e do espírito da Natureza, estágios de consciência e realização de *Deva* e *Devarāja*, pois o Reino *Deva* é uma verdadeira parte projetada – uma descendência – da Deidade Suprema, um membro radiante da Família Divina Una.

Hefesto foi dotado com o poder de tornar os metais grosseiros tão maleáveis que pudessem ser martelados e moldados na forma desejada, com grande beleza, e ainda mais: com o poder de extrair do ouro seres humanos vivos. Essas capacidades indicam a habilidade de se "intrometer" efetivamente na vida e na consciência nesses dois reinos da Natureza. Além disso, ele foi milagrosamente capaz de trazer a Vida encarnada no mineral mais grosseiro para a encarnação em ouro, e deste em seres humanos vivos, demonstrando a faculdade de *ajudar* na evolução daquela Vida oculta.

O estudante de Ciência Oculta pode recordar imediatamente a função de uma certa Ordem de *Devas* intimamente associada à evolução da vida na forma e, portanto, engajada durante todo o período de um *Manvantara* para acelerar o progresso evolucionário. Isso sugere o poder de acelerar a obtenção da liberdade da Vida Una do aprisionamento de um reino (o mineral, por exemplo) nos organismos celulares e materiais compostos dos quais o corpo humano é constituído. Assim considerado, Hefesto personifica aquela Ordem dos *Devas* (entre muitas outras) à qual esta tarefa *Manvantárica* foi destinada, para estimular o desenvolvimento, acelerar o progresso evolutivo e apressar o avanço da Vida ao estágio seguinte.

Como resultado da tentativa de exploração e até mesmo de associação com membros das Hostes Angélicas em atividade incessante, e ao estudar a vida e obra de Hefesto, o autor se convenceu de que tal Ordem de seres existe, e que Hefesto a personifica.

O fato de que, por incontáveis eras, seus membros devem lidar com as substâncias mais densas do planeta Terra, especialmente minerais e plantas, confirma esta suposição. Para tais seres totalmente livres, exceto por essa tarefa, essas limitações podem ser sugeridas pela expulsão de Hefesto do Céu, e pelo fato dele ser feio e manco – apenas símbolos, emblemas de tais restrições.

Em meu Livro *O Reino dos Deuses*, apresentei descrições de *devas* que estavam assim engajados, alguns deles exibidos em ilustrações em meio de tais atividades – as dos deuses da montanha, por exemplo, como também os *devas* das árvores.

Toda a Hierarquia dos *Gandharvas*, os anjos da música que perpetuamente soam e ressoam, de dentro dos níveis amorfos da Natureza, a Palavra Criativa proferida, pode (e tenho certeza de que o faz) continuamente exercer uma influência que auxilia na evolução da vida em toda a Natureza, assim como no ser interno e externo dos humanos.

CAPÍTULO 8

O UNICÓRNIO

A suposição de que grande parte da mitologia dos povos antigos, com seus muitos glifos e emblemas, é inspirada por Adeptos com o propósito de preservar e de revelar, ainda que ocultando, o conhecimento que confere poder, é apoiada pela notável aptidão da simbologia.

O unicórnio ou cavalo com chifre, como vimos em um de seus muitos significados possíveis, é um símbolo apropriado da força geradora sublimada no ser humano. O chifre emergindo do cérebro indica que a expressão do poder criativo e do desejo ocorre por meio do intelecto inspirado pela vontade e de seu órgão craniano, o cérebro físico, e em particular da glândula pituitária. O chifre é, portanto, ocultamente fálico, enquanto o cavalo é um símbolo frequentemente usado para o quaternário inferior purificado do homem — mente, emoção, veículo etérico para vitalidade e carne.

Na mitologia grega, isso é representado pelo cavalo alado (mas não com chifre) Pégaso, que o herói Belerofonte (o Ego Iniciado) captura, controla e dirige com uma rédea dourada. Este arreio é um símbolo da vontade-pensamento desenvolvida, que ele sabiamente usou e por meio da qual a natureza pessoal do ser humano (Pégaso) é guiada.

O cavalo alado foi capturado perto de uma fonte, representando a fonte da Vida. Montando-o, Belerofonte se ergueu no ar e matou a Quimera, um monstro que expelia fogo com a respiração. Enquanto cavalgava Pégaso, Belerofonte não precisava se aproximar da criatura cujo hálito era feito de chamas. Ele voou acima dela e matou-a com suas flechas, sem risco para si mesmo. A Quimera era composta por uma cabeça de leão e quatro patas, uma cauda serpentina e uma cabra no meio do corpo. É, portanto, uma concepção irreal e impossível, uma quimera no sentido moderno da palavra, uma ilusão, apenas para ser "vista através" (destruída) quando em um estado superior de consciência.

Depois disso o Ego Iniciado, personificado por Belerofonte, não está mais limitado à superfície da terra e ao corpo físico; ele "sobe", como se alado, para o empíreo – os estados suprafísicos de consciência. Assim elevado, está além das limitações dos desejos apaixonados (o sopro do fogo), da vontade de dominar (a porção do leão) e dos desejos sensuais (a cauda de serpente). No Livro de Jó, a mudança do asno selvagem para o unicórnio também é significativa, pois o asno é um símbolo de teimosia, e em seu estado selvagem todas as suas qualidades são desarmadas. O Candidato à Iniciação deve domar o até então selvagem asno, para que depois, como símbolo de um dócil quaternário, possa levar o tríplice Ser espiritual para a sua meta, assim como Cristo cavalgou um asno em triunfo para Jerusalém.

O Egito é um símbolo topográfico do Santuário dos Mistérios Maiores com suas Câmaras de Iniciação, em uma das quais, pode-se supor, Jesus, como cada Iniciado, foi consagrado à sua poderosa tarefa. Jerusalém, por sua vez, representa o Ser imortal do homem, a Tríade espiritual – Vontade, Sabedoria e Inteligência – que o Iniciado adentrou ou

O UNICÓRNIO

da qual se tornou totalmente consciente. Este estado de consciência de "Jerusalém" é alcançado quando inteiramente acordado no corpo e por todo o quaternário frequentemente resistente — mente, emoção, vitalidade e carne. Assim, como se afirma, o Cristo triunfante (o Iniciado) cavalga para Jerusalém (estado egoico) sobre um jumento obediente (a personalidade mortal quádrupla).

O unicórnio é um animal fabuloso cuja medula espinhal se estende além da medula oblongata, através da glândula pituitária, e sai entre os olhos, após o que se torna um chifre endurecido. Ocultamente interpretado, isso se refere menos à medula espinhal física do que ao canal etérico interior que corre ao longo de seu comprimento, e que, como afirmado anteriormente, é chamado de *Sushumnā Nādi*. O fogo criativo equipolarizado, a Serpente de Fogo da *Kundalinī*, flui ao longo deste canal do sacro ao cérebro, e, em seu progresso no ser humano, é acompanhada pelas correntes positiva e negativa, que seguem cada qual seu próprio caminho, conhecidas respectivamente como *Pingalā* e *Idā*, entrelaçando o *Sushumnā* à medida que fluem.

A sublimação da força criadora — a ascensão do fogo criativo serpentino — ocorre como resultado da transmutação da força sexual por meio da prática continuada de *Yoga*, auxiliada pela passagem por ritos de Iniciação válidos. Esse conhecimento foi, por um longo período de tempo, parte dos bem guardados segredos dos Antigos Mistérios, e mesmo agora a técnica pela qual a força é despertada é mantida em segredo. Essa reserva não visa reter informações valiosas, mas proteger o profano e o despreparado do perigo e da tensão inseparáveis do despertar prematuro da *Kundalinī*.

Muitos símbolos são, portanto, empregados para se referir a esse poder redentor no ser humano — as serpentes, muitas vezes entrelaçadas, figuram amplamente na maioria deles. As histórias da transformação dos cajados de Moisés e Aarão em serpentes para ganhar a liberdade da escravidão no Egito (o corpo, os sentidos e o abuso de poder) para os israelitas (a Alma espiritual), o glifo de Laocoon e seus dois filhos, a serpente de bronze na cruz erguida por Moisés, o Caduceu nas mãos de Hermes, que liberta a Alma (Perséfone e Eurídice) do Hades (prisão no corpo físico e no mundo) — tudo isso retrata o redirecionamento da força criativa e a resultante liberação da consciência das restrições da vida corporal.

Conforme afirmado, os autores do Livro de Jó usaram o símbolo do jumento selvagem e do unicórnio[195] para indicar que Jó havia progredido através das fases selvagem, teimosa e sexual do desenvolvimento humano. O chifre do unicórnio às vezes é retratado como helicoidal, o que pode ser considerado adequado para uma referência velada às forças espirais entrelaçadas de *Kundalinī*, o poder que se move em um caminho sinuoso. Nesse sentido, o unicórnio (o conjunto de mente, emoção, vitalidade e corpo físico do ser humano em quem o Fogo Serpentino está totalmente desperto e sublimado) está disposto a servir e "obedecer ao teu berço",[196] e pode-se amarrá-lo e fazê-lo "arar os vales"[197] (os três *nādis* ou canais ao longo dos quais a *Kundalinī* sobe para a cabeça).

O unicórnio talvez possa também ser considerado um símbolo de uma raça primitiva, humanos que teriam o olho pineal na superfície da cabeça.[198] Eram os chamados Lemurianos, a Terceira Raça Raiz na sucessão de raças na Terra, mas os primeiros a "vestir" corpos físicos e a renovar a vida física humana no planeta. Eram pessoas gigantescas, de constituição forte e desajeitada, não muito habilidosas no manejo de uma forma física, mas ainda com a visão psíquica instintiva e naturalmente empregada pelas duas primeiras raças da Terra, que eram astro-etéricas. Sua visão física era limitada, pois os dois olhos ainda eram rudimentares. Entretanto, sua consciência suprafísica foi, a princípio, notavelmente clara. Esta raça desenvolveu o sentido da visão, primeiro com um único olho no topo da cabeça (agora retraído como a glândula pineal) e mais tarde com dois olhos.

> Os ciclopes de um olho, os gigantes da fábula, como os filhos de Coelus e Terra — três em número, de acordo com Hesíodo — foram as últimas três sub-raças dos Lemurianos, o olho único referindo-se ao Olho da Sabedoria; pois os dois olhos frontais foram totalmente desenvolvidos como órgãos físicos apenas no início da Quarta Raça.[199]

---

[195] Quem liberou o asno? Ou quem soltou as amarras do asno selvagem?

[196] Querer-te-á servir o unicórnio ou ficará na tua cavalariça?

[197] Ou amarrarás o unicórnio ao rego com uma corda, ou vai arar após ti os vales?

[198] Ver *The Earth and Its Cycles*, E.W. Preston, p. 66.

[199] *The Secret Doctrine*, IV: 338. H.P. Blavatsky, Adyar Edition.

CAPÍTULO 9

PROMETEU; APRISIONADO POR ZEUS, LIBERTO POR HÉRCULES

Prometeu roubou algumas centelhas do Sol (o fogo criativo fisicamente natural e, portanto, uma faculdade); deu-as aos humanos e atraiu sobre si a vingança divina. Ele carregou as faíscas para a Terra escondidas dentro de um funcho gigante (um talo vigoroso) — o canal medular central? Zeus puniu-o acorrentando-o a um penhasco no Monte Cáucaso, onde durante todo o dia uma águia rasgava seu fígado, que voltava a crescer a cada noite. Somente após muitas gerações Hércules, com o consentimento de Zeus, matou a águia e libertou Prometeu.

Prometeu (que significa pensamento prévio), "o Doador de Fogo e Luz", foi acorrentado no Monte Cáucaso e condenado a sofrer torturas. Ele, portanto, simboliza a Mônada-Ego no ser humano, que quando encarnada "roubou do céu"[200] (na verdade possui, por causa de sua origem divina), conteve em si mesma e transmitiu aos humanos o Fogo da Criação (e assim da procriação), *Kundalinī Shakti*. Ele, assim, concedeu essa capacidade a todos os seres humanos e a todas as criaturas que fecundam. Como uma punição (na verdade, como uma consequência natural), foi simbolicamente acorrentado no Monte Cáucaso (porque encarnado em um corpo físico, uma severa limitação ao Ser Monádico-

---

[200] O preço a ser pago pelo desenvolvimento desse poder divino é realmente pesado. A alma do ser humano é encerrada na matéria, onde a pessoa temporariamente se torna uma presa da ilusão da individualidade, do sexo e dos perigos resultantes da excessiva indulgência sexual. Autodegradada como resultado, sua condição é alegoricamente descrita na Bíblia como condenada por Deus e expulsa do Éden. A história também pode ser interpretada como referência à dificuldade experimentada pelo aspirante à Consciência Superior para alcançar a transmutação necessária do desejo procriador e da sua energia para a criatividade intelectual e intuitiva. Simbolicamente, Prometeu está acorrentado à Terra.

-Egoico, mas também um meio de progresso evolutivo no que diz respeito à personalidade). Durante todo o dia, uma águia rasgava o seu fígado (o desejo sexual), que crescia novamente durante a noite, o que significa que, embora satisfeita, a expressão sexual nunca morre totalmente, por mais que seja frequentemente praticada. Ela pode, portanto, ser fonte de grande sofrimento (desejos insatisfeitos e doenças, por exemplo), e além disso, para os espiritualmente não evoluídos, é muito difícil de transmutar, uma verdadeira tortura.

Embora a experiência da procriação seja intencionalmente prazerosa em si mesma, de modo que as várias espécies da Natureza possam continuar a existir e a se desenvolver, ela é também uma fonte de sofrimento contínuo, especialmente quando maltratada, mal utilizada ou incapaz de ser normalmente gratificada. Alegoricamente, o ser humano está acorrentado a uma rocha (o corpo físico), e a águia, rainha dos pássaros, capaz de voar mais perto do Sol (a fonte do poder criativo e sexual) rasga seu fígado. Prometeu, portanto, como uma personificação da humanidade exercendo um dos processos da Natureza, não pecou de forma alguma, pois a humanidade pode se tornar tanto prisioneira do desejo sexual insaciável quanto sofrer gravemente de dores emocionais e doenças físicas, o que é um acontecimento natural. Finalmente, então, ele foi liberado.

Quando assim interpretado, o mito descreve emblematicamente as vantagens e as desvantagens muito sérias — quase uma praga — resultantes da posse humana da faculdade corporal de procriação. Na verdade, porém, nenhum pecado foi cometido, pois a escolha não foi feita pelos humanos como raça; ela foi e é uma expressão física perfeitamente natural do poder criativo e formativo inerente a toda a Natureza (roubado do Olimpo), a morada dos deuses (os Seres-Deuses dos humanos e super-humanos). Portanto, nenhum roubo ocorreu e ninguém foi julgado e punido deliberadamente por uma Divindade. Pelo contrário, o mito registra processos perfeitamente naturais, enquanto revela certas verdades que conferem poder.

Prometeu personifica cada ser humano, todos os quais herdam naturalmente o fogo criativo inerente à Natureza, funcionando tanto de forma favorável quanto adversa, e vivenciado pelas pessoas. O ser humano, sendo autoconsciente, naturalmente faz mau uso desse poder que dá prazer, e, nesse sentido (embora erroneamente), "cai" do céu e é "acorrentado" à Terra (perde temporariamente o contato consciente com seu Ser imortal). A história de Adão e Eva no Jardim do Éden é passível de interpretação semelhante (estão cientes somente do corpo físico e do mundo),[201] pois em ambas as alegorias nenhum pecado foi cometido. O sofrimento de fato surgiu, porém como resultado do exercício do poder divino ou celestial de criar.

A escolha da águia, a rainha dos pássaros, pois de todas as criaturas emplumadas é a que pode voar mais próxima ao Sol, como a produtora da dor, rasgando o fígado de Prometeu a cada dia, também é simbolicamente iluminadora, sugerindo, por sua vez, que o poder criativo é real e vem do alto — o Monte Cáucaso, de fato. O dilaceramento do fígado pela águia descreve o sofrimento suportado tanto pela satisfação excessiva e errônea do desejo sexual, quanto pelo desejo contínuo de sua indulgência, do qual parece não haver escapatória (as correntes). O mito revela a existência e a natureza desse alívio. Hércules — conquistador da *Kundalinī* desde a infância — personifica a condição e a conduta a serem seguidas para obter a liberação tanto do "acorrentamento à rocha" quanto do "dilaceramento do fígado".

Quem, então, é Hércules? Ele não personifica o indivíduo que atinge a estatura evolutiva na qual tanto a restrição à consciência física quanto o desejo sexual foram superados, revelando assim uma grande — senão potencialmente perigosa, devido ao possível uso indevido — verdade da Filosofia Oculta? Tal pessoa deve escalar o Monte Cáucaso com sucesso (ascender acima das limitações do corpo físico e do mundo), e, pela força de vontade desperta, alcançar o comando. Portanto, a indulgência em relação ao desejo sexual pode ser controlada e transmutada em criatividade intelectual e intuitiva.

Assim é alcançado o comando sobre a indulgência, com a força sexual e o desejo controlados e transmutados em criatividade. Essa conquista confere a Hércules um poder virtualmente irresistível (onipotência física e habilidades de ascender em consciência às alturas espirituais), capacitando-o a escalar o Monte Cáucaso e, além disso, ajudar outros a obter liberdade e realização espiritual semelhantes.

---

201 Gênesis 1-3. Ver também meu livro *A Sabedoria Oculta na Bíblia Sagrada*.

Prometeu é alegoricamente libertado da rocha no Monte Cáucaso e da subserviência e ou escravidão ao desejo sexual; a águia não rasga mais seu fígado e ele é libertado das correntes.

Portanto, a história de Prometeu descreve miticamente a experiência de quase todos os seres humanos nos quais o desejo sexual se torna evidente e expresso, assim como a maneira como ele pode ser transmutado, deixando de se tornar uma influência aprisionadora. Isso, atrevo-me a repetir, é alcançado primeiro pela elevação da consciência acima das limitações e desejos físicos (ascendendo ao Monte Cáucaso); em segundo lugar, conquistando o próprio desejo (destruindo a águia); e em terceiro lugar, universalizando tanto o poder criativo dentro da pessoa quanto as atividades de sua própria vida a serviço dos outros (os Trabalhos de Hércules).

CAPÍTULO 10

CADMO, O FUNDADOR DE TEBAS

Cadmo, cuja vida altamente complexa é aqui mencionada apenas em linhas gerais, era famoso como o fundador da cidadela de Tebas, tendo Atena posteriormente atribuído a ele seu governo. Nesses aspectos, foi um personagem muito importante. Para o cumprimento de suas missões, o Oráculo de Delfos aconselhou-o a seguir uma vaca e escolher, como local para a construção de Tebas, o lugar em que o animal desabasse devido à fadiga. A região foi posteriormente denominada "terra da novilha", ou Beócia.

Quando Cadmo chegou para fundar a cidade, um dragão gerado por Ares, o deus da guerra, negou a seus companheiros o acesso ao riacho e seu poço. Cadmo matou a criatura e, por consequência, teve que servir como escravo de Ares por oito meses. Depois disso, os deuses casaram Cadmo com Harmonia, filha de Afrodite, e eles tiveram sete filhos. A solenidade do casamento foi homenageada com a presença de todos os deuses do Olimpo.

Após sua vitória, Atena aconselhou Cadmo a semear os dentes do dragão no solo, e, muito estranhamente, uma safra de guerreiros armados brotou da terra. Eles lutaram entre si até que apenas cinco sobreviveram; por fim, tornaram-se os ancestrais das nobres famílias tebanas. No final de suas vidas, Cadmo e Harmonia foram para a Ilíria, onde foram transformados em serpentes e posteriormente elevados aos Campos Elíseos.

Tal como acontece com quase todos (mas não todos) os personagens e criaturas nomeadas na mitologia grega, a história da vida de Cadmo é tão humanamente incrível que podemos aplicar à sua interpretação uma forma universal da pedra da Roseta alegórica, que verbalmente deu a pista para os hieróglifos egípcios. De fato certos incidentes, juntamente com a simbologia associada, encorajam diretamente essa abordagem, entre eles a vaca que levou Cadmo ao local para Tebas.

Examinemos agora esta estranha série de eventos em busca de validade, de acordo com o título deste livro. Por que, por exemplo, uma das fontes de inspiração mais valiosas (o Oráculo de Delfos) aconselhou Cadmo a seguir uma criatura tão humilde quanto uma vaca, para o cumprimento de sua grande missão? Entre as fontes de informação disponíveis está *A Doutrina Secreta*, de H.P. Blavatsky. Nela descobrimos as seguintes referências à essa simbologia:

> A vaca era, em todos os países, o símbolo do poder gerador passivo da Natureza, Ísis, *Vāch*, Vênus – a mãe do prolífico Deus do Amor, Cupido, mas, ao mesmo tempo, do *Logos* cujo símbolo, com os egípcios e os indianos, tornou-se o touro, conforme atestado por Apis e pelos touros hindus nos templos mais antigos. Na Filosofia Esotérica, a vaca é o símbolo da natureza criativa, e o touro (seu bezerro) o Espírito que a vivifica, ou o "Espírito Santo", como mostra o Dr. Kenealy. Daí o símbolo dos chifres. Estes foram sagrados também para os Judeus, que colocavam nos altares chifres de madeira de acácia; a apreensão destes assegurava a um criminoso a sua segurança. (Ed. Adyar [em inglês], Vol. 3, p. 416, 2ª ed. Nota de rodapé, linha 5.)

> Levanta uma ponta do véu daquelas alegorias maravilhosas que foram lançadas sobre *Vāch*, a mais misteriosa de todas as Deusas Bramânicas; ela que é denominada "a vaca melodiosa que ordenha seu sustento e Água" – a Terra com todos os seus poderes místicos; e novamente ela "que nos dá alimento e sustento" – a terra física. Ísis também é natureza mística e a terra; e seus chifres de vaca a identificam com *Vāch*, que, após ser reconhecido em sua forma mais elevada como *Parā*, se torna, no nível inferior ou final material da criação, *Vaikharī*. Consequentemente, ela é mística, embora física, a Natureza, com todas suas formas e propriedades mágicas. (Vol. 2, p. 152.)

> A cerimônia de passagem pelo Santo dos Santos – agora simbolizada pela vaca, mas no início pelo templo *Hiranya-garbha*, o Ovo Radiante, em si um símbolo da Natureza Abstrata Universal – significava a concepção espiritual e o nascimento, ou melhor, o renascimento do indivíduo e a sua regeneração. (Vol. 4, p. 37.)

> Mesmo agora, o símbolo da vaca é um dos mais grandiosos e filosóficos entre todos os outros em seu significado interno. (Vol. 4, p. 38.)

Se o mito em sua totalidade é considerado uma revelação fortemente velada de verdades e poderes ocultos, a história da fundação de Tebas pode ser uma descrição alegórica de pelo menos cinco procedimentos importantes: a criação, preservação e transformação de um Universo; o poder fecundante por meio do qual esses resultados são alcançados; a agência receptiva ou "maternal"; o fogo criador potencialmente perigoso presente em todo ser humano; e seu despertar em plena atividade para a iluminação da mente e da alma de um aspirante bem-sucedido.

O poço que era guardado pelo dragão, seus dentes que deram à luz os seres humanos e a informação de que Harmonia e Cadmo foram transformados em serpentes e então entraram em um lugar de bem-aventurança chamado Campos Elíseos – tudo isso dá suporte à interpretação deste famoso mito. Os símbolos do poço e da vaca – cada um como uma fonte para as necessidades da continuidade de certas formas de vida (água e leite) – são ambos apropriadamente incluídos no relato alegórico do nascimento, preservação e governo de uma nova cidade e país, Tebas e Beócia.

Sobre o símbolo da água, H.P. Blavatsky escreve o seguinte:

> Estas Águas (Caos), chamadas de correntezas de Elivagar, destilando em gotas vivificantes, caíram e criaram a terra e o gigante Ymir, que tinha apenas a "semelhança de homem" (O Homem Celeste), e da vaca, *Audumla* (a "Mãe", Luz Astral ou Alma Cósmica), de cujo úbere fluíram quatro rios de leite – quatro pontos cardeais. (*A Doutrina Secreta*, Adyar Ed., Vol. 2, p. 83.)

O dragão ou serpente – que figura que aparece tão amplamente, em várias formas, nas histórias de que consiste a mitologia – é, ao longo deste livro, interpretado como personificação de uma força geradora sétupla, suprafísica, no Universo e no ser humano, funcionando neste último por meio de uma ação em espiral, ou enrolamento, principalmente dentro e ao redor da medula espinhal. Esse poder, chamado em sânscrito de *Kundalinī Shakti*, é retratado na literatura hindu por um diagrama que indica os três caminhos ao longo dos quais, quando despertadas para a atividade, as triplas correntes ascendem à coluna vertebral do ser humano iluminado. Curiosamente, é mesmo impressionante que o sistema anatômico idêntico seja retratado pelo Cetro de Hermes, como as ilustrações indicam de forma clara.

A *Kundalinī* também é simbolizada no Hinduísmo pela serpente ou nāga, sem dúvida por causa dos caminhos sinuosos seguidos pelas duas correntes. Ela também é descrita na mitologia (embora menos exatamente) como o símbolo do Alto e do Baixo Egito. A *Kundalinī* está presente em todas as criaturas vivas como a fonte do poder gerador e criativo pelo qual a reprodução – divina, humana e sub-humana – é realizada. Quando, no ser humano, é desperta de forma sobrenatural e direcionada ao cérebro, a consciência superior é então alcançada, enquanto o corpo físico está totalmente desperto. Os *Siddhis* iogues incluem a plena realização do Ser Divino e imortal de alguém que, na mitologia grega, simbolicamente vive no Monte Olimpo ou no Elísio.

O elemento água também é essencial para a continuidade da vida no planeta. Portanto, não é sem significado que a importância semelhante de *Kundalinī Shakti* seja revelada, colocando o dragão em um poço. Como a força criadora da *Kundalinī* é a base do desejo sexual e tão completamente necessária para a sucessão de quase todas as espécies, e o elemento água também é essencial para a preservação da vida, é simbolicamente significativo que neste mito um dragão esteja associado a um poço, e que seja colocado como o guardião de um riacho. A vitória de Cadmo sobre esta criatura pode ser interpretada como o domínio do Fogo Serpentino, significando o despertar e o uso consciente do poder da *Kundalinī*.

A ilustração que mostra Cadmo matando o dragão oferece suporte a essa visão, pois surge uma figura na posição vertical, fora da parte superior da cabeça de Cadmo, e a partir desta figura ocorre uma irradiação – como quando a *Kundalinī* completamente estimulada flui para cima, através do topo da cabeça. O próprio dragão também está associado a uma coluna vertical, sugerindo a medula espinhal do ser humano, ao longo da qual ascende a corrente neutra da tripla *Kundalinī* – positiva (*Pingalā*), negativa (*Idā*) e neutra (*Sushumnā*).

O misterioso nascimento de seres humanos dos dentes de dragão semeados na Mãe Terra também indica a função geradora da *Kundalinī* (o dragão). A terra representa o sexo feminino e os dentes, o masculino, enquanto o conflito entre os homens armados pode se referir aos perigos associados ao despertar imprudente dos aspectos ocultos desta energia criativa universal.

CADMO MATA O DRAGÃO

Uma segunda serpente está incluída de forma menos perceptível na imagem, com o corpo organizado em cinco curvas, sugerindo a corrente negativa da *Kundalinī*, que em sânscrito é chamada de *Ida* e surge através de cinco centros principais – *chakras* –, vórtices giratórios no baço, plexo solar, coração, garganta e sobrancelha, nos corpos etéricos ou suprafísicos do ser humano. Esta visão é apoiada pela transferência de Cadmo e Harmonia para os Elísios após sua morte, uma vez que, como uma experiência na consciência, isso é realmente alcançado pelo *Kundalinī* Iogue totalmente iluminado que Cadmo personifica.

Para concluir, o nome da esposa (Harmonia) refere-se diretamente à condição de consciência necessária para o despertar seguro de *Kundalinī*. Ele alude ao equilíbrio psicológico e, particularmente, à relação entre as duas correntes sinuosas, ou seja, equilíbrio ou harmonia total.

RESUMO

Como sem dúvida pode-se perceber, os lugares nomeados nas mitologias não se referem necessariamente a uma posição geográfica; eles são usados como referências míticas para o mundo após a morte – Hades, Monte Olimpo, a morada dos deuses ou Elísios, ou seja, os mundos celestes ou os estados de consciência em que estas condições da vida após a morte ou os estados mais exaltados de consciência e de ser são experimentados. Isso se aplicaria especialmente ao final da história de Cadmo e Harmonia, que, após serem transformados em serpentes, entram nos Campos Elísios.

Na Ciência Oculta, as fases sucessivas de desenvolvimento são percorridas, começando talvez com a primeira aquisição de conhecimento – neste caso, a existência do Fogo Serpentino. Os desenvolvimentos então ocorrem quando essa mesma energia é estimulada e se torna operante dentro de um indivíduo, para produzir, mesmo que apenas temporariamente, estados altamente elevados.

No seu devido tempo, a grande realização ocorre – quando o indivíduo, após passar por esses estados, torna-se *totalmente* unificado com uma verdadeira personificação da potência particular, e, a partir daí, reside permanentemente no estado correspondente de consciência. Na verdade, todo aspirante à Iniciação e ao Adeptado nos sempre existentes Mistérios Antigos é primeiramente apresentado aos ensinamentos sobre esses assuntos – por exemplo, como elevar a mente e o poder até então adormecido que torna possível essa conquista, o Fogo da Serpente.

Por fim, como afirmado, o Iniciado não mais se aproxima externamente, aprendendo e despertando em certa medida a atividade de tais forças, pois alcança o estágio em que a individualidade é, por assim dizer, absorvida pela própria Verdade – ele se torna essa Verdade em todos os aspectos de sua existência, e experimenta a operação da energia ou poder até o ponto em que ela se torna sua verdadeira encarnação. De fato, *este é o objetivo*: não mais estudar e aceitar uma verdade, mas tornar-se uma verdadeira manifestação viva dela.

Da mesma forma, o poder pode ser despertado a tal ponto que *todo o ser* se torna unificado com ele e com sua fonte interior – *torna-se* esse poder e vive de acordo com ele em cada ação e pensamento, em toda a sua natureza. Este é o ideal afirmado pelo Senhor Jesus Cristo, por exemplo, nas palavras "Eu e meu Pai somos um",[202] ou quando o iogue afirma: "Em verdade, eu sou aquele *Brahman* supremo."

Esses ideais, se declarados claramente em palavras, provavelmente estariam muito além da concepção humana, e, portanto, da aceitação dos não treinados nas Ciências Ocultas e daqueles que ainda não estão espiritualmente despertos. Portanto, são referidos de forma alegórica e simbólica, com a *dramatis personae* passando por estágios de desenvolvimento em termos de movimentos geográficos e de visitações.

Chega o tempo, entretanto, em que a alegoria e o símbolo não são mais necessários – podem ser disfarces, de fato – e então a própria verdade é expressa e totalmente revelada como uma experiência viva. Consequentemente, Cadmo e Harmonia não são mais confrontados por um dragão como uma criatura externa, mas *se tornam* aquele réptil, sendo, a partir de então, uma encarnação dele em termos do poder iluminador da mente totalmente desperta e operativa e dos estados de consciência resultantes. Assim, são transformados em serpentes e, a partir daí, habitam para sempre os Elísios – a morada dos Abençoados.

O texto do mito poderia, no entanto, ter sido traduzido com mais precisão como "Cadmo e Harmonia *tornaram-se* o Fogo Serpentino", o que significa que alcançaram a completa identidade com ele. Por isso eles experimentaram sua função plena e completa, em termos de consciência espiritual e intelectual. Assim, em vez de serem "transformados em serpentes", *eles se tornaram* serpentes e alcançaram a meta ióguica – o verdadeiro objetivo[203] alegoricamente retratado, com frequência apresentado de forma dramática por todos os mitos mundiais inspirados por Sábios.

---

[202] João 10:30.

[203] A compreensão da identidade com o Solitário Um – A Vida Espiritual – a Essência do Universo – *Brahman*.

EPÍLOGO

O PASSADO ANTIGO, A IDADE MÉDIA E OS TEMPOS PRESENTES E FUTUROS

Esta apresentação de pontos de vista sobre mitologias do mundo é fundamentada na minha convicção acerca da existência da Companhia de "Homens Justos Tornados Perfeitos",[204] a que se refere São Paulo. Entre estes, acredito firmemente que estão incluídos os Sábios aludidos na literatura grega e nas escrituras do mundo, que surgiram das fileiras da humanidade por meio da aceitação e aplicação em Suas vidas de procedimentos por meio dos quais a evolução humana para a perfeição pode ser acelerada. Tendo eles próprios alcançado os estados trans-humanos, são movidos, entre outros propósitos, pelo objetivo de disponibilizar aos companheiros residentes no nosso planeta uma medida do conhecimento que Eles alcançaram. Isso inclui tanto as realidades concernentes à natureza do ser humano quanto os meios pelos quais ele pode se libertar das limitações – e, portanto, dos sofrimentos – que os seres não iluminados geram para si mesmos.

O primeiro, mais importante e imutável fato sobre o ser humano é que ele não é *apenas* a pessoa física, mortal e visível, pois o indivíduo é um ser espiritual imortal, encarnado na personalidade durante o tempo de vida corporal.

No ser humano, o espírito mais elevado (Mônada) e a matéria mais inferior (corpo) estão unidos pelo intelecto. O Ser espiritual do homem desenvolve perpetuamente capacidades potenciais, sendo este o resultado de sua existência. Este processo culmina na obtenção da humanidade perfeita, o Adeptado.

---

[204] Hebreus 12:23.

O método de evolução humana consiste em vidas físicas sucessivas e progressivas, ou renascimentos.

As condições e experiências humanas são resultados da sua conduta, sob a lei de causa e efeito ou *karma*. A bondade traz saúde e felicidade. A crueldade traz miséria e doença.

Os processos de evolução podem ser atrasados por autoindulgência e crueldade; podem proceder normalmente e também podem ser acelerados, ao se seguir um modo de vida gentil, prestativo e autocontrolado. O "reino dos céus" pode ser tomado pela força — o que exige especialmente autotreinamento, meditação regular e serviço altruísta.

Existem na Terra homens e mulheres perfeitos, os Adeptos.

Séculos atrás, e desde então, certos Adeptos compartilharam sua sabedoria e conhecimento com a humanidade. Este conhecimento é denominado *Brahmā Vidya* e *Theosophia*, a Sabedoria Divina.

As dificuldades da humanidade surgem do fato de que, no estágio atual da evolução humana na Terra, o indivíduo ou Ego em desenvolvimento, exceto quando inspirado, normalmente se manifesta fisicamente apenas em um grau muito limitado. Por consequência, as pessoas tendem a viver apenas para fins corporais, vantagens financeiras, prazeres e o que elas erroneamente acreditam ser necessidades — alimentos obtidos cruelmente de animais, por exemplo.

A solução para todos os problemas do ser humano consiste na expressão cada vez mais plena — e portanto corretiva — do Ser imortal, no interior e em sua personalidade externa. O objetivo das religiões, porções inspiradas das escrituras e mitologias, é fornecer conhecimento sobre esses fatos e alcançar uma interrelação cada vez mais estreita entre o Divino e o humano na humanidade.

Medidas especiais foram tomadas pelos Adeptos para oferecer esta solução por meio de uma orientação especial para a mente, e uma poderosa influência aceleradora da evolução sobre o corpo daqueles que são considerados suficientemente sensíveis e estáveis para justificar o experimento. Na literatura histórica esse procedimento é denominado Mistérios, referindo-se a observâncias mantidas em segredo dos profanos e não Iniciados.

Se, como autor, tenho permissão para conversar brevemente com o leitor — enquanto ainda continuo nosso estudo — posso garantir que, conforme me detive e busquei a Sabedoria Oculta nas escrituras e mitologias mundiais, não me esqueço por um só momento do perigo, na verdade do erro grave de atribuir erroneamente uma Sabedoria Oculta a uma história que, do começo ao fim, pode ser apenas um conto de fadas. A história de Belerofonte, por exemplo, voando no cavalo alado Pégaso e destruindo a Quimera, poderia ter começado como uma fábula imaginária. A analogia da necessidade de se elevar acima das atitudes mentais normais antes que as ilusões possam ser totalmente eliminadas da mente é, entretanto, tão adequada e tão próxima da realidade que é razoável supor que sua revelação tenha sido a intenção original do autor da história, quem quer que ele ou ela possa ter sido.

Com deferência àqueles para quem a passagem bíblica fornece um relato preciso de tal proeza, Davi pode ou não ter realmente matado o gigante Golias com uma pedra lançada de sua funda, e, posteriormente, cortado-lhe a cabeça.[205] Esta, por sua vez, não poderia ser uma história fabulosa de aventura heroica? Orientações importantes e valiosas podem, entretanto, ser prontamente recebidas a partir de uma interpretação simbólica. A necessidade de uma certa franqueza simples de pensamento (Davi, o jovem pastor) e a eliminação da tendência argumentativa e egoísta da mente humana (a decapitação do arrogante Golias) antes que a sabedoria possa ser alcançada é tão obviamente verdadeira que pode muito bem ser considerada a mensagem pretendida para esta narrativa, dada a existência e o uso da linguagem da alegoria e do símbolo espiritual e filosoficamente revelador. A simples arma (a funda) e o seu projétil (a pedra, um produto da Natureza recuperado do riacho)[206] nas mãos de um jovem pastor, assim como o procedimento de decapitação, apresentam uma profunda sabedoria subjacente.

Visto que a humanidade está agora passando por sua Quinta Raça Raiz e sua Quinta Sub-Raça, a mente concreta e seus atributos também estão passando, ainda que lentamente, por um desenvolvimento evolutivo, e, em consequência, controla em grande parte, mas não inteiramente, o pensamento humano. Os processos de pensamento e seus motivos egocêntricos tendem a acentuar atributos como o desejo de obter bene-

[205] Samuel 17:49-51.
[206] Samuel 17:40.

fícios pessoais e a satisfação do egoísmo e do orgulho. Durante o presente período de pensamento, estes, com nobres exceções, infelizmente governam o pensamento e portanto a conduta humana, com resultados trágicos, como a história de nosso tempo muito claramente retrata.

Por que, pode-se perguntar, tais verdades precisam então ser ocultadas? Porque elas revelam não apenas informações valiosas, mas, como afirmado anteriormente, também uma fonte de grande poder pessoal e os meios pelos quais ele pode ser alcançado (e portanto mal utilizado). Como a história do mundo registra – principalmente desde a descoberta da pólvora e da energia nuclear – o poder em mãos erradas é perigoso ao extremo. Saber que você é um com o Divino, e portanto Divino em sua própria natureza, pode inspirar a mente de maneira muito significativa, e assim conceder a ela muitas faculdades adicionais, incluindo a sensibilidade a influências ocultas espirituais e benéficas. Infelizmente, a partir de então a pessoa também pode ser suscetível a ser dirigida por poderes das trevas[207] – a inteligência se entregando ao mal.

Até que o Adeptado seja alcançado e a possibilidade de erro transcendida, as tensões e adversidades inseparáveis da vida humana podem trazer períodos de escuridão (como o Getsêmani), com a percepção de oportunidades de manobras para ganhos pessoais desonestos. Essas obscuridades são capazes de eclipsar a mente e causar uma traição semelhante até mesmo à de Judas para com o Mestre (o próprio Ser Divino).[208] O discípulo Pedro, temporariamente dominado pelo medo e pela covardia, três vezes nega sua associação com o Senhor Jesus.[209] O assassinato por Caim[210] de seu irmão Abel; o envio pelo Rei Davi do marido de Betsabá, Urias, para a linha de frente da batalha onde ele foi morto;[211] o glifo total de Satanás dotado de poder em todos os seus aspectos – todos esses são exemplos bíblicos de tais "quedas". Set assassinou e esquartejou seu irmão e pai, Osíris, enquanto a vida do Senhor Buda foi mais de uma vez ameaçada por seu ciumento parente Devadatta.

---

[207] Ver *Basic Theosophy (Teosofia Básica).*

[208] Mateus 26:14, 47. Ver *A Vida de Cristo do Nascimento à Ascensão,* Brasília: Editora Teosófica, 3ª ed., 2017. (Nota Ed. Bras.)

[209] Mateus 26:69 e *A Vida de Cristo do Nascimento à Ascensão, Brasília: Editora Teosófica, 3ª ed., 2017. (Nota Ed. Bras.)*

[210] Gênesis 4:8 a 15.

[211] Samuel 11:12.

Nos dias modernos, os líderes de todas as nações que embarcam em guerras, e todos os criminosos que, para ganho pessoal, usam conhecimentos e oportunidades para privar outras pessoas de suas posses, ilustram os perigos associados ao poder especial e à liberdade de uso ou abuso desse poder. O conhecimento oculto confere a capacidade de influenciar, de elevar – mas infelizmente também de subjugar – as mentes de outras pessoas, e até mesmo de pervertê-las na prática de más ações. O uso incorreto do hipnotismo e a oratória hipnótica são exemplos disso. Companheiros humanos e mesmo nações, como vimos na história europeia mais recente, podem ser controlados e conduzidos a maus caminhos por aqueles que possuem força de vontade suficiente para afetá-los. Uma vez que, no entanto, o mesmo poder usado corretamente é de grande valor para purificar a própria natureza e acelerar sua evolução – e, portanto, a evolução da humanidade como um todo – os Instrutores da Raça, com o cuidado necessário (o uso da linguagem da alegoria e símbolo) não deixam de disponibilizar a sabedoria espiritual e oculta à humanidade. *Ísis Sem Véu* e *A Doutrina Secreta* de H.P. Blavatsky, entre outras obras, podem ser consideradas exemplos de tais ensinamentos de Adeptos.

De que maneira a recepção da inspiração pode levar alguns seres humanos a práticas malignas? Em termos elétricos, receber potenciais extras, que a partir de então tornam o indivíduo mais sensível e, assim, mais passível de ser influenciado por sua própria natureza espiritual e por Seres altamente elevados – e, infelizmente, também por suas próprias características egoístas e pelos Poderes das Trevas, mentes inteligentes entregues ao mal. Os *Asuras*[212] (com seus poderes alegoricamente satânicos) e seus agentes humanos que atacaram o Senhor *Shri* Krishna, desejando destruí-lo por ser alguém superior e odiado em seu meio, e os reis Kamsa e Herodes, que temiam a perda de seus reinos, constituem exemplos emblemáticos de tais agências hostis. Uma pessoa pode ser diretamente influenciada, no entanto, não apenas por seres das trevas (quando hipersensibilizada pela descoberta prematura e o uso de

[212] *Asuras* (sânscrito). Apresentados no pensamento hindu como seres espirituais cuja atividade está associada ao lado demoníaco ou discordante da evolução. Portanto, eles são considerados poderes satânicos, assim como os rebeldes nos mitos cósmicos, os Titãs da mitologia grega, por exemplo. No entanto, também são considerados seres espirituais que desempenham funções necessárias, tanto construtivas quanto destrutivas.

conhecimento e poder oculto), mas também por outras forças psíquicas que podem desviar a humanidade, afetando adversamente sua estabilidade e integridade mental e psicológica. Além disso, também pode ser despertado o ciúme em relação aos mais adiantados, a quem foi concedido maior conhecimento e poder, e, com isso, maior prestígio.

Cada faculdade adicional e todas as energias associadas a ela despertam e aumentam ainda mais a atividade e a influência dos atributos e tendências desfavoráveis já existentes na pessoa. Isso pode incluir da antipatia ao ódio, da raiva à fúria, do ciúme à determinação de destruir, além do orgulho de sua superioridade sobre outros não tão dotados e do aumento geral do prejudicial senso de egoísmo e, portanto, de separação em relação a seus semelhantes. Como será prontamente visto, essas falhas são desenvolvimentos especialmente adversos e até fatais, do ponto de vista do Ocultismo e do avanço espiritual.

Entre exemplos simples, pode-se citar um valentão da escola, um menino que está crescendo em força muscular em relação aos outros alunos, ou ainda em inteligência e capacidade de aprendizagem. Esses sucessos podem levar à forma de egoísmo que foi chamada de "esnobismo". Em *todas* as idades, a aquisição de mais poder traz consigo o risco de levar a uma tendência ou hábito de secretismo, que pode se desenvolver de forma indesejável no caráter da pessoa. Esses perigos foram numerosamente exemplificados na história ao longo dos tempos. Daí o procedimento dos Adeptos: o sigilo, a ocultação e a guarda cuidadosa dos conhecimentos que conferem poder. A salvaguarda dupla e infalível contra cair em tais erros consiste em ser inspirado pelo único motivo de adquirir conhecimento e, assim, obter poder para usar inteiramente a serviço dos outros, e sem o menor pensamento de recompensa pessoal.

Aqueles seres humanos que estão passando pela fase de evolução da Sexta Raça Raiz[213] superarão naturalmente muitas dessas fraquezas, e até então as restrições terão começado a se reduzir, como em certa medida já está ocorrendo. Na verdade, nessa época o conhecimento será adquirido de outra forma, diretamente intuída. Os Golias do mundo serão, então, grandemente reduzidos em número, se não tiverem desaparecido totalmente. Além disso, a glândula pituitária e áreas associadas

[213] Ver *Basic Theosophy (Teosofia Básica).*

do cérebro terão naturalmente evoluído para uma atividade maior do que a atual, como órgãos para a experiência do *insight* implícito. Consequentemente, a pequena pedra branca do riacho não terá que ser atirada na testa de Golias pelos Davis desses dias futuros, uma vez que o *chakra* frontal já estará aberto.

A Causa eterna e divina, a Fonte Única (talvez Urano) se rendeu às restrições cruéis do tempo (Cronos), que simbolicamente o privou de sua potência criativa irrestrita e universal – alegoricamente, os órgãos genitais removidos por meio de uma foice curva –, ela própria uma simbólica manifestação cíclica. Quando o Caos dá lugar ao Cosmo e o Espaço eterno se torna a Mãe de um Universo no Tempo, o poder de geração Cósmica fica restrito a ele. Das águas até então paradas do oceano de matéria, então lançadas em ondas ou em movimento rítmico, é produzida uma personificação do desejo criativo (Afrodite, que se diz ter nascido da espuma das ondas). Afrodite significa "a espuma que subiu" (de *Aphros*, em grego). Mais uma vez, o caráter ofensivo associado a uma leitura literal de um mito é grandemente reduzido, senão completamente removido, quando lido como uma alegoria dramática acerca do processo que conduz à criação ou emanação de universos e alguns dos efeitos provocados por este processo. Macrocosmo e Microcosmo são feitos para se encontrar neste glifo, que também descreve a existência, a atividade e a presença no Universo e no ser humano de um poder inesgotável, gerador e reprodutor, imanente a toda a Natureza.

A continuação ininterrupta, ao longo de sucessivas épocas, da emanação e manifestação do poder formativo *Logoico* constitui um princípio fundamental subjacente aos processos criativos da natureza – intelectuais, culturais e físicos. Como já foi sugerido, a foice curva de Cronos,[214] cuja ação de queda é realizada sobre Urano,[215] embora não fosse um círculo completo, implica a continuação cíclica do processo criativo, como também o caminho em espiral ao longo do qual a Vida oculta, em todas as suas manifestações e encarnações, ascende a alturas evolutivas cada vez maiores, pois as doutrinas do desenvolvimento contínuo do princípio espiritual dos Universos e das Mônadas que evoluem através dos rei-

[214] Personificação do tempo.
[215] Castração.

nos humanos e sub-humanos da Natureza são reveladas simbolicamente. O aperfeiçoamento paralelo das miríades de formas ou veículos do Espírito da Natureza era bem conhecido dos Sábios da antiguidade, que o transmitiram diretamente aos Iniciados dos Mistérios Maiores, e, por meio das escrituras e das mitologias mundiais, à humanidade em geral.

Em tempos modernos (não até o Século XIX) surgiram Darwin,[216] para descobrir e revelar, ainda que parcialmente, a mesmíssima verdade (a evolução física), e Blavatsky,[217] que revelou as extensões deste processo para os mundos suprafísicos e as Mônadas no interior. Assim também muitas outras verdades foram secretamente reveladas e alegoricamente apresentadas ao público, até que, com o passar do tempo, um Galileu,[218] um Darwin e uma Blavastky surgissem entre os seres humanos.

Para que essa iluminação aconteça, o próprio princípio espiritual deve se tornar ativo e presente de forma discernível nas mentes das pessoas iluminadas. Isso também ocorre continuamente, como é revelado nos mitos da Grécia antiga, que inclui relatos dos amores de Zeus consumados por vários meios – cada um profundamente simbólico. Outros deuses, deusas e heróis são apresentados de forma semelhante, envolvendo-se em relacionamentos amorosos. As iluminações e o aumento da consciência espiritual estão quase que além da possibilidade de descrições diretas, não apenas por causa de sua natureza mas também por suas variações, de acordo com o temperamento e a estatura evolutiva do receptor. Daí a linguagem da alegoria e do símbolo em que as mitologias mundiais foram escritas desde os tempos mais remotos. Mesmo a tarefa e as tentativas de interpretar corretamente têm o seu valor, pois, por sua vez, exigem e tendem a despertar no aluno a faculdade da tradução correta para a literatura normal do cotidiano.

O autor não pode deixar de desejar que sua habilidade neste campo fosse mais avançada. Mesmo assim, embora reconheça suas consideráveis limitações, neste livro ele oferece alguns resultados de seus esforços, confiando que eles possam ser interessantes e úteis para os leitores.

---

[216] Autor de *A Origem das Espécies*.

[217] Autora de *Ísis sem Véu* e *A Doutrina Secreta*.

[218] Galileu (1564-1642). Cientista italiano cujos métodos de experimentos matemáticos em busca da verdade científica lançou as bases para a ciência moderna.

KUNDALINĪ SHAKTI
O fogo criativo cósmico no Universo e no ser humano

Este conhecimento faz parte de um ensinamento teosófico de grande interesse e grande importância – a força que pode iluminar, capacitar e exaltar um ser humano, o fogo de Deus, o fogo cósmico criativo no Universo e no ser humano.

Ele pode ser considerado, em termos gerais, como:

1. O poder da vida.
2. Uma das forças da Natureza, a eletricidade oculta intimamente associada ao *Azoth* dos alquimistas.
3. É o princípio criativo na Natureza e *Ākasha* (em sânscrito).
4. A essência espiritual sutil e suprassensual que permeia todo o espaço.
5. O Princípio de Vida universal serpentino.
6. Um poder séptuplo, suprafísico, oculto, no Universo e no ser humano, funcionando neste último por meio de uma ação em espiral ou serpentina, principalmente na medula espinhal, mas também em todo o sistema nervoso.
7. É representado na simbologia grega pelo Caduceu, o Cetro de Hermes, o poder criativo de sete camadas na Natureza e a base da espinha dorsal do ser humano.
8. Quando excitada sobrenaturalmente, esta força ígnea ascende ao cérebro por um caminho serpentino – daí seu outro nome, Fogo da Serpente.
9. É composto por três correntes que fluem ao longo de três canais da medula espinhal, denominados *Idā* (negativo), *Pingalā* (positivo) e *Sushumnā* (neutro). Esses nomes às vezes são aplicados (incorretamente) às próprias correntes.

Quando, apenas sob orientação adequada e com motivação completamente altruísta, a *Kundalinī* é despertada, ela se divide em três correntes. A corrente positiva se entrelaça com a medula espinhal e entra na glândula pituitária, enquanto a corrente negativa se entrelaça de forma oposta na medula espinhal e entra na glândula pineal. A corrente neutra sobe por *Sushumnā*, entra no terceiro ventrículo do cérebro e sai no topo da cabeça.

Perigos de despertar as forças ocultas da Natureza, exceto sob a direção de um Mestre da Sabedoria:

1. Despertar prematuro de *Kundalinī*, com efeitos perturbadores.
2. Excitação sexual.
3. Perturbações emocionais devidas a incursões do plano astral e de forças e seres através do plexo solar até o sistema nervoso simpático, que não racionalizam prontamente, resultando assim em confusão. Quem pertence a escolas, aulas ou movimentos já pôde vivenciar isso.
4. Um senso de autoimportância crescente, a partir do qual o orgulho imoderado pode se desenvolver.
5. Intensificação dos poderes da vontade e descoberta de meios de usar a vontade para influenciar adversamente os outros.
6. Sensações giratórias no cérebro, com consequente angústia e medo de insanidade.
7. Sensações físicas de vários tipos, como ser tocado, estar sujeito a energias aparentemente elétricas, sensação de formigamento na pele, especialmente nos *chakras*, e uma sensação de calor na medula espinhal, particularmente no sacro.
8. Visões clarividentes parciais, e portanto mal interpretadas, do Plano Astral. Isso pode aumentar qualquer senso de autoimportância que tenha surgido.
9. Excentricidades de conduta e de personalidade, como falas fora do controle imediato da mente.
10. Suscetibilidade à influência de seres suprafísicos, notadamente "conchas" de pessoas falecidas buscando renovar sua vitalidade decadente e assim se *fixando* em pessoas sensíveis, em grande parte em detrimento dessas pessoas.

Quando o despertar da *Kundalinī* e o consequente desenvolvimento dos *Siddhis* forem considerados úteis para uma pessoa, um Instrutor Espiritual *sempre* se apresentará e guiará o neófito através dos perigos e dificuldades que podem surgir.

Quando o aluno está pronto, o Mestre também está pronto.

O ideal de discipulado com um Mestre pode ser cumprido. Ninguém é esquecido.

Qualificações: tornar-se um servo abnegado e autodisciplinado da humanidade.

OS MISTÉRIOS MENORES E MAIORES AINDA EM FUNCIONAMENTO

Quatro ideias teosóficas formam a base de um estudo do aperfeiçoamento humano acelerado: 1. Há uma evolução natural da vida e da forma em nosso Sistema Solar através de todos os reinos; a regra *normal* é que um reino da Natureza é passado em cada Cadeia. 2. Existe a possibilidade de uma evolução humana forçada e acelerada, alcançada por meio de um procedimento cientificamente planejado de autoaceleração. 3. Uma provisão há muito tempo tem sido feita na Terra para uma orientação especial, pelos Adeptos e por Seus representantes ainda humanos, daqueles que embarcam neste procedimento; esta educação forma uma parte da vida espiritual oculta ou interior do ser humano em nosso planeta. 4. As regras da vida oculta não são feitas pelo homem; são leis naturais que indicam o tipo de vida a ser vivido pelo aspirante que busca o desenvolvimento rápido dos poderes divinos dentro dele, ou o progresso evolutivo acelerado.

Desde tempos imemoriais, uma forma de ajuda Adéptica tem sido mais especialmente adequada para aqueles que se encontram naturalmente atraídos por um modo de vida ordenado e cerimonial. Há muito essa ajuda é chamada de "Os Mistérios Menores e Maiores" (do grego *muo*, "fechar a boca"). O que, até onde se sabe, são esses mistérios? Trata-se de observâncias geralmente mantidas em segredo dos profanos e não Iniciados, que incluem representações dramáticas e outros métodos para aprender sobre a origem das coisas, a natureza do Espírito humano e sua relação com o corpo, o método de purificação pessoal e a restauração consciente de um modo de vida espiritual.

O objetivo dos Mistérios Menores era apresentar à mente os conceitos de filosofia e esoterismo. A maioria dos Iniciados não progredia além deles, retornando às suas várias atividades inspiradas por uma pompa solene, mas não necessariamente impelidos a fazer da filosofia um modo de vida. Os membros mais estudiosos, entretanto, reconheciam nos símbolos e tabelas da Iniciação as vestimentas externas e os adornos de uma ciência sublime. Impelidos interiormente a explorar o mundo do aprendizado, esses idealistas se apegavam a instrutores de distinção e preparavam suas mentes para os testes e exames exigidos daqueles que buscam admissão aos Mistérios Maiores.

Tais, conforme foi ensinado, foram os propósitos espirituais principais para a existência de rituais de Mistérios e, portanto, de sua sobrevivência contínua — a Franco-Maçonaria antiga e moderna, os procedimentos e rituais de serviços eclesiásticos, as Ordens de Cavalaria e, ao que parece, a coroação dos monarcas. Estas foram (e ainda são, como o autor sugere) planejadas e executadas a fim de acelerar os processos naturais de desenvolvimento espiritual, psicológico e cultural — para aumentar a velocidade da evolução dos Iniciados.

Os verdadeiros Mistérios, ou Mistérios Maiores, ainda existem, e a Maçonaria é considerada por alguns como uma testemunha inconsciente de sua existência no passado, pois em seus rituais há traços das antigas Iniciações. Se estiver interessado, o estudante pode encontrá-las ao ler *O Livro Egípcio dos Mortos* e outros escritos antigos. Assim, como sugerido, o propósito para o qual os cerimoniais ocultos são realizados é aumentar a velocidade da evolução dos Iniciados, e isso é alcançado pelos três processos de preparações: físicas, morais e culturais, pelos graus sucessivos de Iniciação e pelo treinamento que os acompanha.

Qual era então, e ainda é, o objetivo último dos Mistérios? Em termos de consciência, presume-se que consiste na obtenção da *realização da unidade com a presença divina em toda a Natureza e no interior da natureza espiritual e da personalidade corporal de cada ser humano.* Esta é a consumação de todo esforço, seja puramente místico, cerimonial ou uma combinação inteligente de ambos, pois, por esses meios, este estado extremamente elevado de consciência pode de fato ser alcançado. Na verdade, como o místico bem-sucedido descobre, homem-Espírito e Deus-Espírito são um só Espírito. No Hinduísmo, Deus (*Brahmā*) é apresentado como o Governante Interno e Imortal situado nos corações de todos os seres. Por causa de sua importância primordial, esse ensinamento é chamado de O Segredo Real, A Verdade Soberana, e na Maçonaria é chamado de Palavra Perdida. Em termos de consciência transcendental, a realização dessa unidade com a divindade interior onipresente é o ápice de todas as realizações intelectuais e espirituais humanas.

Os sagrados Mistérios foram promulgados em templos antigos pelos Hierofantes e outros oficiantes dos rituais, para benefício e instrução dos candidatos. A verdadeira palavra Mistérios é, como afirmado, derivada do grego *muo*, "fechar a boca". O segredo total foi preservado, e cada símbolo relacionado a ele tinha um significado oculto, ou "cintilava de significado". Os Antigos Mistérios existiram em muitos países, não apenas no Egito e na Grécia, e consistiam em uma série de performances dramáticas nas quais os Mistérios da Cosmogonia e da Natureza eram personificados pelos Hierofantes e neófitos, que representavam os papéis de vários deuses e deusas – significando oficiais sobre-humanos e Arcangélicos associados ao planeta e ao Universo como um todo. Eles repetiam dramaticamente supostas cenas de suas respectivas atividades solares e planetárias. No Egito, eram simbolicamente vestidos como carneiro, íbis e toucas alegóricas, e também usavam o símbolo altamente ocultista da serpente (*ureus*, por exemplo). Os significados ocultos desta Regalia e as ações dramáticas associadas eram explicados aos candidatos à Iniciação e, posteriormente, incorporados às doutrinas filosóficas.

Os Mistérios Gregos incluíam o Dionisíaco ou Báquico, o Órfico, o Samotrácio, o Esculápio e o Eleusiano. Todo mês de setembro, por sete dias ou mais, os cidadãos da Grécia e de outros países se reuniam na Acrópole ateniense e viajavam – em grande parte a pé – até a cidade de Agra e além; percorriam cerca de quatorze milhas até a cidade e os templos de Elêusis, na costa norte do Golfo Sarônico. Embora todos os presentes pudessem assistir às cerimônias preliminares, apenas alguns poucos selecionados que se provavam dignos eram admitidos à própria cerimônia sagrada. Ali, a Iniciação nos Mistérios trazia nascimento e regeneração espiritual, e união do eu pessoal com o Espírito divino. Essas experiências resultavam na compreensão iluminada, no *insight* intuitivo, na força de vontade espiritual e no aprofundamento contínuo da compreensão da unidade com a Vida em tudo o que existe.

Os Mistérios de Elêusis foram os mais famosos dessas Ordens Cerimoniais. O Festival de Elêusis, em homenagem a Deméter e Perséfone, foi totalmente estabelecido em Atenas provavelmente por Pisístrato, no final do século VI a.C., e continuou pelo menos até 200 d.C. Foram nomeados para a comunidade na Ática, onde os dramas sagrados foram apresentados pela primeira vez, e acredita-se que foram originalmente fundados por Emolpo, cerca de quatorze séculos antes do nascimento de Cristo. Com sua interpretação mística dos segredos mais preciosos da Natureza, eles ofuscaram a civilização de seu tempo, absorvendo gradualmente muitas escolas menores e incorporando em seu próprio sistema todas as informações valiosas que essas instituições possuíam.

Todos os anos o Festival dos Mistérios Menores de Elêusis era celebrado em Agra, no mês de Boedromium (setembro), em homenagem à Deusa Deméter e sua filha Perséfone. A cada quatro anos uma procissão partia da Acrópole de Atenas para Elêusis, e aqueles suficientemente qualificados eram Iniciados no Rito Final dos Mistérios. Este era um evento muito solene; aqueles que deviam ser admitidos chegavam primeiro à entrada do recinto sagrado, após o que as portas do templo externo, o Telestrion, eram fechadas. Lá, no devido tempo, era concedida a eles permissão para entrar no Anaktreon, o Santo dos Santos, onde o próprio Rito Sagrado era realizado no mais profundo segredo.

Quais, então, eram as revelações do Rito Iniciático nos Mistérios antigos oferecidas aos Iniciados? Arqueólogos e historiadores dizem em uníssono que o segredo foi completamente preservado, e isso honra os homens e mulheres dos tempos antigos; ninguém jamais contou o que ocorreu e o que foi revelado ao Iniciado no Anaktreon de Elêusis.

Cícero escreveu, em seu *De Legibus*, 11:14: “Embora Atenas tenha produzido inúmeras coisas divinas, ela nunca criou nada mais nobre do que aqueles Mistérios sublimes por meio dos quais nos tornamos mais gentis, e avançamos de uma vida bárbara e rústica para uma vida civilizada, para que não apenas vivêssemos com mais alegria, mas também morrêssemos com uma esperança melhor.”

E os seguintes filósofos gregos escreveram:

> Píndaro: "Feliz é aquele que viu os Mistérios antes de ser sepultado sob a terra; ele conhece o fim da vida e conhece seu início, dado por Zeus."
>
> Sófocles: "Três vezes felizes são os mortais que partem para a morada de Hades depois de terem visto os Mistérios; só eles terão vida lá; para os outros não haverá nada além de sofrimento."
>
> Platão: "Aquele que chega ao Hades sem ter sido Iniciado, e sem ter participado dos Mistérios, será mergulhado na lama; mas aquele que foi purificado e Iniciado permanecerá com os deuses."
>
> Plutarco: "Aqueles que são Iniciados nos grandes Mistérios percebem uma luz maravilhosa. Regiões mais puras são alcançadas e campos onde há canto e dança; palavras sagradas e visões divinas inspiram uma santa admiração."

Um antigo registro de Iniciação (Hermes, Promantres 1.30) diz: "O sono do corpo torna-se o despertar da alma, e o fechamento dos olhos é a verdadeira visão, e o silêncio torna-se impregnado por Deus. Isso aconteceu comigo quando recebi a palavra suprema autêntica. Eu me tornei inspirado por Deus, cheguei à Verdade. Dou, portanto, de minha alma e de todas as forças, bênção ao Pai."

Assim, ao longo de todos os tempos, o ser humano que é aperfeiçoado e Iniciado, livre e capaz de se mover sem restrições celebra os Mistérios. Ele vive entre pessoas puras e santas; ele vê na Terra os muitos que não foram Iniciados e purificados enterrados na lama e nas trevas, e, por medo da morte, agarrando-se a seus males, por falta de crença na felicidade do Além.

Diz-se que os Mistérios de Elêusis foram fundados pela deusa Deméter. De acordo com o Hino Homérico do século VII a.C., Hades, deus do submundo, pediu permissão a Zeus para se casar com Perséfone, e, como não recebeu uma recusa total, sentiu-se encorajado a raptar a donzela enquanto ela estava colhendo flores. Deméter andou pela terra procurando tristemente por sua filha amada, até que Hélios, deus do Sol, contou a ela o que Hades tinha feito. Ela então evitou o Olimpo, onde morava, e vagou pela terra, que proibiu de produzir frutos. Zeus, quando chamado, finalmente disse a Deméter que sua filha poderia retornar, desde que não tivesse comido nada no submundo, e enviou Hermes com seu Caduceu para escoltá-la de volta. Hades concordou em deixar Perséfone ir, mas deu a ela uma romã para comer; finalmente foi acordado que ela deveria passar um terço do ano com ele no Hades, como Rainha do Mundo Inferior, e o resto do ano com Deméter, que mais uma vez permitiu que a terra produzisse seus frutos. Em gratidão ao povo de Elêusis, que fez amizade com ela, a deusa Deméter fundou os famosos Mistérios de Elêusis.

Existe uma evidência bíblica, confirmada por H.P. Blavatsky, de que, estando ou não nessa instituição, São Paulo era um Iniciado. A tradição oculta sugere que ele era um Iniciado dos Mistérios Maiores, uma ideia que é apoiada pelo uso de certos termos dos Rituais de Mistérios em suas epístolas. Entre eles estão:

> Como um sábio construtor, eu lancei os alicerces... (I Cor. 3.10.)
>
> Não sabeis que sois o templo de Deus e que o Espírito de Deus habita em vós? (I Cor 3:16.)
>
> Portanto, considerem-nos os homens como servidores de Cristo e administradores dos mistérios de Deus. (1 Cor 4:1.)
>
> No entanto, é realmente de sabedoria que falamos entre os perfeitos; sabedoria que não é deste mundo, nem dos príncipes deste mundo, votados à destruição. (1 Cor 2: 6.)
>
> Por uma revelação me foi dado conhecer o mistério... (Ef 3: 3.)
>
> Conheço um homem em Cristo que, há quatorze anos, foi arrebatado ao terceiro céu (se no corpo, não sei; se fora do corpo, não sei; Deus o sabe). E sei que esse homem (se no corpo ou fora do corpo, não sei: Deus o sabe) foi arrebatado até o paraíso e ouviu palavras inefáveis, que não é lícito ao homem repetir [o voto solene de silêncio do Iniciado]. (II Cor. 12: 2-4.)

O Senhor Cristo parece pelo menos referir-se à Tradição dos Mistérios em sua resposta à pergunta dos discípulos: "Aproximando-se os discípulos, perguntaram-lhe: Por que lhes falas por parábolas? Jesus respondeu: Porque a vós foi dado conhecer os mistérios do reino dos céus, mas a eles não." (Mat 13: 10-11)

Esses procedimentos sagrados foram realizados em muitos países até cerca do ano 400 d.C., quando os antigos cerimoniais públicos chegaram ao fim. Apenas as ruínas dos templos permanecem agora, como em Luxor, Karnak, Delfos, Corinto, Epídavros e Elêusis, por exemplo. O procedimento profundamente oculto da Iniciação, entretanto, continua até hoje, e sempre continuará, pois é uma lei da vida espiritual que nenhum indivíduo alcance o estágio em que os ensinamentos do Mistério possam ser úteis *sem recebê-los completamente.*

A ascensão do Cristianismo e o cruel martírio de Hipátia em Alexandria, no século V – por sustentar um ponto de vista divergente – fizeram com que os Antigos Mistérios deixassem de ser celebrados publicamente, como mencionado. Não obstante, foi afirmado, com base em forte autoridade, que o procedimento de Iniciação continuou e é agora tão ativo quanto sempre foi, embora escondido de um mundo que não poderia compreender nem se beneficiar de suas atividades. A oportunidade para o aspirante é, no entanto, ainda maior do que nos velhos tempos, porque em certos aspectos – embora não certamente em todos – a atual condição dolorosa da humanidade cria uma grande necessidade para o aparecimento e a atividade no mundo dos humanos verdadeiramente iluminados e abnegadamente dedicados (Iniciados, de fato).

GLOSSÁRIO

Absoluto: O Princípio impessoal, supremo e incognoscível do Universo. Ver *Parabrahman*.

Adepto (latim). *Adeptus*. "Aquele que obteve". Um Iniciado do Quinto Grau nos Mistérios Maiores, um Mestre na ciência da Filosofia Esotérica, um ser humano aperfeiçoado, um Ser exaltado que atingiu o domínio completo sobre sua natureza puramente humana e possui conhecimento e poder proporcionais à sua elevada estatura evolutiva. Um Ser plenamente Iniciado que zela e guia o progresso da humanidade.

Ādi (sânscrito). "O primeiro, o primevo". O Plano da Fundação, o primeiro campo de manifestação, "a fundação de um Universo, o seu apoio e a fonte de sua vida". Para uma exposição dos sete planos da Natureza, ver *Através do Portal da Morte*. Brasília: Editora Teosófica, 2013, de Geoffrey Hodson.

Ākasha (sânscrito): "A essência espiritual sutil, suprassensual, que permeia todo o espaço. A substância primordial identificada erroneamente com o éter, mas que é para éter o que o espírito é para matéria (...). É, de fato, o Espaço Eterno no qual reside inerente a Ideação do Universo em seus aspectos sempre mutáveis nos planos da matéria e objetividade, e do qual irradia o *Primeiro Logos*, ou pensamento expresso. É por isso que é afirmado nos *Purānas* que o *Ākasha* tem apenas um atributo, o som, pois o som é o símbolo traduzido para o *Logos* — a Fala em seu sentido místico. *Glossário Teosófico*, H.P. Blavatsky.[219]

Analogéticos: A Escola Neoplatônica, fundada em 191 d.C. por Amônio Sacca, incluía filósofos alexandrinos que buscavam interpretar a Bíblia de acordo com um sistema de alegoria, analogia e símbolo, e que foram, por isso, chamados de Analogéticos.

---

[219] São Paulo: Editora Ground. (Nota Ed. Bras.)

Anupadaka (sânscrito): "Sem Pai", autoexistente, que nasceu sem progenitores; termo aplicado tanto a um plano da Natureza (o segundo de cima) quanto àqueles Grandes Seres que são, nesse sentido, "autonascidos da Essência Divina".

Arhat (sânscrito): "O digno". Exotericamente, "alguém digno de honras divinas". Esotericamente, um Iniciado do Quarto Grau que entrou no Caminho mais elevado e, portanto, emancipou-se tanto da autosseparação quanto do renascimento forçado.

Astral: Região de expressão de todos os sentimentos e desejos da alma humana. Ver também *Kāma*.

Ātmā (sânscrito): "O Ser". O Espírito Universal, o sétimo princípio na constituição setenária do ser humano, a Alma Suprema. O Espírito-Essência do Universo. (*Paramātman* – "O Ser Além".)

Avatāra (sânscrito): "Descida". A encarnação de uma divindade, principalmente Vishnu, o segundo aspecto da *Trimūrti* hindu.

Brahmā Vidya (sânscrito): "A sabedoria de *Brahmā*", a Deidade Suprema.

Brahman (sânscrito): O Princípio impessoal, supremo e incognoscível do Universo, a Essência da qual tudo emana e para a qual tudo retorna. (Extraído de *Glossário Teosófico*, H.P. Blavatsky, e outras fontes.)

Dia de *Brahmā*: "Um período de 2.160.000.000 de anos da Terra, durante o qual *Brahmā*, tendo emergido de seu ovo de ouro (*Hiranya-garbha*), cria e modela o mundo material (sendo simplesmente a força fertilizadora e criativa da Natureza). Após esse período, sendo os mundos destruídos alternadamente pelo fogo e pela água, ele desaparece com a natureza objetiva, e então vem a Noite de *Brahmā*." *Glossário Teosófico*, H.P. Blavatsky.

Noite de *Brahmā*: "Um período de igual duração, durante o qual é dito que *Brahmā* está dormindo. Ao acordar, ele recomeça o processo, e isso continua por uma Era de *Brahmā*, composta de "dias" e "noites" alternados, e durando 100 anos (de 2.160.000.000 anos terrestres cada). São necessários quinze dígitos para expressar a duração de tal era. Após a expiração do qual o *Mahā-pralaya* ou A Grande Dissolução se instala, e dura por sua vez pelo mesmo espaço de quinze dígitos." *Glossário Teosófico*, H.P. Blavatsky.

Buddhi (sânscrito): O sexto princípio no homem, o da sabedoria intuitiva, veículo do sétimo, *Ātmā*, a Alma suprema. Alma Universal. A faculdade que se manifesta como intuição espiritual. O aspecto de bem-aventurança da Trindade.

Corpo Causal: O corpo imortal do Ego reencarnante do ser humano, construído de matéria dos níveis "superiores" do mundo mental. É chamado de Causal porque reúne em si os resultados de todas as experiências, e estas atuam como causas que moldam vidas futuras e influenciam a conduta futura.

Cadeia: Na Filosofia Oculta, diz-se que um Sistema Solar consiste em dez Esquemas Planetários. Cada Esquema, geralmente nomeado de acordo com seu representante fisicamente visível, é composto de sete Cadeias de Globos. Em termos de tempo, uma Cadeia consiste na passagem da onda de vida sete vezes em torno de seus sete Globos. Cada uma dessas passagens é chamada de Ronda, e a conclusão da sétima encerra a vida da Cadeia.

Os Globos de uma Ronda são suprafísicos e físicos, e estão dispostos em um padrão cíclico, três sendo em um arco descendente, três um arco ascendente e, no meio, o quarto Globo, o mais denso de todos e o ponto de inflexão. O período ativo de cada uma dessas unidades, do Sistema Solar ao Globo, denominado *Manvantara*, é sucedido por um período passivo de igual duração, denominado *Pralaya*. A conclusão da atividade do sétimo Globo da sétima Ronda da sétima Cadeia põe fim à atividade de um Esquema Planetário.

Nosso Esquema Terrestre está agora na quarta Ronda de sua quarta Cadeia, e a onda de vida está na metade de seu período de atividade no quarto Globo, a Terra física. Assim, a mais densa condição possível de substância é agora ocupada pelo Espírito e, portanto, pelas Mônadas ou espíritos dos seres humanos. A resistência da matéria está no auge nesta época, e isso oferece uma explicação das dificuldades da vida humana no período.

A ocupação de um planeta físico pelo homem consiste em sete épocas raciais e fases de desenvolvimento evolutivo. Ao longo deste trabalho, elas são chamadas de Raças Raiz. De acordo com aquela parte da Filosofia Oculta que se preocupa com a evolução tanto da Alma Imortal quanto da personalidade mortal do ser humano, uma progressão ordenada é revelada. A regra básica é que a vida consciente residente nos reinos mineral, vegetal, animal e humano da Natureza avança para o reino superior durante o período de uma Cadeia.

Uma vez que cada Cadeia é composta de sete Rondas, espera-se que cada Ronda seja caracterizada pelo progresso, por meio de estados subsidiários de realização final para a Cadeia como um todo. Aplicada ao ser humano, a Mônada evoluiu Cadeia por Cadeia através do mineral (primeira Cadeia), planta (segunda Cadeia) e animal (terceira Cadeia), até o estado de autoconsciência individualizada característico de um ser humano da quarta Cadeia. Esta é a posição atual do homem, e, ao final de cada uma das Rondas restantes desta quarta Cadeia, um certo grau de desenvolvimento será alcançado. Esses estágios dizem respeito principalmente ao desenvolvimento da capacidade de consciência e ação efetiva – espiritual, intelectual, cultural e física. Assim, a antropologia oculta apresenta um esquema ordenado e sistemático de desenvolvimento para a vida de todos os reinos da Natureza.

No final da Sétima Raça Raiz desta Quarta Ronda na Terra, a massa da humanidade terá alcançado o nível agora conhecido como do Iniciado ou da regeneração espiritual, caracterizado pela Consciência de Cristo, que inclui a realização da unidade da vida e a compaixão por todos os seres vivos. No final da Sétima Ronda, espera-se que a raça humana agora em evolução alcance o estado de Adepto ou humanidade perfeita, "a medida da estatura da plenitude de Cristo" (Efésios 4:13). *The Solar System*, A.E. Powell, e *Lecture Notes of the School of the Wisdom*, Vol. 1, Geoffrey Hodson.

Chakra (sânscrito): Roda ou disco. Um centro de força giratório, um vórtex em forma de funil, com abertura nas superfícies dos corpos etéricos e mais sutis do ser humano, sua haste levando às contrapartes suprafísicas da medula espinhal e dos centros nervosos ou glândulas. Há sete *chakras* principais associados separadamente ao sacro, baço, plexo solar, coração, garganta e às glândulas pituitária e pineal. Os *chakras* são órgãos da consciência suprafísica, transportadores da força vital entre os corpos suprafísico e físico.

Criação: O surgimento e subsequente desenvolvimento de um Universo e seu conteúdo é considerado, na Filosofia Oculta, menos o resultado de um ato de criação, seguido pela evolução natural, do que um processo de emanação guiado por forças inteligentes, sob uma lei imutável. A criação ou emergência de Universos a partir do nada não é um conceito aceitável, sendo o Cosmo considerado uma emanação da Fonte sem fonte que tudo contém, o Absoluto.

Demiurgo (grego): O Artífice, o Poder Supremo que construiu o Universo. Os Franco-Maçons derivam dessa palavra a expressão "Arquiteto Supremo". Para o ocultista ele é o *Logos* Manifestado, ou o segundo Deus de Platão, o segundo *Logos* sendo representado por ele como o "Pai", a única Deidade que Platão, como um Iniciado dos Mistérios, ousa mencionar. A Mente demiúrgica é igual à Mente Universal, chamada *Mahat* (sânscrito), o primeiro "produto" de *Brahmā*.

Devas (sânscrito): "Os brilhantes", seres espirituais, *Logoi* planetários e hierarquias de arcanjos e anjos. Os principais estágios de desenvolvimento *dévico* têm cada um o seu próprio nome. Os espíritos da Natureza, como animais e pássaros, são acionados por um grupo de consciência compartilhado com outros do mesmo gênero. Deuses, sefiras, *devas* e anjos evoluíram da consciência de grupo para uma individualidade separada, assim como o ser humano. Os arcanjos transcenderam as limitações da individualidade e entraram na consciência universal ou cósmica, assim como o Super-homem ou Adepto.

Ego: O tríplice e imortal Ser espiritual do homem em evolução em seu manto de luz, a "Veste de Glória" dos gnósticos e o *Kārana-sarīra* ou Corpo Causal da Filosofia hindu. Esta Tríade superior evolui para o Adeptado em virtude de vidas sucessivas na Terra, todas ligadas entre si, porque são reencarnações do mesmo Ser espiritual. Assim, o Ego é uma manifestação individualizada da Mônada, que é o Ser eterno do ser humano, o Morador do Mais Interior, uma unidade do Espírito-Essência do Universo. O termo é usado em todo este trabalho para denotar o Ser espiritual do ser humano em desenvolvimento, ao qual o atributo da individualidade é inerente. O adjetivo "Egoico" refere-se ao Ego neste sentido.

Elohim (hebraico): "Deuses". Um poder sétuplo de Deus, as Hierarquias macho-fêmea de Inteligências ou Potências criativas através das quais o Divino produz o Universo manifestado; a unidade dos poderes, os atributos e as atividades criativas do Ser Supremo. *Elohim* é um nome no plural, a forma singular da palavra sendo *Eloha*, ou seja, um "deus".

Fohat (tibetano): "Energia Divina". A força construtiva da eletricidade cósmica, polarizada nas correntes positivas e negativas de eletricidade terrestre; a sempre presente energia elétrica, a força universal, propulsora e vital.

Deus: Na Filosofia Oculta, o termo "Deus", em seu significado mais elevado, refere-se a uma Realidade Suprema, Eterna e Indefinível. Este Absoluto é inconcebível, inefável e incognoscível. Sua existência revelada é postulada em três termos: uma Existência absoluta, uma consciência absoluta e uma bem-aventurança absoluta. A consciência infinita é considerada inerente ao Ser Supremo, como uma força dinâmica que manifesta as potencialidades mantidas em sua própria infinitude e chama à existência as formas, de suas próprias profundezas amorfas.

Alma-grupo: A manifestação pré-individualizada das Mônadas humanas ao evoluir através dos reinos mineral, vegetal e animal da Natureza. *Um Estudo Sobre a Consciência*. Brasília: Ed. Teosófica, 2014, A. Besant.

Guna (sânscrito): "Corda ou cordão." As três qualidades ou atributos inerentes à matéria: *Rajas*, atividade, desejo; *Sattva*, harmonia, ritmo; *Tamas*, inércia, estagnação. Estas correspondem aos três Aspectos da Trindade – Pai, Filho e Espírito Santo, ou *Brahmā*, *Visnhu* e *Shiva*, respectivamente.

Hierofante (grego): "Aquele que explica as coisas sagradas. O revelador do aprendizado sagrado e o Chefe dos Iniciados. Um título que pertence aos mais elevados Adeptos nos templos da antiguidade, que eram professores e expositores dos Mistérios e os Iniciadores nos grandes Mistérios finais." *Glossário Teosófico*, H.P. Blavatsky.

Iniciado: do latim *Initiatus*. Designa qualquer pessoa que recebeu, ou a quem foram revelados, os Mistérios e segredos da Filosofia Oculta.

Iniciação: Uma profunda regeneração espiritual e psicológica; como resultado, um "novo nascimento", um novo começo e uma nova vida são iniciados. A própria palavra, do latim *initia*, também implica o básico, os primeiros princípios de qualquer ciência, sugerindo que os Iniciados estão conscientemente unidos ao seu próprio Primeiro Princípio, a Mônada da qual emergiram. Ambos os Mistérios, Menores e Maiores, antigos e modernos, conferem Iniciações de vários graus aos candidatos bem-sucedidos.

Cabala (*Kabalah*, hebraico): De Q.B.L.H., "uma tradição oral ou não escrita". A Sabedoria Oculta dos rabinos hebreus derivada da doutrina secreta dos primeiros povos hebreus. *O Reino dos Deuses*, Pt. III, Cap. IV, Geoffrey Hodson.

Kāma (sânscrito): "Desejo", sentimento, emoção. Ver Astral.

Karma (sânscrito): "Ação", conotando tanto a lei de ação e reação, causa e efeito, quanto o resultado de sua operação sobre nações e indivíduos. *Reincarnation, Fact or Fallacy?* Geoffrey Hodson.

Kundalinī (sânscrito): "O Princípio de Vida universal serpentino." Um poder oculto sétuplo, suprafísico, no Universo e no ser humano, funcionando neste último por meio de uma ação em espiral ou enroscamento, principalmente na medula espinhal, mas também em todo o sistema nervoso. É representado na simbologia grega pelo Caduceu. Quando excitada de forma sobrenatural, essa força ígnea ascende ao cérebro por um caminho serpentino, daí seu outro nome, "Fogo Serpentino". *A Sabedoria Oculta na Bíblia Sagrada*, Pt. III, Ch. I, sob "Serpentes"; *Lecture Notes of the School of the Wisdom (Notas de Cartas da Escola de Sabedoria)*, vol. II, Ch.I, Sec. III, Geoffrey Hodson; *The Serpent Powers (Os Poderes Serpentinos)*, Arthur Avalon (*Sir* John Woodroffe).

Kundalinī Shakti (sânscrito): O poder da vida, uma das forças da Natureza. A eletricidade oculta intimamente associada ao *Azoth* dos alquimistas, o princípio criativo na Natureza, e *Ākasha* (sânscrito), a essência espiritual sutil e suprassensual que permeia todo o espaço. O poder de sete camadas na base da coluna vertebral do ser humano, composto por três correntes que fluem ao longo de três canais da medula espinhal, denominados *Idā* (negativo), *Pingalā* (positivo) e *Sushumnā* (neutro). Esses nomes, às vezes, também são aplicados – erroneamente – às correntes de força que fluem nesses canais. *O Reino dos Deuses*, Geoffrey Hodson.

Logos (grego): "A Palavra", "uma entidade espiritual divina." A Divindade manifestada, a expressão externa ou efeito da Causa sempre oculta. Assim, a fala é o *Logos* do pensamento; o *Logos* é corretamente traduzido para o latim como *Verbus* e para o inglês como *Word* ["Palavra"] no sentido metafísico. Ver *Vāch*.

Doutrina do *Logos*: O Universo é primeiro concebido no pensamento divino, que é o poder governante na criação. A "Palavra" criativa que expressa a ideia é então "falada" e as sementes até então quiescentes das coisas vivas germinam e aparecem de dentro do oceano do Espaço, o Grande Abismo. *Lecture Notes of the School of the Wisdom*, vol. II, Pt .2, Seç. 2, Geoffrey Hodson.

Macrocosmo (grego): Literalmente "Grande Universo" ou Cosmo.

Manas (sânscrito): "Mente". Geralmente usado em referência aos planos da Natureza construídos de matéria mental e às faculdades mentais do ser humano.

Manu (sânscrito): "Pensamento". Um termo genérico aplicado a Criadores, Preservadores e Moldadores. *Manvantara* significa, literalmente, o período presidido por um *Manu*. De acordo com sua função e ofício, eles são chamados de *Manu* da Raça, da Semente, da Ronda, da Cadeia e assim por diante, até o próprio *Logos* Solar. *Pralaya*, por outro lado, é um período de obscurecimento ou repouso, seja planetário ou universal – o oposto de *Manvantara* –, e é simbolizado no Gênesis e em todas as lendas por dilúvios.

Manvantara (sânscrito): "Período entre *Manus*". Época de atividade criativa. Um período de manifestação, em oposição a *Pralaya* (ver referência anterior a *Manu* e também a Cadeia).

Microcosmo (grego): "Pequeno Universo". O reflexo em miniatura do Macrocosmo. Assim, o átomo pode ser chamado de Microcosmo do Sistema Solar, seus elétrons se movendo sob as mesmas leis, e o ser humano pode ser denominado "Microcosmo" do Universo, uma vez que possui dentro de si todos os seus elementos.

Mônada (grego): "Sozinho". O Espírito divino no homem, o "Morador no Recôndito", que se diz evoluir através dos reinos sub-humanos da Natureza até o humano, e daí para a estatura do Adepto, além da qual se estendem alturas evolutivas ilimitadas. A descrição do destino do ser humano dada pelo Senhor Cristo apoia esse conceito, pois Ele disse: "Sede portanto perfeitos, assim como o vosso Pai que está nos céus é perfeito." (Mt, 5:48 - AV).

Mūlaprakriti (sânscrito): "Matéria raiz", "substância indiferenciada". O princípio abstrato, deífico, feminino, a raiz *Parabramânica*. *Prakriti*: natureza ou matéria em oposição ao Espírito, os dois aspectos primevos da Deidade Una desconhecida.

Mistérios. De *muo* (grego), "fechar a boca". *Teletai* (grego). "Comemorações da Iniciação". Os Mistérios Sagrados eram encenados nos templos antigos pelos Hierofantes Iniciados, para o benefício e instrução dos candidatos. Uma série de performances dramáticas secretas, nas quais os mistérios da cosmogonia e da Natureza eram personificados pelos sacerdotes e neófitos. Estes eram explicados em seu significado oculto aos candidatos à Iniciação. *Eleusis and the Eleusinian Mysteries*, George E. Mysonas; *The Eleusinian and Bachchic Mysteries*, Thomas Taylor. *The Mysteries of Eleusis*, George Meautis.

Ocultista: Um estudante dos poderes, forças e inteligências "ocultas" da Natureza. Embora a necromancia possa — muito indesejavelmente — ser utilizada por tal estudante, a prática é desaprovada por todos os professores do Ocultismo Branco ou totalmente altruísta. Estes apontam que a descoberta da verdade demanda crescente autocontrole, e que qualquer entrega de sua vontade a outro leva ao autoengano e à mentira. Todas as pesquisas motivadas pelos ideais gêmeos de obter conhecimento e, assim, tornar-se mais útil para a humanidade são, em consequência, realizadas sob o comando da mente e da vontade. O poder de produzir fenômenos ocultos é desenvolvido por autotreinamento, mas estes são sempre o resultado da vontade e do pensamento do operador, empregados com consciência plena e autocontrole completo, são essenciais para o sucesso.

Ciência Oculta: "A ciência dos segredos da Natureza — físicos e psíquicos, mentais e espirituais; as chamadas Ciências Herméticas e Esotéricas. No Ocidente, a Cabala pode ser nomeada; no Oriente, misticismo, magia e Filosofia do *Yoga*, que é frequentemente referida pelos Chelas na Índia como o sétimo *Darshana* (escola de filosofia), havendo apenas seis *Darshanas* na Índia conhecidos pelo mundo dos profanos. Essas ciências estão, e têm estado por séculos, escondidas do vulgo pela boa razão de que nunca seriam apreciadas pelas classes educadas egoístas, nem compreendidas pelos não educados; enquanto as primeiras podem abusar deles para seu próprio benefício, e assim transformar a ciência divina em magia negra." *Glossário Teosófico*, H.P. Blavatsky.

Om ou ***Aum*** (sânscrito): O nome da divindade tríplice. Uma sílaba de afirmação, invocação e bênção divina.

Parabrahmā (sânscrito): "Além de *Brahmā*". O Supremo, Infinito *Brahmā*, o Absoluto, sem atributos, realidade sem segundo, o impessoal, o sem nome, o Princípio Eterno e Universal.

Brahman (sânscrito): O Princípio impessoal, supremo e incognoscível do Universo, Essência da qual tudo emana e para a qual tudo retorna. *Glossário Teosófico*, H.P. Blavatsky e outras fontes.

Prakriti (sânscrito): Substância essencialmente original; o elemento produtivo a partir do qual todas as manifestações ou aparências materiais evoluíram. A Natureza em geral é a "produtora" de seres e coisas, com o Espírito (*Purusha*) como o Criador sempre ativo; o véu de *Purusha*, os dois sendo na realidade um.

Pralaya: "Época de quiescência". Um período de obscurecimento ou repouso, seja planetário ou universal. *A Doutrina Secreta*, p. 146 (edição original).

Sefira (***Sephiroth***, hebraico): Uma emanação da Divindade.

Shakti (sânscrito): "Habilidade", "poder", capacidade, faculdade, força. A energia saindo de um deus é chamada de sua "esposa" ou *Shakti*. Assim, embora uma Divindade ou personagem central e sua consorte ou esposa sejam apresentados como duas pessoas separadas, a esposa, na verdade, personifica atributos ou poderes do marido. Por conseguinte, o suposto par na realidade representa um ser.

Alma: Quando escrito com um "A" maiúsculo, esta palavra se refere ao desenvolvimento imortal e espiritual do ser humano, a verdadeira individualidade por trás do véu corporal. Quando com "a" minúsculo, é usado para a psique ou para as partes mentais, emocionais, vitais e físicas (sólidas) do humano mortal. Hebraico: *Nephesh Chaiah*, "almas da vida" ou "alma vivente". (Gênesis 2: 7.)

Espírito: Não é uma entidade, mas aquilo que pertence diretamente à Consciência Universal. A substância espiritual mais tênue, sem forma e imaterial, a Essência divina.

Sol: Na Filosofia Oculta, o Sol físico é considerado o mais denso dos sete veículos do *Logos* Solar, o poderoso Ser em quem e por quem o Sistema Solar existe. Diz-se que os outros seis veículos são construídos de matéria suprafísica de graus decrescentes de densidade, e são invólucros e centros para a irradiação do poder, da vida e da consciência do *Logos* Solar.

Torah (hebraico): "Lei". O Pentateuco ou Lei de Moisés.

Vāch: A personificação mística da fala. O *Logos* feminino, um com *Brahmā*, que A criou a partir de uma metade de Seu corpo. Também chamado de "A Criadora Feminina". Esotericamente, a força subjetiva que emana da Divindade criativa.

Zohar: *O Livro do Esplendor*, a obra básica do Misticismo Judaico, a maior exposição da Cabala.

AFIRMAÇÕES DE CIENTISTAS

Prof. J.T. Robinson, 4 de janeiro de 1981:

Pude trabalhar em estreita colaboração com Geoffrey Hodson por alguns meses durante o final dos anos 1950, testando seus poderes de clarividência em locais de fósseis do ser humano primitivo com cerca de dois milhões de anos de idade. Cada sessão realizada no local de origem dos espécimes foi gravada. Nenhuma indicação foi dada a ele sobre o que eu pensava de suas informações, até depois que a série de testes foi concluída e analisada. Muitas das perguntas feitas a ele exigiam respostas que poderiam ser verificadas positivamente em relação a espécimes originais conhecidos. A análise mostrou que todas as afirmações feitas por ele, que puderam ser verificadas positivamente contra amostras conhecidas, eram absolutamente precisas e a maior parte do que não pôde ser verificado positivamente estava de acordo com o que se pensava ser correto. Naquela época, quase todo o material fóssil conhecido desses primeiros hominídeos estava em meu laboratório, e Geoffrey só o viu depois de concluídas as investigações. Fiquei impressionado com o extremo cuidado que ele teve ao ser o mais preciso e claro possível nas observações que fez, bem como nas suas descrições, de tal forma que as suas palavras foram tão precisas quanto possível, oferecendo a menor possibilidade de má interpretação. Em cada sessão foi tratado um pequeno número de espécimes (2 a 4), e alguns foram apresentados várias vezes em mais de uma sessão, sem dizer isso a ele. Ele nunca manipulou os espécimes. Eu os colocava em sua testa enquanto ele estava deitado de costas, com os olhos fechados, em um estado de *Yoga*. Duas espécies diferentes de hominídeos foram usadas, misturadas ao acaso, e apenas pequenos espécimes foram usados (por exemplo, um único dente). Ele nunca identificou incorretamente um espécime ou deu declarações conflitantes sobre um espécime que foi apresentado mais de uma vez. Pelo que pude determinar, suas informações eram sempre precisas e ele me deu uma forte impressão de total confiabilidade.

D.D. Lyness, 11 de setembro de 1981:

De 1956 a 1959, tive a sorte de trabalhar com Geoffrey Hodson. Minha contribuição foi registrar suas observações sobre a aparência clarividente da matéria subatômica. Agora tenho cerca de quarenta horas gravadas em fita cassete, dando um relato literal das experiências que realizamos. Não há qualquer dúvida em minha mente de que Geoffrey possui poderes bastante notáveis de percepção extrassensorial e de que invariavelmente usou essas faculdades com meticulosa consideração pela precisão, tanto na observação quanto na descrição. Ele frequentemente enfatizava a natureza seletiva da observação clarividente, e estava totalmente ciente das armadilhas associadas à tradução do que pode ser chamado de "dados extrassensoriais brutos" através do cérebro-mente em palavras capazes de transmitir um significado útil para os ouvintes. Ao longo dessas sessões, ele foi um modelo de cautela científica, tomando todo o cuidado possível para não fazer declarações que pudessem ser enganosas.

M.A. Stentiford, maio de 1982:

Por muitos anos, Geoffrey Hodson tem cooperado com várias pessoas cientificamente qualificadas na tentativa de demonstrar o potencial de pesquisa das faculdades suprafísicas de percepção, com as quais ele é evidentemente muito dotado. De 1978 a 1981, estive intimamente associado a ele, como assistente e conselheiro técnico em duas dessas pesquisas.

A primeira delas foi uma extensa série de observações dos efeitos suprafísicos de sons e peças musicais. O registro de suas descrições desses efeitos é extremamente interessante do ponto de vista artístico, acústico, psicossomático e outros.

A segunda área principal, realizada a pedido do Dr. E. Lester Smith, da Inglaterra, foi uma tentativa de fazer mais observações da matéria em nível atômico e subatômico, para testar hipóteses recentes sobre a interpretação da química oculta, descobertas por C.W. Leadbeater e Annie Besant. Este trabalho produziu uma série de gravações das descrições de Geoffrey Hodson que estão em processo de transcrição e serão enviadas à Inglaterra para análise.

Tendo estado presente com ele ao longo das sessões de aproximadamente 20 horas nessas duas investigações, sinto-me capaz de oferecer algumas impressões sobre sua atitude e abordagem a este trabalho.

Tenho sido repetidamente impressionado por sua integridade e desejo intransigente de buscar a verdade em todas as situações, independentemente de qualquer risco de possível conflito com as descobertas estabelecidas do estabelecimento científico ou de pesquisadores teosóficos anteriores. Ao mesmo tempo, ele está claramente consciente das dificuldades e limitações inerentes a qualquer processo de observação, especialmente envolvendo níveis internos da psique, e tem uma atitude extremamente cautelosa em relação ao manuseio e direção de suas habilidades perceptivas estendidas.

Em minha opinião, Geoffrey Hodson teve amplo sucesso em seus objetivos de: (a) indicar o potencial dos métodos de pesquisa suprafísica; (b) produzir material de grande interesse para a mente inquiridora; e (c) fornecer um estímulo para que outros sigam seus passos, a fim de expandir e consolidar este trabalho.